Rogier de le Pasture
van der Weyden

L'Œuvre
Les Sources

LA RENAISSANCE DU LIVRE
MICHEL DE PAEPE ÉDITEUR

*Collection **Références***

Rogier de le Pasture
van der Weyden

Introduction à l'œuvre
Relecture des sources

Élisabeth Dhanens
Jellie Dijkstra

Édition réalisée sous la direction de Roger Van Schoute

La Renaissance du livre

Cette édition, réalisée sous la direction de Roger Van Schoute, se compose d'une présentation de l'œuvre de Rogier de le Pasture-van der Weyden par J. Dijkstra, précédemment parue dans *Les Primitifs flamands et leur temps* (éd. La Renaissance du Livre, 1994) et d'une étude des sources par É. Dhanens, parue en néerlandais sous le titre *Rogier van der Weyden. Revisie van de documenten (Verhandelingen van de Koninklijke Academie voor Wetenschappen, Letteren en Schone Kunsten van België, Klasse der Schone Kunsten*, 57), traduite par Monique Verboomen.

Maquette : Christel Delcoigne.
Correction, index : Isabelle Gérard.

Les choix typographiques sont le fait de l'éditeur.

Couverture : *Rogier van der Weyden, Francesco d'Este, New York, Metropolitan Museum of Art.*

4ᵉ de couverture : *Rogier van der Weyden, Retable de la Vierge, dit de Miraflores, Berlin, Staatliche Museen, Gemäldegalerie.*
Page 2 : *Rogier van der Weyden, Descente de croix (détail), Madrid, Museo nacional del Prado.*
Page 3 (en médaillon) : *Portrait de Rogier (détail). Dessin du* Recueil d'Arras *de Jacques de Boucq, Arras, Bibliothèque municipale, Ms. 266.*
Page 6 : *Rogier van der Weyden, Retable de saint Jean-Baptiste (détail du baptême du Christ), Berlin, Staatliche Museen, Gemäldegalerie.*

© **La Renaissance du Livre,** 1999
52, chaussée de Roubaix
7800 Tournai (Belgique).

ISBN : 2-8046-0306-7

Sommaire

Préface

Rogier de le Pasture naquit à Tournai il y a six cents ans. Il deviendra célèbre sous le nom de Rogier van der Weyden lorsqu'il ira travailler à Bruxelles où il mourra le 18 juin 1464. Avec celle de van Eyck, l'étude de la personne et de l'œuvre de Rogier est une des plus controversées de l'histoire de la peinture flamande du xve siècle. Ce n'est que lentement qu'a émergé une personnalité unique de Rogier après qu'il a été longtemps question d'un Rogier de Bruges et d'un Rogier de Bruxelles. Il a ensuite fallu réaliser qu'un même individu portait le nom de de le Pasture quand il travaillait à Tournai, sa ville natale, et usa de la forme flamandisée de ce nom, à savoir van der Weyden, lorsque le développement de sa carrière le conduisit à Bruxelles dont il devint d'ailleurs peintre officiel de la ville.

RETABLE DE SAINT JEAN-BAPTISTE (DÉTAIL DE LA NAISSANCE ET DE LA DÉSIGNATION DU NOM DE L'ENFANT PAR ZACHARIE), Berlin, Staatliche Museen, Gemäldegalerie.

Une autre question vient se greffer sur la précédente. L'œuvre attribuée à Rogier est-elle le fait d'un seul homme ou doit-elle être partagée entre deux ou plusieurs personnalités : tout d'abord, Rogier lui-même et ensuite Robert Campin, peintre tournaisien, ou un artiste à nom conventionnel, le Maître de Flémalle, voire, Jacques Daret, né à Tournai également et qui œuvra longtemps dans la proche cité d'Arras ? Le développement des études technologiques, sous-tendues par l'application des méthodes de laboratoire empruntées aux sciences naturelles, a permis de trancher cette question en reconnaissant l'existence d'au moins deux productions : celle de Robert Campin ou du Maître de Flémalle, qui correspond à ce qu'on a parfois considéré comme des œuvres de jeunesse de Rogier, et celle de Rogier lui-même, principalement réalisée pendant la période bruxelloise de sa vie.

Cependant, la lecture attentive des textes garde toute sa valeur : sources d'archives ou sources littéraires. Madame Élisabeth Dhanens s'est livrée à un patient travail en la matière. En 1995, une première édition de son ouvrage a paru en néerlandais, *Rogier van der Weyden. Revisie van de documenten* (*Verhandelingen van de Koninklijke Academie voor Wetenschappen, Letteren en Schone Kunsten van België, Klasse der Schone Kunsten*, 57), à Bruxelles. Nous en présentons aux lecteurs une version actualisée où on pourra apprécier à la fois la rigueur de la lecture des sources anciennes et la liberté d'esprit qui formule quantité d'hypothèses nouvelles particulièrement enrichissantes pour le sujet. Tous les textes sont publiés en fin d'ouvrage dans la langue originale, selon les exigences de la critique historique contemporaine.

Madame Dhanens, membre de la Koninklijke Academie voor Wetenschappen, Letteren en Schone Kunsten van België est bien connue du monde savant puisqu'elle a publié plusieurs inventaires scientifiques du patrimoine artistique de la Flandre orientale dont *Het retabel van het Lam Gods* (*Inventaris van het kunst patrimonium van Oost-Vlaanderen*, VI, Gand, 1965), qui comptent parmi

Préface

les premiers et les meilleurs du genre en Belgique, et qu'elle est, entre autres, l'auteur de deux ouvrages fondamentaux pour la connaissance de la peinture flamande du XVe siècle, *Hubert et Jan van Eyck* (1980) et *Hugo van der Goes* (1998).

L'étude de madame Dhanens est précédée d'une introduction à l'œuvre de Rogier de le Pasture-van der Weyden. Cette introduction est rédigée par madame Jellie Dijkstra, docteur en histoire de l'art de l'université d'Amsterdam, et auteur d'une thèse consacrée aux copies dans l'œuvre de Rogier : *Origineel en kopie. Een onderzoek naar de navolging van de Meester van Flémalle en Rogier van der Weyden* (1990). Madame Dijkstra a collaboré à l'ouvrage *Les Primitifs flamands et leur temps* (1994) pour le Maître de Flémalle, Jacques Daret, Rogier van der Weyden et les petits maîtres bruxellois de la fin du XVe siècle. Elle est l'un des coauteurs avec J.R.J. van Asperen de Boer, R. Van Schoute, C.M.A. Dalderup et J.P. Filedt Kok de l'étude *Underdrawing in paintings of the Rogier van der Weyden and Master of Flémalle Groups* (1994).

Le catalogue de l'œuvre de Rogier de le Pasture-van der Weyden n'existe pas en tant que tel. Aucune œuvre du maître ne porte de signature (il est vrai que la plupart des cadres originaux que les artistes ont souvent utilisés à cette fin, ont disparu). Seules trois œuvres sont généralement considérées comme authentifiées par des sources extérieures et encore celles-ci ne sont pas antérieures à la deuxième moitié du XVIe siècle : la *Descente de croix* des arbalétriers de Louvain (Madrid, Museo nacional del Prado), un exemplaire de *Saint Luc dessinant la Vierge* (en principe, la version de Boston) et le *Calvaire de Scheut* (Escurial). On peut sans doute y ajouter le *Retable de la Vierge de Miraflores* (Berlin, Staatliche Museen, Gemäldegalerie) grâce à une mention publiée en 1793 d'un cartulaire mentionnant une donation effectuée en 1445 (J. FOLIE, "Les Œuvres authentifiées des Primitifs flamands", dans *Bulletin de l'Institut royal du patrimoine artistique*, VI, 1963, pp. 183-256).

Le catalogue de l'œuvre de Rogier a connu son amputation la plus importante – une dizaine de numéros – lorsque les œuvres de jeunesse du maître ont été attribuées tantôt à l'artiste tournaisien Robert Campin, tantôt au peintre bruxellois resté anonyme, le Maître de Flémalle. Un accord presque général est maintenant réalisé à ce sujet. Il n'en reste pas moins que quelques obscurités subsistent.

Les œuvres figurant dans la présente introduction, à l'une ou l'autre exception près, relèvent normalement de celles admises par la critique comme étant de Rogier. Certains regretteront peut-être de ne pas y voir figurer telle ou telle œuvre qu'ils considèrent du maître, avec des raisons que tout normalement ils estiment bonnes.

Les deux études qui constituent ce volume sont indépendantes. La recherche de la vérité de chacun des deux auteurs suit une voie qui lui est propre et peut mener à des résultats différents. Le coordinateur n'a pas cherché à unifier les résultats. Le lecteur appréciera. L'histoire de l'art suit son cours.

ROGER VAN SCHOUTE

INTRODUCTION À L'ŒUVRE

Jellie Dijkstra

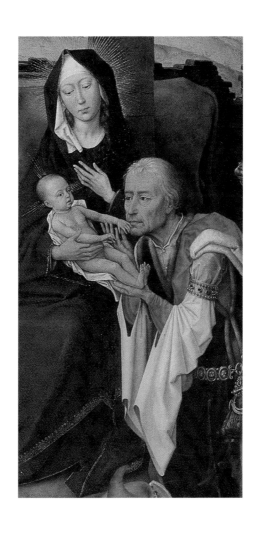

I | DE TOURNAI À BRUXELLES

Rogier van der Weyden – de le Pasture – est très certainement de tous les peintres flamands du XVe siècle celui qui a exercé la plus grande influence. Il naquit en 1399 ou 1400 à Tournai, où son père, Henri de le Pasture, était coutelier. On ne sait rien de ses premières années. Ce n'est qu'en 1427 qu'apparaît dans le registre de la gilde de saint Luc à Tournai le nom d'un certain Rogelet de le Pasture, qui est cité comme l'élève du peintre Robert Campin et qui fut admis comme "franc maître" dans la gilde cinq ans plus tard. La plupart des auteurs admettent aujourd'hui qu'il s'agissait de Rogier van der Weyden, qui allait obtenir plus tard la célébrité sous ce nom.

Avant octobre 1435, Rogier van der Weyden s'établit avec sa famille à Bruxelles, où il exerça les fonctions de peintre de la ville ; il le fit en tout cas à partir de mars 1436. Il passa le reste de sa vie à Bruxelles, où il se fit connaître sous la traduction flamande de son nom.

On ne sait rien de son apprentissage avant 1427 ; on ignore également quelles furent ses activités comme "franc maître" avant que les sources bruxelloises ne le mentionnent pour la première fois, en 1435. Quelques auteurs supposent qu'il travailla d'abord à Bruges ; d'autres pensent qu'il séjourna à Louvain. Des arguments existent en effet pour appuyer ces deux hypothèses.

L'atelier de Rogier van der Weyden était situé dans le quartier du Cantersteen à Bruxelles, le quartier des orfèvres. Entre 1435 et 1464, il s'agrandit peu à peu et finit par devenir une florissante entreprise, de réputation internationale. Tout porte en effet à penser que Rogier était à la tête d'un vaste atelier, même si l'on ne connaît presque rien de ses apprentis et assistants. On suppose que Hans Memlinc et Vrancke van der Stockt travaillèrent comme assistants dans son atelier ; il est plus que probable que son fils Pierre fit son apprentissage auprès de lui.

Si Rogier exerçait à Bruxelles les fonctions de peintre de la ville, ses commandes n'émanaient pas seulement du magistrat. De nombreux autres commanditaires s'adressèrent à lui, qui provenaient aussi de l'étranger, en particulier d'Espagne et d'Italie.

À Bruxelles, il semble avoir mené la vie d'un bourgeois aisé, respecté et apprécié, qui jouissait de l'estime de ses concitoyens. Il fit don d'argent et de tableaux aux chartreuses d'Hérinnes, près d'Enghien, où son fils aîné, Corneille,

RETABLE DE SAINTE-COLOMBE, Munich, Alte Pinakothek, panneau central, détail.

Remarque :
Toutes les œuvres sont sur support de bois, en principe de chêne. Les dimensions des œuvres sont celles qui normalement figurent dans M.J. Friedländer, Early Netherlandisch Painting, II, Rogier van der Weyden and the Master of Flémalle, *Leyde-Bruxelles, 1967. Ces dimensions n'ont qu'une valeur indicative. Tantôt les mesures sont celles de l'œuvre avec le cadre, tantôt celles du support, tantôt celles de la surface peinte. Lorsque la chose a été possible, vérification a été faite dans les catalogues des musées ou dans le* Corpus de la peinture dans les Pays-Bas méridionaux et la principauté de Liège au XVe siècle.
Une brève légende a été rédigée par le coordinateur pour les œuvres qui n'étaient pas étudiées par Jellie Dijkstra.

entra en 1448, et de Scheut, près de Bruxelles. Entre 1455 et 1457, il remplit les fonctions de "mambour" – administrateur – de l'infirmerie et de l'institut de bienfaisance de Ter Kisten. Ses préoccupations charitables se retrouvent à nouveau dans son testament, où l'on trouve mention d'au moins deux donations en faveur des pauvres de différentes paroisses de Bruxelles. À partir de 1462, Rogier et sa femme Élisabeth Goffart adhérèrent à la Confrérie de la Sainte-Croix, où était représentée l'élite de la société bruxelloise, nobles, courtisans, artistes et bourgeois de haut rang. La confrérie entretenait d'étroites relations avec l'église Saint-Jacques-sur-Coudenberg, où une messe annuelle fut plus tard célébrée à la mémoire du peintre, en vertu d'un acte de donation du 5 octobre 1464. Il s'éteignit le 18 juin 1464 et fut enterré à Bruxelles, dans la chapelle Sainte-Catherine de la collégiale Sainte-Gudule, où se trouvait l'autel de la gilde.

II | "Magistro Rogel"

Rogier van der Weyden fut un des artistes les plus célèbres de son temps. Mais, par un caprice du hasard, aucune œuvre n'a été conservée qui puisse lui être attribuée avec certitude. On n'a pas conservé d'œuvre signée de lui, et quand il arrive que des descriptions contemporaines, des testaments ou des inventaires fassent mention de ses tableaux, l'absence d'indications précises interdit presque toujours de les identifier. Dans certains cas, l'œuvre mentionnée a néanmoins été identifiée avec plus ou moins de certitude.

On peut citer en premier lieu le *Retable de la Vierge* de Berlin, provenant de la chartreuse de Miraflores, près de Burgos en Espagne. Le cartulaire de la chartreuse mentionne que le retable fut offert par son fondateur, le roi Juan II de Castille, en 1445 et qu'il fut peint par *Magistro Rogel magno et famoso Flandresco.*

L'attribution de la *Descente de croix,* conservée au Prado, s'appuie également sur le témoignage plutôt sûr de trois sources du XVIe siècle, qui se renforcent et se complètent mutuellement. Une de ces sources, un inventaire des œuvres d'art offertes en 1574 par Philippe II au monastère de l'Escurial, mentionne aussi deux autres peintures *de mano de Masse Rugier.* La description d'une de ces œuvres est suffisamment précise pour y reconnaître la *Crucifixion* aujourd'hui conservée à l'Escurial.

Ces trois tableaux connus par les sources, le *Retable de la Vierge* de Berlin, la *Descente de croix* du Prado et la *Crucifixion* de l'Escurial, constituent le cœur de l'œuvre de van der Weyden, à qui d'autres tableaux sont attribués sur la foi de critères stylistiques.

Seuls une partie d'entre eux seront commentés ici. Leur choix a été guidé par le souci d'éclairer les différentes facettes de l'œuvre.

TROIS ŒUVRES DOCUMENTÉES

L a *Descente de croix* du Prado est un retable. À l'origine, ce triptyque, dont seul le grand panneau central (220 x 262 cm) est conservé, fut très probablement exécuté pour la gilde des arbalétriers de Louvain et placé au-dessus de l'autel de la gilde, dans leur chapelle de l'église Notre-Dame-hors-les-murs de cette ville. La provenance de l'œuvre est d'ailleurs confirmée par les deux petites arbalètes qui apparaissent sur les ornements gothiques des angles du panneau. Au XVIᵉ siècle, Marie de Hongrie, gouvernante des Pays-Bas, acheta le retable à la gilde, qui en reçut notamment en échange une copie fidèle. Il passa ensuite de la collection de la gouvernante à celle de son neveu, le roi d'Espagne Philippe II. Le retable, que celui-ci offrit en 1574 au monastère de l'Escurial, devait encore se présenter comme un triptyque, d'après la description fournie par l'inventaire, mais il est possible que les panneaux latéraux n'aient déjà plus été les volets d'origine. Les grisailles des revers – sur la face intérieure des panneaux figurent les quatre évangélistes – étaient l'œuvre d'un peintre espagnol.

L'historien de l'art Mojmir Frinta examina la question de près, partant de l'hypothèse que la plus grande partie du retable aurait été peinte par le Maître de Flémalle. Frinta supposa qu'il n'avait pu l'achever, pour l'une ou l'autre raison, et que la fin du travail aurait été confiée à son élève Rogier van der Weyden, après qu'il eut été reçu "franc maître", en 1432. En ce qui concerne le panneau central, l'intervention de Rogier aurait seulement consisté à peindre quelques personnages. L'étude du dessin sous-jacent de la *Descente de croix* a toutefois montré que l'interprétation de Frinta ne pouvait être acceptée, parce que le style de ce dessin sous-jacent diffère complètement de celui des œuvres du groupe Flémalle et correspond au style de van der Weyden. Il est donc plus que probable que le tableau est entièrement de l'atelier de Rogier.

La plupart des auteurs reconnaissent pourtant avec Frinta qu'il présente des caractéristiques qui évoquent le Maître de Flémalle. On peut donc supposer qu'il fut commencé peu de temps après l'apprentissage de Rogier chez lui.

La *Descente de croix* est une œuvre impressionnante. Dix figures, représentées presque en grandeur nature et disposées dans un espace en forme de niche, se détachent sur un fond doré. L'ensemble fait fortement penser à un retable sculpté et polychrome, pareil aux retables dont le XVᵉ siècle était si familier, mais exécuté avec les moyens de la peinture. Nicodème et Joseph d'Arimathie tiennent le corps du Christ, qui vient d'être détaché de la croix. À gauche, Marie Cléophas et Marie Salomé ; une d'entre elles aide l'apôtre Jean à soutenir la Vierge évanouie. À droite, aux pieds du Christ, Marie-Madeleine est accablée de douleur ; à côté d'elle, un homme porte une jarre d'onguent.

Qui a vu l'œuvre au Prado ne l'oubliera pas de si tôt. Comme si le peintre, comme l'écrivait Max Friedländer, avait trouvé la seule façon possible de mettre le thème en forme. Les figures se fondent en une seule et poignante expression de douleur : chaque personnage l'exprime à sa manière, sous une forme intense mais contenue, et présente un visage éploré, mais jamais grimaçant. C'est précisément cette maîtrise des émotions qui fut tellement admirée par les contemporains italiens, ainsi qu'en témoigne le commentaire de Fazio : "La dignité est conservée au milieu d'un flot de larmes."

L'unité de la scène est obtenue par la fermeture de la composition et par la fluidité des lignes, un ensemble de courbes qui relient les figures l'une à l'autre. À chaque courbe répond en effet une autre courbe. Ainsi les contours de Marie-Madeleine et de Jean, les deux personnes qui encadrent la composition, dessinent-elles la forme de deux arcs symétriques. La courbe gracieuse de la dépouille du Christ est répétée par la silhouette de la Vierge, effondrée sans connaissance, ce qui manifeste sa mission corédemptrice.

Le caractère monumental des personnages, le volume des vêtements et parfois le type des visages rappellent fortement le Maître de Flémalle. Il suffit de les comparer, par exemple, avec les figures des quatre panneaux de Francfort attribués au Maître de Flémalle. Des différences sont néanmoins manifestes. La différence essentielle entre les deux maîtres réside dans le souci de Rogier d'exprimer les émotions de ses personnages. Les effets et les motifs décoratifs, qui jouent un rôle important chez le Maître de Flémalle pour garantir l'unité de l'image, ont un effet plus limité chez Rogier et n'exercent pas la même fonction. Ici, ils contribuent à entretenir la dimension pathétique de la scène. C'est en ce sens, par exemple, qu'il faut comprendre le mouvement imprimé au vêtement de l'apôtre Jean et à l'étoffe tenue par le serviteur monté sur l'échelle.

La *Descente de croix* de Rogier van der Weyden produisit une forte impression sur les contemporains et sur les générations suivantes. Philippe II, qui admirait beaucoup la peinture des Pays-Bas méridionaux, fut tellement bouleversé par le tableau qu'il en possédait deux versions dans ses collections : l'original dans sa retraite de l'Escurial, et une copie dans son palais du Pardo. Il possédait par ailleurs deux versions de la *Crucifixion* de Rogier.

Le *Retable de la Vierge* ou *Retable de Miraflores* de Berlin fut probablement exécuté vers 1435, peu de temps après l'achèvement de la *Descente de croix*. Son commanditaire n'est pas connu. On sait toutefois que l'œuvre entra rapidement dans les collections du roi Jean II de Castille, qui l'offrit à son tour en

1. Descente de croix, Madrid, Museo nacional del Prado, 220 x 262 cm.

1445 à la chartreuse de Miraflores, près de Burgos. Sa fille, la reine Isabelle de Castille (1451-1504), en possédait une version plus petite, dont le panneau droit est aujourd'hui conservé au Metropolitan Museum de New York, et les autres, dans la Chapelle royale de Grenade. On a longtemps pensé que la version de la reine était l'original et que le *Retable de Miraflores* en était une copie parfaite, mais des recherches récentes, appuyées par de nouveaux moyens techniques, ont montré qu'il s'agissait du contraire. C'est sur le *Retable de Miraflores* que l'on retrouve en effet la trace d'une phase de la création : le dessin sous-jacent se distingue sensiblement de la composition finale, alors que le dessin sous-jacent et la couche finale du retable d'Isabelle se superposent presque exactement, ainsi qu'il convient à une copie. L'analyse dendrochronologique a par ailleurs montré que le *Retable de Miraflores* pouvait dater de 1435 environ, alors que la version de la reine Isabelle n'était pas antérieure à 1484, bien longtemps après la mort de Rogier.

Le *Retable de Miraflores* se compose de trois panneaux de même taille, fixes. Comme dans la *Descente de croix,* les personnages sont placés à l'intérieur d'un décor d'architecture peint, composé en l'occurrence d'arcs cintrés fran-

2.

3.

4.

5.

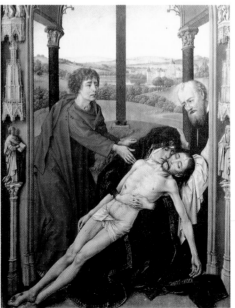

gés de rinceaux ajourés et décorés de scènes et de figures imitant des sculptures. Les portails ouvrent sur des espaces voûtés dont l'arrière-plan est clôturé sur le panneau de gauche et prolongé par un paysage sur les deux autres panneaux.

Les trois scènes principales illustrent, de gauche à droite, la *Sainte Famille*, la *Pietà* et l'*Apparition du Christ à sa mère*. Les scènes sculptées qui décorent l'encadrement cintré des portails rappellent sous une forme symbolique les scènes principales. Ainsi chaque archivolte est-elle décorée de six scènes qui complètent la scène principale : la *Sainte Famille* est surmontée de scènes évoquant la Nativité ; la *Pietà* ou *Déploration*, de scènes de la Passion ; l'*Apparition du Christ à sa mère*, d'épisodes de la vie de la Vierge après la Résurrection du Christ. Les chapiteaux des pièces voûtées évoquent de leur côté des scènes de l'Ancien Testament qui se rapportent également aux scènes principales.

De chacune des clefs de voûte descend un ange portant une couronne et un phylactère, qui proclament le thème du retable : le partage de la rédemption de la Vierge et du Sauveur. Les inscriptions latines des phylactères rappellent que Marie recevra la couronne de vie pour ses trois vertus spécifiques, la pureté, la "compassion" [com-pâtir, souffrir avec] et la persévérance. Ces vertus sont aussi évoquées par les couleurs de ses vêtements : le blanc de la pureté dans la scène de la *Sainte Famille*, le rouge de la compassion – le sang des martyrs – dans la *Pietà* et le bleu de la persévérance dans l'*Apparition du Christ à sa mère*. Le programme iconographique du retable est si complexe qu'il est probable que Rogier reçut le conseil d'un théologien, comme c'était souvent le cas à l'époque.

Mais la composition du retable lui est certainement due. L'évocation saisissante des sentiments des personnages témoigne de son talent et de sa force expressive. Dans la *Sainte Famille*, la Vierge est seule avec l'Enfant, car Joseph s'est endormi ; dans la *Déploration*, quand elle embrasse pour la dernière fois son fils mort, on la voit encore seule, malgré les gestes de réconfort de Jean et de Joseph d'Arimathie. Dans les deux scènes, la similitude des attitudes de la Vierge et du Christ indiquent que la mère pressentait dès la naissance le destin de son fils : le nouveau-né repose sur ses genoux comme le fils mort de la *Pietà*. Dans l'*Apparition du Christ à sa mère*, les gestes seuls suffisent à traduire l'échelle des émotions. Lorsque le Christ se présente à Marie en montrant ses blessures, sa main droite esquisse le geste du *Noli me tangere* – "Ne me touche pas" –, alors que Marie manifeste un mélange d'étonnement, de respect et de joie.

Rogier fut par excellence le créateur de scènes de la Passion chargées d'émotion. C'est lui qui introduisit dans l'art des Pays-Bas méridionaux le thème de la Pietà, d'origine italienne. Selon toute vraisemblance, le peintre traita ce thème pour la première fois dans le *Retable de Miraflores* ; lui et son atelier l'exploitèrent ensuite à différentes reprises : dans la *Pietà* de Bruxelles, la *Pietà avec saint Jérôme, saint Dominique et donateur* de Londres, la *Pietà avec donateur* du Prado.

De même, la composition particulière du *Retable de la Vierge* – trois panneaux de dimensions identiques dont les scènes principales sont encadrées par

2. Retable de la Vierge, Berlin, Staatliche Museen, Gemäldegalerie, chaque panneau, 71 x 43 cm.

3, 4 et 5. Panneaux du Retable de la Vierge, Grenade, Capilla Real : (3) Nativité, 51 x 38,4 cm ; (4) Déploration, 50,9 x 38,5 cm, New York, Metropolitan Museum ; (5) Apparition du Christ à sa mère, 63,5 x 38,1 cm.

Le thème de la PIETÀ traité en petites dimensions est fréquent dans l'œuvre de Rogier. On conserve quatre versions qui peuvent être attribuées au maître.
À partir du module de base comprenant le Christ, Marie et saint Jean, ces PIETÀS peuvent, sans doute selon le vœu de la clientèle, présenter Marie-Madeleine (Bruxelles et Naples), un donateur (Madrid). Le thème avec ses variantes a longtemps perduré chez des copistes. Une version (Londres) a remplacé le personnage de saint Jean par un donateur accompagné de saint Jérôme, tandis que Marie-Madeleine a cédé la place à saint Dominique. (Au sujet de ces pratiques d'atelier, voir H. Verougstraete et R. Van Schoute, 1997.)

6. PIETÀ, Bruxelles, Musées royaux des Beaux-Arts de Belgique, 32,2 x 47,2 cm.
7. PIETÀ, Londres, National Gallery, 37 x 46,7 cm.

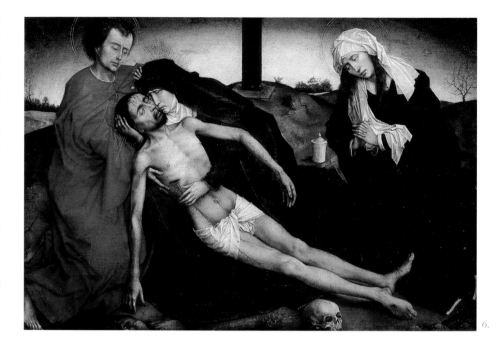

6.

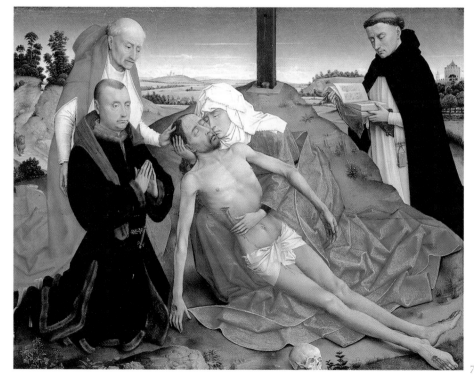

7.

des arcs décorés de sculptures en trompe-l'œil sur les archivoltes – fut reprise plus tard par le peintre dans le *Retable de saint Jean-Baptiste* de Berlin.

La *Crucifixion* de l'Escurial, la dernière des œuvres les mieux connues par les sources, est aussi la dernière dans la chronologie du groupe van der Weyden.

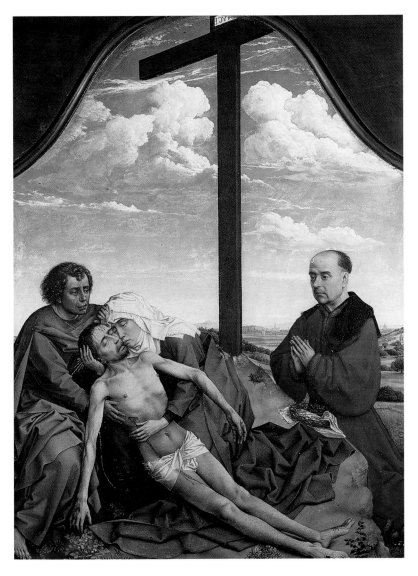

8.

8. Pietà, *Madrid, Museo nacional del Prado, 47 x 35 cm.*
9. Pietà, *Naples, collection privée, 20 x 32 cm.*

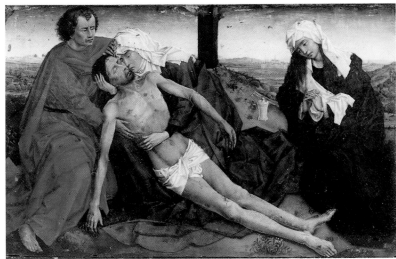

9.

L'inventaire de 1574 mentionnait encore, à côté du nom du peintre, que le tableau provenait de *"la cartuja de Brusellas"*. Les livres de comptes de la chartreuse de Scheut le confirment et fournissent une information supplémentaire. Rogier avait fait don d'argent et de tableaux à la chartreuse de Scheut, communauté fondée en 1456 par la maison mère d'Hérinnes, où le fils de Rogier, Corneille, avait reçu les ordres en 1448. En 1555, la chartreuse de Scheut vendit pour cent livres une *Crucifixion* offerte par un certain peintre Rogier. Le nom de l'acheteur n'est pas mentionné, mais on peut supposer, compte tenu de l'histoire ultérieure du tableau, que Philippe II, qui se trouvait à ce moment aux Pays-Bas, en devint le nouveau propriétaire.

Le panneau fut endommagé et restauré à plusieurs reprises, mais la scène est intacte pour l'essentiel, comme en témoigne une copie à la même échelle du XVIᵉ siècle. Ce tableau monumental (325 x 192 cm) est certainement une œuvre tardive, puisque sa genèse ne peut être antérieure à la fondation de la chartreuse de Scheut, en 1456. Le fait qu'il s'agissait d'une donation lui confère un intérêt particulier. Rogier était en effet libre de suivre sa propre idée, sans dépendre d'une quelconque exigence de commanditaire.

La composition montre une grande simplicité : les détails narratifs sont éliminés, et les variations de couleur sont réduites à l'essentiel. Au centre, le Christ en croix se détache sur le fond rouge d'une tenture déployée. Revêtus d'un vêtement gris blanc, saint Jean et la Vierge sont représentés de part et d'autre de la croix. Habituellement, dans les scènes de la Passion, Marie est pourtant vêtue de bleu et saint Jean de rouge. Il est probable que Rogier a choisi de déroger à l'usage pour rendre hommage à la bure blanche des chartreux.

Comme dans la *Descente de croix,* antérieure de quelque vingt-cinq années, l'œuvre évoque une sculpture. Dans les églises, il n'était pas rare de trouver des crucifix ainsi placés devant une tenture. La position de la Vierge rappelle la figure de Marie-Madeleine dans la *Descente de croix,* mais la ressemblance entre les deux tableaux ne va pas plus loin. Ici, les émotions sont montrées avec une extrême réserve. La Vierge et saint Jean, séparés par la croix, endurent leur souffrance chacun pour soi.

La séparation de la Vierge et de saint Jean dans une scène de la Passion est très inhabituelle chez van der Weyden. Dans son atelier, c'est précisément le motif de la *Vierge soutenue par saint Jean* qui fut sans cesse mené vers une plus grande perfection ; c'est lui qui concentre le caractère pathétique du drame de la Passion. Les scènes de Crucifixion de caractère narratif, où l'on voit les deux larrons, le centurion romain et les soldats jouant aux dés le manteau du Christ, se retrouvent notamment dans le groupe Flémalle et chez Jean van Eyck, mais n'apparaissent pas dans l'œuvre de van der Weyden, où le Christ sur la croix est seulement entouré de la Vierge et de saint Jean, comme dans le diptyque de Philadelphie, et parfois aussi des donateurs, comme dans le *Triptyque du Calvaire* de Vienne.

11 et 12. Deux panneaux : la VIERGE SOUTENUE PAR SAINT JEAN, le CHRIST EN CROIX, Philadelphie, Museum of Art. The John G. Johnson Collection, chaque panneau 178 x 92 cm. L'œuvre représente la scène du Golgotha débarrassée des personnages accessoires qui lui confèrent souvent un aspect un peu théâtral. La tendance à l'abstraction de l'œuvre est proche de celle du CALVAIRE DE SCHEUT (actuellement à l'Escurial) qui ne comprend aussi que le Christ, saint Jean et Marie. Dans ce type de scène, la Vierge est ordinairement debout au pied de la croix. À Philadelphie, elle tombe en pâmoison soutenue par saint Jean, dans une attitude qui évoque celle de la DESCENTE DE CROIX des arbalétriers de Louvain (Madrid, Museo nacional del Prado). Les personnages traités en couleurs claires, presque en grisailles, donnent une impression de sculpture et se détachent sur le rouge vif des draps d'honneur.

NOUVEAUX THÈMES

Comme on sait, Rogier reprit à la tradition italienne le thème de la Pietà et donna un nouvel aspect à sa représentation, comme il le fit pour d'autres scènes de la Passion. Son œuvre témoigne d'un esprit d'invention dans le développement de nouveaux types et de nouveaux genres, souvent inspirés de traditions anciennes. Rogier reprit également à la tradition italo-byzantine du XIIIe siècle son type de Madone (la *Vierge à l'Enfant* à mi-corps) et le développa sous deux formes : en le concevant comme un tableau de dévotion indépendant ou en l'associant à un portrait pour constituer un diptyque. La première forme se retrouve dans une *Vierge à l'Enfant* autrefois conservée à Donaueschingen ; la seconde est illustrée par la *Vierge à l'Enfant* du musée des Beaux-Arts de Caen, qui formait à l'origine un diptyque avec le portrait de Laurent Froimont.

Hormis le renouvellement de la tradition iconographique ancienne, l'œuvre de Van der Weyden ouvre également la voie à des solutions d'avenir. En témoigne son tableau *Saint Luc dessinant la Vierge* du musée des Beaux-Arts de Boston. Son interprétation marque une étape décisive dans l'histoire de la peinture et inaugure les débuts d'un nouveau genre – bien que Rogier fût peut-être précédé en la matière par son maître, si le *Saint Luc peignant la Vierge* de Colyn de Coter (vers 1495) est effectivement une copie d'un tableau disparu du Maître de Flémalle.

La légende attribue à saint Luc une activité de peintre et rapporte que l'évangéliste peignit la Vierge et l'Enfant. C'est la raison pour laquelle les peintres du Moyen Âge avaient choisi comme saint patron de leur gilde cet illustre prédécesseur. À partir du XIVe siècle, la croissance et le développement des gildes de peintres encouragèrent la diffusion du thème de saint Luc peignant la Vierge et l'Enfant. Rogier fut un des premiers – sinon le premier – à renoncer à la représentation traditionnelle, où l'on voyait saint Luc travailler à ses portraits sans modèle ou inspiré par une vision, et à représenter la Vierge et l'Enfant posant devant le peintre.

La scène ne se déroule pas dans un atelier, mais dans une salle surélevée qui ouvre à l'arrière-plan sur une rivière et une partie de la ville, un décor que Rogier emprunta à la *Vierge au chancelier Rolin* de Jean van Eyck. La Vierge a pris place sur la marche d'un trône de bois surmonté d'un baldaquin ; elle nourrit

13. *TRIPTYQUE DU CALVAIRE, Vienne, Kunsthistorisches Museum ; panneau central : 101 x 73 cm, volets : 101 x 35 cm. L'œuvre a fait partie des collections de l'archiduc Léopold-Guillaume, gouverneur général des Pays-Bas de 1647 à 1656. Autour du Christ en croix sont assemblés, à gauche, Marie et saint Jean, à droite, deux donateurs non identifiés ; sur les volets se trouvent, à gauche, sainte Marie-Madeleine, à droite, sainte Véronique. Ce triptyque présente des caractères particuliers : la présence des donateurs sur le panneau central, Marie qui embrasse la croix plutôt que de se tenir debout, le paysage du fond qui se continue à travers les trois panneaux.*

14 et 15. DIPTYQUE DE LA VIERGE À L'ENFANT, Caen, musée des Beaux-Arts, 49 x 31 cm ET DE LAURENT FROIMONT, Bruxelles, Musées royaux des Beaux-Arts de Belgique, 49 x 31 cm. Le thème de la Vierge et l'Enfant associés, pour former un diptyque, avec un portrait de donateur en prières est un des éléments caractéristiques de la production de Rogier. On a groupé ainsi diverses œuvres en pendant comme le DIPTYQUE DE LA VIERGE ET ENFANT, San Marino, The Huntington Library (16) et PHILIPPE DE CROŸ, Anvers, Koninklijke Museum voor Schone Kunsten (17), chaque panneau 49 x 41 cm. Il en va de même pour le DIPTYQUE DE LA VIERGE ET ENFANT et JEAN DE GROS, Tournai, musée des Beaux-Arts et Chicago, Art Institute, chaque panneau 36 x 27 cm. Certaines de ces œuvres mériteraient un examen approfondi. Dans le portrait de Laurent Froidmont, une grisaille au revers de laquelle figurent saint Laurent et le nom de Froimont inscrit sur une banderole a permis de retrouver le nom de l'homme en prières. Malgré la devise "Raison nenseigne" figurant à la face, il n'a pas été possible à ce jour d'identifier le plus précisément le personnage, sans doute un seigneur de la cour de Bourgogne.

l'Enfant. Saint Luc est représenté en face d'elle, mi-agenouillé, dans une position de respect. Il est occupé à dessiner à la pointe d'argent le portrait de la Vierge, sur une feuille de papier ou de parchemin. Son attribut, le taureau ou le bœuf, se trouve dans la pièce latérale ; le livre ouvert et le pot d'encre suspendu à sa ceinture rappellent sa fonction d'évangéliste.

Le caractère révolutionnaire de cette représentation réside dans la confrontation directe du peintre et de son sujet sacré, la Vierge et l'Enfant. Avec son interprétation, Rogier ouvrait une nouvelle voie : après lui, des peintres se serviraient du thème pour se représenter eux-mêmes ou pour illustrer leur conception de la peinture. L'hypothèse selon laquelle ce saint Luc serait un autoportrait de Rogier ne paraît pas fondée, au regard des portraits que nous connaissons de lui.

La destination originale du tableau n'est pas connue, mais il est évident qu'il fut exécuté pour l'autel d'une gilde de saint Luc. En témoignent le sujet même de l'œuvre ainsi que les armoiries que l'on aperçoit en partie sur le vitrail de la chambre latérale et qui ressemblent à celles de cette corporation. La plupart des auteurs datent le tableau d'environ 1435 et supposent qu'il servit à introduire Rogier au sein de la gilde des peintres de Bruxelles. L'hypothèse paraît fondée, car de nombreux artistes ont dû voir l'œuvre dans la suite. Le sujet fut maintes fois copié et se retrouve dans des enluminures, tableaux, tapisseries et gravures. Trois œuvres conservées (au musée Groeninge à Bruges, à l'Ermitage et à l'Ancienne Pinacothèque de Munich) en sont des reproductions littérales, à la même échelle.

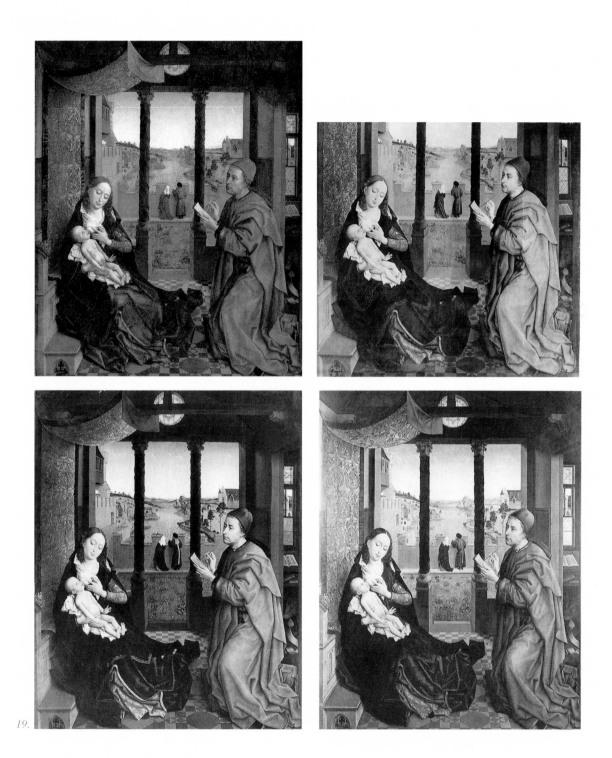

19.

18. *(Ci-contre)* Saint Luc dessinant la Vierge *(détail), Boston, Art Institute.*

19. *Le chef-d'œuvre de* Saint Luc dessinant la Vierge *(en haut à gauche, dimensions : 137,7 x 110,8 cm) a engendré trois copies connues conservées respectivement à Saint-Pétersbourg (en haut à droite), à Bruges, musée Groeninge (en bas à gauche) et à Munich, Alte Pinakothek (en bas à droite).*

V | LA PARTICIPATION DE L'ATELIER

Rogier se trouvait à la tête d'une entreprise florissante et employait certainement des assistants et des apprentis. Leur contribution est toutefois difficile à estimer, parce que l'atelier veillait naturellement à maintenir un style uniforme. Aujourd'hui que de nouvelles méthodes d'analyse permettent de pénétrer sous les couches de peinture, un coin du voile est parfois soulevé et nous distinguons davantage la main des collaborateurs.

Les deux retables décrits ci-dessous, où l'intervention de différentes mains peut être établie, peuvent donc être considérés comme un modeste hommage aux collaborateurs anonymes de l'atelier de Rogier van der Weyden.

Le *Jugement dernier* de l'hôtel-Dieu de Beaune est un polyptyque d'imposantes dimensions. Les neuf panneaux sont assemblés de telle sorte que les deux panneaux latéraux du côté gauche et du côté droit peuvent être repliés sur les trois panneaux fixes du milieu. Six panneaux sont visibles en position fermée, qui représentent les scènes suivantes : à gauche et à droite, les portraits des donateurs (qui sont aussi les fondateurs de l'hôtel-Dieu, en 1443), Nicolas Rolin, chancelier de Bourgogne, et sa deuxième femme, Guigone de Salins ; au milieu, peints en grisaille, saint Sébastien et saint Antoine, surmontés de l'Annonciation. Quand le retable est ouvert, on découvre la scène du Jugement dernier. Sur le panneau central, le Christ du Jugement, portant le lys et le glaive, est assis sur un arc-en-ciel, le globe terrestre à ses pieds, tandis que des anges soufflent dans des trompettes et que les morts ressuscitent. Sous le Christ, l'archange Michel pèse les âmes : la balance s'incline, car les vertus sont légères et les péchés pèsent lourd. La Vierge et saint Jean-Baptiste se trouvent au pied de l'arc-en-ciel, l'une à gauche et l'autre à droite. Derrière eux sont assis les apôtres, six de chaque côté ; derrière les apôtres, on aperçoit, à droite, trois saintes (une d'entre elles fut d'ailleurs ajoutée par la suite) et, à gauche, quatre saints, parmi lesquels figurent un pape, un évêque et un roi (le quatrième fut également ajouté). Les panneaux qui encadrent le Christ représentent des anges portant les instruments de la Passion, alors que les panneaux de l'extrême gauche et de l'extrême droite figurent le ciel et l'enfer. Détail particulièrement inhabituel pour l'époque : le diable et ses acolytes sont absents de la scène de l'enfer.

À première vue, cette œuvre monumentale paraît dotée d'une solide unité, qui concerne à la fois le style et la technique. Une analyse plus précise in-

*20 et 21. RETABLE DU
JUGEMENT DERNIER
(fermé et ouvert), Beaune,
musée de l'Hôtel-Dieu,
215 x 560 cm.*

20.

V

dique pourtant que la genèse de l'œuvre a suivi des voies particulièrement compliquées. Le style du dessin sous-jacent et la technique picturale varient non seulement selon les panneaux, mais parfois aussi à l'intérieur d'un même panneau.

Il ne fait aucun doute que le maître en avait conçu lui-même le dessin et obtenu l'approbation de Nicolas Rolin et de son épouse. La manière dont le travail fut ensuite réparti pour l'exécution du retable peut être plus ou moins reconstituée grâce aux nouvelles techniques d'analyse. Rogier s'est très probablement chargé lui-même du dessin sous-jacent et de l'exécution du panneau central, des panneaux des donateurs et sans doute aussi des figures de la Vierge et de saint Jean-Baptiste ; le dessin sous-jacent de la plupart des apôtres et des saints semble aussi de sa main. Pas moins de quatre mains différentes sont visibles par contre sur les autres dessins sous-jacents. Les différences sensibles qui séparent ces dessins sous-jacents et les scènes finales apparaissent toutes dès la première couche de peinture ; on suppose donc que Rogier intervenait à ce stade pour apporter certaines corrections. Il peignait la première couche sur le dessin préparatoire de ses assistants et définissait ainsi les détails définitifs de la composition, avant de laisser aux assistants le soin d'achever le travail.

Si l'on ignore dans quelle mesure cette reconstruction correspond à la réalité, il reste que l'exécution du retable exigea une main-d'œuvre nombreuse. La raison en est toutefois inconnue. La chapelle de l'hôtel-Dieu, à laquelle le retable était sans doute destiné, fut consacrée le 31 décembre 1451. Peut-être l'atelier fut-il pris de court, alors qu'il devait achever l'œuvre pour la consécration de la chapelle.

Le *Retable de Sainte-Colombe* de Munich doit son nom à l'église éponyme de Cologne, où il se trouva pendant des siècles. Il semble fournir un autre cas intéressant de pratique d'atelier. Ce retable et le *Triptyque de Pierre Bladelin* de Berlin sont les seules œuvres du groupe van der Weyden consacrées dans leur ensemble à l'Enfance du Christ. Dans le *Retable de Sainte-Colombe*, on trouve à gauche l'*Annonciation*, au centre l'*Adoration des Mages* (à la gauche du donateur) et à droite la *Présentation au temple*. Il semble à peu près certain que le premier propriétaire, le donateur, était un habitant de Cologne, car l'influence de l'œuvre est déjà visible dès 1463 chez les peintres de Cologne. La datation habituelle du retable le situe vers 1460.

Le *Retable de Sainte-Colombe* constitue un point d'aboutissement dans l'œuvre de Van der Weyden. Les figures, la souplesse de leurs mouvements, les subtiles transitions entre les premiers plans et les arrière-plans témoignent d'un degré de perfection et de beauté inconnu jusque-là. Si Rogier a certainement peint lui-même les panneaux, on doute que les dessins sous-jacents soient aussi de sa main, car ils se distinguent à plusieurs égards de ses autres dessins. Les nombreuses modifications apportées au projet, lors de l'application des couches de peinture, laissent supposer que ces dessins sous-jacents sont l'œuvre d'un de ses assistants, et qu'il retoucha lui-même ensuite les formes dessinées au moment de les peindre.

22. RETABLE DE SAINTE-COLOMBE, Munich, Alte Pinakothek ; panneau central : 138 x 153 cm, volets : 138 x 70 cm.

On peut trouver une explication à cette manière de travailler. La chapelle de l'hôtel de ville de Cologne abritait à l'époque un retable célèbre, le *Retable des Saints Patrons de la ville*, appelé aussi *Retable de l'Adoration des Mages*, peint par Stephan Lochner entre 1440 et 1448. Différents éléments de ce retable, conservé aujourd'hui dans la cathédrale de Cologne, se retrouvent dans le *Retable de Sainte-Colombe*, de sorte que Rogier semble l'avoir connu. Ces emprunts, comme la femme du premier plan à côté de sainte Ursule (qui devient chez Rogier la femme aux colombes dans la *Présentation au temple)*, les trois hommes à la tête du cortège (à droite sur les deux panneaux centraux) et le page du panneau central (qui devient le troisième Roi mage chez Rogier), n'apparaissent pas sous cette forme dans le dessin sous-jacent, mais se retrouvent ensuite, lors de la couche finale.

Cela laisse supposer que Rogier venait à peine de voir le retable de Lochner, au moment où le dessin préparatoire du *Retable de Sainte-Colombe* avait déjà été exécuté – par d'autres. Le donateur manque également dans le dessin sous-jacent ; il ne fut ajouté qu'au moment de peindre les panneaux. L'explication ne vient-elle pas aussitôt à l'esprit ? Rogier intégra, dans un retable déjà préparé par ses assistants, des éléments inspirés par une visite à Cologne, pour satisfaire la commande qu'il venait d'y obtenir.

VI LES CONTACTS AVEC LA PEINTURE ITALIENNE

Si les choses se sont effectivement déroulées de la sorte, il est remarquable que Rogier ne manifeste aucune concession au style de Stefan Lochner. Ce n'est qu'au début de sa carrière qu'il semble avoir été sensible à certaines influences stylistiques. On les retrouve par exemple dans *Saint Luc dessinant la Vierge*, où Rogier non seulement emprunte à Jean van Eyck la composition de la *Vierge au chancelier Rolin*, mais se sert, comme lui, d'une lumière douce et diffuse. Plus tard, quand Rogier s'inspirera des modèles italiens, seuls les motifs et la composition le retiendront, comme nous le verrons ci-dessous.

La *Vierge avec quatre saints* de Francfort est connue sous le nom de *Vierge Médicis*. Ce petit panneau (53 x 28 cm), mis en rapport avec un voyage que Rogier effectua en Italie en 1450, fut probablement exécuté pour Côme de Médicis. L'iconographie du tableau rappelle en effet la célèbre famille florentine. Les quatre saints représentés aux côtés de la Vierge et de l'Enfant sont saint Pierre (portant la clef), saint Jean-Baptiste (vêtu d'un habit en poil de chameau), saint Côme (portant un urinal) et saint Damien (portant une cuillère). Les saints Côme et Damien étaient les saints patrons des médecins et de la famille Médicis, alors que saint Pierre et saint Jean-Baptiste étaient les saints protecteurs des fils de Côme. Par ailleurs, les armoiries du premier plan sont celles de Florence.

La composition est indéniablement italienne : la Vierge entourée de saints correspond au modèle de la *Sacra Conversazione,* où les figures centrales, la Vierge et l'Enfant, sont surélevées selon la convention. Par opposition aux scènes de la peinture flamande, les têtes ne se trouvent donc pas à la même hauteur. Le style n'est pourtant pas du tout italien. Il suffit de comparer la scène avec la *Sacra Conversazione* de Domenico Veneziano, conservée aux Offices de Florence et datant plus ou moins de la même époque. Chez Veneziano, l'espace construit selon les lois de la perspective est adapté à des figures volumineuses, qui donnent l'impression de pouvoir se déplacer librement. Chez Rogier, les personnages se tiennent dans un espace très étroit, comme s'ils se trouvaient devant le rideau d'un théâtre, et paraissent disposer d'une liberté de mouvement fort réduite. Les figures sont élancées, démesurément effilées ; le drapé des vêtements ne laisse guère apparaître la forme des corps et renforce au contraire l'aspect gracile de leur silhouette par le jeu des lignes verticales do-

minantes. Les motifs décoratifs sont réduits à l'essentiel. Ce style d'une grande simplicité, presque ascétique, marqué par le goût des compositions symétriques, caractérise les œuvres de van der Weyden des années 1450 et se retrouve aussi dans le *Jugement dernier* de Beaune, dans le *Triptyque Braque* du Louvre et dans la *Déploration* des Offices.

ANNONCIATION DITE DE FERRY DE CLUGNY, New York, Metropolitan Museum of Art, détail.

23. (Ci-contre) VIERGE DES MÉDICIS. Francfort, Städelsches Kunstinstitut, 61,7 x 46,1 cm.

Les deux derniers tableaux s'inspirent également d'œuvres italiennes. On peut même indiquer le modèle de la *Déploration* : il s'agit d'une *Déploration au tombeau* peinte par Fra Angelico vers 1440. Le thème, qui tient le milieu entre une Mise au tombeau, une Déploration et un Homme de douleur, n'apparaît pas sous cette forme dans les Pays-Bas ; la composition en fut développée en Toscane et plus particulièrement à Florence. La *Déploration au tombeau* de Fra Angelico, aujourd'hui conservée à l'Ancienne Pinacothèque de Munich, provient de la prédelle du retable placé sur le maître-autel de Saint-Marc à Florence. Inutile de dire que l'œuvre de Rogier, du point de vue stylistique, n'a rien en commun avec son modèle.

Dans l'évolution stylistique de Rogier van der Weyden, trois périodes peuvent être distinguées : la première rassemble des œuvres influencées par le Maître de Flémalle et Jean van Eyck, comme la *Descente de croix* de Madrid et *Saint Luc dessinant la Vierge* de Boston, la deuxième est caractérisée par le style "ascétique" que l'on vient d'évoquer et la troisième par le style "gracieux" illustré notamment par le *Retable de Sainte-Colombe* de Munich.

24 et 25. Triptyque Braque, Paris, musée du Louvre (fermé et ouvert) : panneau central : 41 x 68 cm, volets : 41 x 34 cm. L'attribution de l'œuvre à Rogier, parfois mise en question, est acceptée par la plupart des auteurs, bien que le dessin sous-jacent diffère de celui des autres œuvres de Rogier. Le triptyque ouvert représente, sur le panneau central, le Christ entre la Vierge et saint Jean l'Évangéliste, sur le volet gauche, saint Jean-Baptiste (dans le fond, le baptême du Christ), sur le volet droit, Marie-Madeleine. Les revers des volets sont peints et portent des éléments en relation avec la destination commémorative de l'œuvre. Les armoiries sont celles de Jean Braque de Tournai (mort le 15 juin 1452) et de Catherine de Brabant. La représentation des personnages sacrés à mi-corps est probablement le premier exemple connu dans la peinture flamande, alors que cette manière de faire était courante en Italie dès le XIIIᵉ siècle. On remarque également une certaine continuité du paysage entre les trois panneaux. La signification du triptyque a pu être clairement établie grâce aux diverses citations bibliques qu'il porte, signe probable de l'intervention de théologiens dans l'inspiration de l'œuvre.

24.

25.

26. Déploration, Florence, Uffizi, 111 x 96 cm.

27 et 28. Vierge et Enfant et sainte Catherine, Vienne, Kunsthistorisches Museum, 18,5 x 12 cm. La Vierge couronnée est debout devant le trône de Salomon. Adam et Ève sont présentés comme l'antithèse du Christ et de la Vierge. Sainte Catherine porte ses attributs habituels : la roue et le glaive. On estime généralement que ces panneaux sont des œuvres de jeunesse de Rogier en raison de l'influence de van Eyck. Souvent considérés comme un diptyque, ils pourraient être deux éléments d'un triptyque.

26.

29. La Vierge et Enfant dite Madone Duran, Madrid, Museo nacional del Prado, 100 x 52 cm. La représentation de Marie et de l'Enfant évoque le thème de la Madone d'humilité. Le caractère austère de l'œuvre présentée dans une niche de pierre – à mettre peut-être en relation avec les origines tournaisiennes de Rogier – est quelque peu adouci par l'image de l'Enfant Jésus qui tourne et froisse les pages du livre que tient sa mère. L'ange, porteur de la couronne dans le haut de la niche, rappelle que la mère de Dieu est aussi la reine des cieux.

30. Vierge et Enfant, Madrid, musée Thyssen-Bornemisza, 14,2 x 10,2 cm. La Vierge couronnée, allaitant, est assise sur un trône. On considère qu'il s'agit d'une forme évoluée du Siège de la Sagesse (Sedes Sapientiae). Malgré les petites dimensions, l'œuvre présente une riche iconographie sous forme d'un décor d'architecture gothique : sur les piédroits, les prophètes de l'Ancien Testament (Moïse, David, Jérémie, Zacharie, Daniel, Isaïe), dans la frise supérieure, les Sept Joies de Marie (de gauche à droite) : l'Annonciation, la Visitation, la Nativité, le Couronnement (sur un registre supérieur), l'Adoration des Mages, la Résurrection du Christ, la Descente du Saint-Esprit sur les apôtres.

31. LA VISITATION,
Leipzig, Museum der Bildenden Künste,
57 x 36 cm.
La rencontre de Marie et de sa cousine
Élisabeth a lieu devant une importante
construction dans le style gothique des Pays-
Bas. Le personnage debout devant la demeure
est Zacharie, le futur père de saint Jean-
Baptiste. Il existe deux autres versions de cette
composition : l'une, considérée comme une
copie, est conservée à Turin, l'autre de la
Gemäldegalerie de Berlin est attribuée à
Jacques Daret. Certains auteurs pensent
que ces diverses versions pourraient
s'inspirer d'une œuvre perdue
du peintre tournaisien Robert Campin.

32. LA TRINITÉ ou TRÔNE DE GRÂCE,
Louvain, Stedelijk Museum, 124 x 90 cm.
(Une importante lacune existe à l'endroit de la
colombe du Saint-Esprit. Celle-ci n'a pas été
rétablie lors de la restauration des années
1950.) Le thème de la Trinité avec Dieu le Père
tenant sur ses genoux le corps du Fils et portant
sur l'épaule la colombe du Saint-Esprit est un
sujet souvent traité en Brabant, surtout dans la
région de Louvain. La présente œuvre ou une
composition semblable plus ancienne du Maître
de Flémalle (Robert Campin) semble être à
l'origine du thème. Il est très probable que cette
peinture provienne de l'église Saint-Pierre de
Louvain où elle aurait décoré l'autel d'une
chapelle du déambulatoire (J.K. Steppe, 1975).
L'œuvre a été tour à tour considérée comme une
copie ou un original du Maître de Flémalle.
Une origine bruxelloise est probable.
Une récente étude propose d'y voir une œuvre
où est intervenu Rogier
(R. Van Schoute, H. Verougstraete et
J.R.J. Van Asperen De Boer, 1994).

31.

32.

34.

35.

33. SAINTE
MARIE-MADELEINE LISANT,
Londres, National Gallery,
62,2 x 54,4 cm.
34 et 35. DEUX TÊTES DE
SAINTS, Lisbonne, Fondation
Callouste Gulbenkian,
chacune 27,7 x 18,5 cm.
Ces trois fragments (sainte
Catherine (?), saint Joseph,
Madeleine lisant)
appartiennent à une œuvre
représentant la Vierge à
l'Enfant entourée de saints.
Un dessin (Stockholm,
National Museum) a permis
de reconstituer la scène où
figuraient encore saint Jean-
Baptiste et saint Jean
l'Évangéliste.

33.

*36. ANNONCIATION DITE DE
FERRY DE CLUGNY, New York,
Metropolitan Museum of Art,
186 x 115 cm.
Les maîtres flamands
représentent la scène de
l'Annonciation par l'ange
Gabriel à Marie dans un
intérieur, soit une pièce
d'habitation avec une grande
cheminée, soit, plus souvent,
dans la chambre de la Vierge.
Dans l'œuvre présente, le décor,
particulièrement somptueux,
s'ouvre sur un jardin. Les
vêtements des personnages et
leurs attitudes affichent le
raffinement et l'élégance qu'on
s'accorde à trouver aux œuvres
de Rogier, postérieures à son
voyage en Italie (1450). Les
armoiries dans la fenêtre ont
été identifiées comme celles de
Ferry de Clugny, évêque de
Tournai en 1474 et chancelier
de l'ordre de la Toison d'or.
Il devint cardinal en 1480 et
mourut en 1483. L'œuvre
pourrait être le volet gauche
d'un retable de l'Adoration des
Mages. Un examen
dendrochronologique récent
situerait l'œuvre à l'extrême fin
de la production de Rogier, ou
même peu après 1464.*

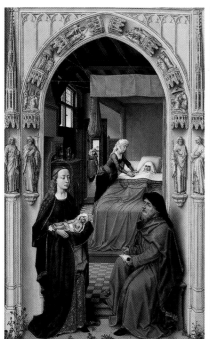

37.

37. *Retable de la Nativité de Pierre Bladelin*, *Berlin, Staatliche Museen, Gemäldegalerie ; panneau central : 91 x 89 cm, volets : 91 x 40 cm.*
Le sens de l'œuvre est l'annonce de la venue du Sauveur sur terre. La Nativité occupe le panneau central. Sur le volet gauche, l'Occident reçoit
l'annonce de la venue du Christ à travers la vision de l'empereur Auguste à qui seraient apparus la Vierge et l'Enfant le jour de la Nativité.
Sur le volet droit, la Naissance de Jésus est annoncée à l'Orient : les Rois mages reconnaissent le message de Bethléem que l'Enfant lui-même personnifie.
Le donateur représenté en prières dans le panneau central est Pierre Bladelin, receveur général des finances de Philippe le Bon. Ce fonctionnaire
richissime a fait construire une ville nouvelle au nord de Bruges de 1444 à 1446, Middelbourg. Il était normal que le retable soit destiné à l'église de
cette cité qui en conserve encore actuellement une copie. La vue de ville dans le panneau central, censée représenter Middelbourg, est reproduite dans
l'ouvrage de Sanderus, Flandria illustrata *(1586-1664).*

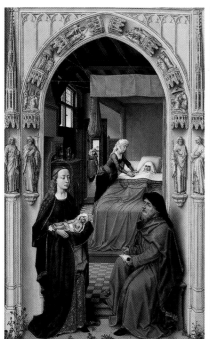

38.

38. *Retable de saint Jean-Baptiste*, *Berlin, Staatliche Museen, Gemäldegalerie, chaque panneau : 77 x 48 cm. Des portails gothiques (avec, en*
grisaille, des scènes de la vie de saint Jean-Baptiste, du Christ et des douze apôtres) entourent trois épisodes principaux de la vie de saint Jean-Baptiste :
la Naissance et la désignation du nom de l'enfant par Zacharie, le Baptême du Christ, la Décollation de saint Jean. Un temps démantelée, l'œuvre a pu
être reconstituée grâce à une copie des trois panneaux (Francfort, Städelsches Kunstinstitut), fidèle par le style, mais datée par la dendrochronologie
d'après 1500. L'œuvre est généralement située à la fin de la production de Rogier : la perspective est très élaborée, les jeux d'ombre et de lumière très
savants : l'influence italienne apparaît dans certains personnages. En outre, les vêtements reflètent une mode en usage au milieu du XVᵉ siècle.

LES PORTRAITS

L es portraits forment une catégorie importante dans l'œuvre de van der Weyden. Les quatorze portraits connus (sans tenir compte des portraits des donateurs représentés sur les retables) ne représentent qu'une petite partie de ce qui existait à l'origine ; aucune trace n'a en effet été retrouvée des portraits cités par les sources des XVe, XVIe et XVIIe siècles, même si l'on en connaît quelques copies (un portrait de Charles le Téméraire et deux portraits de Philippe le Bon, par exemple).

Quatre portraits de femmes figurent parmi les quatorze portraits connus (musée d'État de Berlin ; National Gallery de Londres ; National Gallery of Art de Washington et musée Paul Getty de Malibu). Il est généralement admis que le portrait de Malibu représente *Isabelle de Portugal,* la troisième épouse de Philippe le Bon. Parmi les cinq portraits d'hommes, trois ne sont pas identifiés (collection Thomas Merton de Maidenhead Thicket ; collection Thyssen-Bornemisza ; anciennement à New York, chez Wildenstein & Co) et les deux autres représentent *Francesco d'Este* (au Metropolitan Museum of Art de New York) et un chevalier de la Toison d'or, sans doute *Antoine, le Grand Bâtard de Bourgogne,* un des nombreux bâtards de Philippe le Bon (aux Musées royaux des Beaux-Arts de Belgique). Les cinq autres portraits faisaient partie, à l'origine, d'un diptyque représentant une *Vierge à l'Enfant,* et sont identifiés en partie. Outre un homme inconnu (collection Bearsted de Upton House), ils représentent *Jean de Gros* (Institut d'Art de Chigago), *Jean Ier, duc de Clèves* (Louvre), *Philippe de Croy, seigneur de Sempy* (musée des Beaux-Arts d'Anvers) et probablement *Laurent Froimont* (Musées royaux des Beaux-Arts de Belgique).

Les portraits sont presque tous conçus selon le même modèle : représenté à mi-corps, le personnage se détache sur un fond sombre, neutre ; les visages sont montrés de trois quarts, si bien que les yeux fuient le regard du spectateur (à l'exception du portrait féminin de Berlin, où la jeune femme nous regarde). Les mains sont le plus souvent représentées, mais elles sont presque toujours jointes, de sorte que la tache claire qu'elles forment dans l'image est suffisamment discrète pour ne pas détacher l'attention du visage. L'impression de sérénité conférée par l'image des mains jointes est renforcée par l'éclairage uniforme des visages. De façon étonnante, ces portraits donnent aussi l'impression que les personnages représentés appartiennent à une seule et même famille

39. PORTRAIT DE JEUNE FEMME, Berlin, Staatliche Museen, Gemäldegalerie, 47 x 32 cm, parfois identifié avec l'épouse de Rogier, Élisabeth Goffart, parce que le personnage regarde le spectateur comme le fait l'épouse du peintre dans le portrait identifié par une inscription de Marguerite van Eyck (Bruges, musée Groeninge).

41. LE CHEVALIER À LA FLÈCHE, généralement identifié comme Antoine de Bourgogne (1433-1458) (Bruxelles, Musées royaux des Beaux-Arts de Belgique, 39 x 28,5 cm), est un portrait indépendant sans vocation religieuse, de la catégorie des représentations parfois appelées "portrait-présence" (N. Veronee-Verhaegen).

42. JEAN DE GROS (Chicago, Art Institute, 36 x 27 cm) est identifié par sa devise "Grâces à Dieu" et ses armoiries peintes au revers. Il fut le Premier secrétaire de Charles le Téméraire et contrôleur des domaines. Il était un des protecteurs de l'église Saint-Jacques à Bruges. La littérature considère la VIERGE ET ENFANT du musée des Beaux-Arts de Tournai comme le pendant de ce portrait.

43. FRANCESCO D'ESTE, New York, Metropolitan Museum of Art, 29,8 x 20,4 cm.

44. LES ARMOIRIES D'ESTE – telles qu'elles existent depuis 1432 – figurant au revers du panneau ont permis d'identifier la famille du personnage représenté. D'abord considéré comme Lionello d'Este, le portrait est identifié avec certitude comme étant celui de son fils Francesco, né vers 1430. Il fut élevé avec Charles le Téméraire à la cour des ducs de Bourgogne.

40. (Ci-contre) PORTRAIT DE FEMME, Washington, National Gallery of Art, 37 x 27 cm. Le personnage n'est pas identifié. On peut considérer cette œuvre comme une des plus belles réalisations de l'artiste. L'intensité psychologique fait que s'applique bien l'expression latine spiritualis sub metaphoris corporalium (le monde de l'esprit sous l'aspect des réalités corporelles) que Panofsky se plaisait à répéter.

aristocratique. Partout, c'est la même atmosphère de civilisation, de piété, de distinction et de dignité qui se dégage, en accord avec la stylisation des formes. Deux portraits du chancelier Rolin l'illustrent particulièrement : l'un peint par Jean van Eyck (la *Vierge au chancelier Nicolas Rolin),* l'autre par Rogier, quelque dix à quinze plus tard (sur la face du *Jugement dernier* de Beaune). Si l'on admet que van Eyck a représenté de façon objective les traits du chancelier, on peut voir comment Rogier les a stylisés de manière à créer une impression de dévotion distinguée. Van Eyck a placé Rolin de profil. Le chancelier est représenté avec de petites mains, un large cou, des cheveux quelque peu en désordre et des traits plutôt rudes, une large bouche, un grand nez, de solides mâchoires, de petits yeux et une oreille au contour étonnamment irrégulier. Selon son habitude, Rogier a placé son personnage de trois quarts. Le large cou du chancelier est dissimulé sous son vêtement, alors que la frange des cheveux et le contour de l'oreille sont tout à fait réguliers ; les narines sont resserrées ; le profil du nez est amélioré, le contour de la mâchoire est un peu atténué et les doigts sont amincis ; les yeux sont agrandis et les sourcils rehaussés, de sorte que disparaît sa chaleureuse expression du portrait de van Eyck.

La stylisation apportée par Rogier dans ses portraits agit naturellement aux dépens de l'individualité des personnages. Il s'agit moins, pour le peintre, de visualiser leur caractère que de les modeler selon sa propre image idéale. C'est précisément cette image qui séduisit ses contemporains ; Rogier profita comme portraitiste d'un succès extraordinaire et fut en particulier très demandé par la haute société. Les princes, les princesses, la haute noblesse et les prélats, tous voulaient fixer pour la postérité leurs visages embellis par l'idéal du peintre.

Un autre aspect du portrait chez Rogier est illustré par la figure de Nicodème, dans la *Descente de croix* de Madrid. On a souvent relevé une ressemblance entre l'impressionnant visage de Nicodème et le portrait d'un gros homme (deux versions, musée d'État de Berlin et collection Thyssen-Bornemisza) que l'on attribue au Maître de Flémalle et dont on suppose qu'il représente Robert de Masmines, le chef d'armée bourguignon qui mourut à la bataille de Bouvines en 1430. S'il n'était pas inhabituel, au XVe siècle, de représenter des contemporains dans une scène religieuse, il est certain que ces personnages étaient toujours associés à l'œuvre elle-même, comme donateurs, par exemple. Et il semble très improbable qu'il ait existé quelque lien entre Robert de Masmines et la gilde des arbalétriers de Louvain. Peut-être Rogier a-t-il tout simplement copié, dans l'atelier de son maître, l'étude préparatoire pour le portrait de Robert de Masmines, puis utilisé ce dessin pour la tête de Nicodème.

Le *Retable des Sept Sacrements* d'Anvers offre un autre exemple, très intéressant, de personnages contemporains intégrés à des scènes religieuses. Les sept rites sont célébrés simultanément, sous les voûtes d'une église gothique. Le panneau central, qui correspond à la nef principale de l'église, est réservé au

45. *Retable des Sept Sacrements, Anvers, Koninklijke Museum ; partie centrale : 200 x 97 cm, parties latérales : 119 x 63 cm chacune.*

sacrement essentiel, l'Eucharistie. Il est symbolisé par le Christ en croix du premier plan et visualisé par le prêtre qui, devant l'autel, lève l'hostie au moment de la consécration. Dans les chapelles des nefs latérales sont administrés, à gauche, le baptême, la confirmation et la pénitence, à droite, l'ordination, le mariage et l'extrême-onction.

Au sommet des trois panneaux, dans chacun des angles, sont représentées des armoiries. Le blason de gauche est celui de Jean Chevrot, évêque de Tournai de 1436 jusqu'à sa mort, en 1460, qui était originaire de Poligny. Jean Chevrot est aussi représenté sur le retable : c'est l'évêque qui administre la confirmation. Albert Châtelet a récemment identifié les armoiries de droite comme celles de Philippe Courault de Poligny ; il en a déduit que le retable était destiné à la chapelle Saint-Antoine, qui fut fondée en 1445 par Jean Chevrot dans l'église Saint-Hippolyte de sa ville natale. Cette destination, fort éloignée de l'atelier bruxellois de Rogier van der Weyden, explique de façon plausible un procédé curieux : dix têtes d'hommes ne furent pas peintes directement sur le panneau, mais sur un autre support, sans doute du parchemin, avant d'être appliquées sur le panneau. Ce procédé fut notamment utilisé pour le prêtre et les deux hommes assistant au baptême, pour le prêtre administrant l'extrême-onction et, plutôt curieusement, pour le petit personnage secondaire qui se trouve dans la nef centrale. Ces têtes sont des portraits. Probablement Jean Chevrot et Philippe Courault – Châtelet reconnaît le portrait de Courault dans l'ecclésiastique vêtu de noir qui se trouve à côté de Jean Chevrot – ont-ils voulu que des notables de Poligny soient représentés sur le retable. Il est donc possible que Rogier ait envoyé un assistant à Poligny pour y exécuter ces portraits et que ces derniers aient été ensuite adjoints au retable avec leur support.

VIII | ROGIER VAN DER WEYDEN, PEINTRE DE LA VILLE

On ne sait pas grand-chose des activités de Rogier quand il travailla comme peintre de la ville pour le magistrat de Bruxelles. Les comptes de la ville des années comprises entre 1435 et 1464 sont en effet perdus. En qualité de peintre de la ville, Rogier dut certainement participer à des travaux de décoration à l'occasion de fêtes, de processions ou autres manifestations. Comme les autres peintres de son temps, il exécuta en tout cas des commandes de ce genre. En 1439, il polychrome, pour Philippe le Bon, le monument funéraire de Marie d'Évreux, épouse du duc Jean III de Brabant, et de sa fille Marie.

Les tableaux de justice de l'hôtel de ville furent une des commandes les plus importantes que Rogier exécuta pour la ville.

Au XVe siècle, il était courant de représenter dans la salle des échevins des exemples de justice impartiale, de façon à offrir un modèle aux juges dans l'exercice de leur fonction. Les tableaux de justice de Rogier se composaient de quatre panneaux et couvraient un mur de la salle du conseil (hauteur approximative : 3,30 m ; largeur totale approximative : 10,5 m). Les deux premiers panneaux représentaient la *Justice de Trajan*, les deux autres le *Jugement d'Herkenbald*, le légendaire duc du Brabant. Deux des quatre panneaux portaient, dit-on, le nom de Rogier van der Weyden, et sur un des panneaux se trouvait le millésime 1439. Les scènes monumentales qui attirèrent jadis de nombreux admirateurs disparurent – hélas ! – dans l'incendie de 1695 ; seule une tapisserie conservée à Berne, exécutée entre 1460 et 1470, livre encore une faible idée de l'œuvre de Rogier. L'impression qu'elle pouvait susciter est évoquée par un récit romantique de Carel van Mander (1604), consacré à Dominique Lampsonius. En 1576, Lampsonius travaillait au texte de la *Pacification de Gand* dans la salle de l'hôtel de ville où se trouvaient les peintures ; il fut si profondément bouleversé par ce qu'il voyait qu'"il ne pouvait en détacher son regard, se répétant inlassablement : "Maître Rogier, quel homme as-tu été !" et d'autres choses du même acabit, alors qu'il était occupé à écrire un texte important".

IX | L'INFLUENCE DE ROGIER VAN DER WEYDEN

Rogier van der Weyden, avons-nous dit, fut le peintre qui, à son époque, exerça la plus grande influence. S'il mourut en 1464, son héritage et ses œuvres continuèrent de faire autorité dans le domaine des beaux-arts jusque dans la première moitié du XVIᵉ siècle.

Des générations d'artistes, peintres, sculpteurs ou graveurs, subirent son influence, dans l'Europe entière mais surtout aux Pays-Bas. Aucun peintre de l'époque ne suscita autant de copies, sous les formes les plus diverses, depuis la reproduction littérale jusqu'à la reprise d'un personnage. Dans les Pays-Bas méridionaux, il n'y eut guère d'ateliers qui ne possédaient, dans leurs collections de modèles, des compositions, des figures ou des motifs de Rogier van der Weyden.

Comment s'explique ce succès ? Les contemporains de Rogier ne l'ont jamais expliqué. Certes, l'artiste dirigeait un grand atelier et jouissait d'une réputation internationale. Les peintres qui travaillèrent dans son atelier contribuèrent certainement à la diffusion de son héritage artistique. Mais il convient de chercher dans l'œuvre elle-même la raison véritable de son immense influence.

Sans doute Rogier n'a-t-il jamais cherché à créer l'illusion de la réalité, à rendre les choses telles qu'elles sont. Ses scènes religieuses visent à restituer les émotions, mais avec réserve ; on trouve ces mots sous la plume d'un contemporain : "La dignité est conservée au milieu d'un flot de larmes." C'est cette même dignité qui caractérise ses portraits, idéalisés. Dans les scènes de la Passion, le peintre est pathétique, alors que ses Vierges à l'Enfant sont baignées de tendresse. Rogier introduisit aussi de nouvelles formes de composition (Pietà, Vierge à l'Enfant à mi-corps) qui exaltaient ces sentiments. Sentiments exprimés par les attitudes, les gestes et la physionomie des personnages, mais toujours maîtrisés, toujours dignes. L'essence de son art est l'approche subjective. Son retentissement indique que cette approche correspondait aux besoins religieux de l'époque, qui privilégiait la méditation personnelle plutôt que les événements de l'Histoire sainte.

Liste des illustrations

Liste des illustrations hors texte

Bibliographie

Des données biographiques sur Rogier se trouvent chez
T.H. FEDER, "A reexamination through Documents of
the First Fifty Years of Roger van der Weyden's Life",
dans *The Bulletin*, XLVIII, 1966, pp. 416-431 ; M. DAVIES,
*Rogier van der Weyden. Essai accompagné d'un catalogue cri-
tique des œuvres qui lui ont été attribuées ainsi qu'à Robert
Campin*, Bruxelles, 1974, pp. 335-339. Une récente
contribution est due à J. DUMOULIN et J. PYCKE,
"Comptes de la paroisse Sainte-Marguerite de Tournai
au XVᵉ siècle. Documents inédits relatifs à Roger de le
Pasture, Robert Campin et d'autres artisans tournaisiens", dans *Les Grands Siècles de Tournai (XIIᵉ- XVᵉ siècles)*,
Tournai, 1993, pp. 305-309.

Une importante monographie sur Rogier est due à M. DA-
VIES, *op. cit.* ; l'ouvrage comprend aussi un vaste catalogue
qui mentionne, pour chaque œuvre, la littérature publiée jusqu'en 1972. Les synthèses existantes se concen-
trent surtout sur la chronologie et l'évolution stylistique à
l'intérieur de l'œuvre : F. WINKLER, *Der Meister von Flémalle und Rogier van der Weyden*, Strasbourg, 1913 ; J. DES-
TRÉE, *Roger de le Pasture-van der Weyden*, 2 vol., Paris-
Bruxelles 1930 ; M.J. FRIEDLÄNDER, *Die altniederländische
Malerei*, vol. XIV, Leyde, 1937 ; PANOFSKY, *Early Netherlandish Painting. Its Origins and Character*, 2 vol., 1953, rééd.,
New York., 1971, pp. 247-302 ; H. BEENKEN, *Rogier van der
Weyden*, Munich, 1951 ; L. CAMPBELL, "Aspects of Art Lecture. Rogier van der Weyden and his Workshop", dans
*1993 Lectures and Memoirs. Proceedings of the British Acade-
my*, 84, 1994, pp. 1-24 ; D. MARTENS, "Le Rayonnement
européen de Rogier de le Pasture (vers 1400-1464),
peintre de la ville de Bruxelles", dans *Annales de la Société
royale d'archéologie de Bruxelles*, 61, 1996, pp. 9-78 ; S. KEM-
PERDICK, *Der Meister von Flémalle. Die Werkstatt Robert Cam-
pins und Rogier van der Weyden (Arts Nova, 2. Studies in Late
Medieval and Renaissance, Northern Painting and Illumina-
tion)*, Turnhout, 1997.

Après 1972, diverses publications furent consacrées à des
œuvres particulières du groupe : C. EISLER, *Early Netherlandish Painting. The Thyssen-Bornemisza Collection*,
Londres, 1989, pp. 62-73 (sur la *Vierge à l'Enfant*, daté
d'environ 1432) ; J.O. HAND et M. WOLFF, *Early Netherlandish Painting. The Collection of the National Gallery of
Art Washington. Systematic Catalogue*, Washington, 1986,
pp. 246-253 (sur *Saint Georges et le dragon*, une œuvre de
jeunesse qui peut être le pendant du tableau précédent). N. VERONEE-VERHAEGEN, *L'Hôtel-Dieu de Beaune*,
1973 *(Les Primitifs flamands I. Corpus de la peinture des anciens Pays-Bas méridionaux au XVᵉ siècle, 13)*, Bruxelles,
1973 (ce volume du corpus est entièrement consacré au
Jugement dernier de Beaune ; sur la répartition du travail
pour l'exécution de ce retable, voir aussi J.R.J. VAN AS-
PEREN DE BOER, J. DIJKSTRA et R. VAN SCHOUTE, *op. cit.*,
pp. 181-201). C. STROO ET P. SYFER-D'OLNE, *The Flemish
Primitives, 1. The Master of Flémalle and Rogier van der Weyden Groups. Catalogue of Early Netherlandish Painting in the
Royal Museums of Fine Arts of Belgium*, Bruxelles, 1996.

Le dessin sous-jacent des peintures est étudié par J.R.J. VAN
ASPEREN DE BOER, J. DIJKSTRA et R. VAN SCHOUTE (avec
la collaboration de C.M.A. DALDERUP et J.P. FILEDT
KOK), "Underdrawing in Paintings of the Rogier van
der Weyden and Master of Flémalle Groups", dans *Nederlands Kunst historisch Jaarboek*, XLI, 1990 (1992),
pp. 130-137.

Les articles du catalogue de l'exposition *Rogier van der Wey-
den-Rogier de le Pasture, peintre officiel de la ville de Bruxelles,
portraitiste de la cour de Bourgogne*, Bruxelles, 1979, sont
très informatifs. Deux d'entre eux analysent en détails
des questions évoquées dans cette introduction, les portraits et l'influence de Rogier sur la peinture : L. CAMP-
BELL, "L'Art du portrait dans l'œuvre de van der Weyden", pp. 56-67 ; C. PERIER-D'IETEREN, "Rogier van der
Weyden, sa personnalité artistique et son influence sur
la peinture du XVᵉ siècle", pp. 47-55. Pour une information sur les dessins et leur rôle dans la diffusion des formules artistiques, on renverra en particulier à l'article
de M. COMBLEN-SONKES, "The Drawings of Rogier van
der Weyden and his school", pp. 68-84. Les tableaux de
justice de l'hôtel de ville de Bruxelles, aujourd'hui dis-
parus, sont étudiés en détail par A.M. CETTO, *Der Berner
Traian – und Herkinbald – Teppich*, Berne, 1966.

R. GROSSHANS, "Rogier van der Weyden. Der Marienaltar aus der Kartause Miraflores", dans *Jahrbuch der Berliner Museen,* XXIII, 1981, pp. 49-113 (sur le *Retable de Miraflores* ; style, iconographie et technique sont amplement étudiés).

J. DIJKSTRA, "Interpretatie van de infrarood reflectographie (IRR) van het Columba-altaarstuk, een hypothese over het ontstaan van het triptiek", dans *Le Dessin sous-jacent dans la peinture. Colloque 5. Dessin sous-jacent et autres techniques graphiques,* 1985, pp. 188-198 (sur le dessin sous-jacent du *Retable de Sainte-Colombe* et son caractère atypique). A. CHATELET, "Roger van der Weyden et le lobby polinois", dans *Revue de l'art,* LXXXIV, 1989, pp. 9-21 (sur le *Retable des Sept Sacrements* – notamment sur la destination originelle de l'œuvre – et la *Déploration,* La Haye, Mauritshuis ; le donateur de la *Déploration* de La Haye est la même personne que l'ecclésiastique vêtu de noir représenté à côté de l'évêque Jean Chevrot (?) sur le *Retable des Sept Sacrements,* ce qui fut observé pour la première fois par E. PANOFSKY en 1951.

Sur l'insertion de portraits peints sur un autre support, cf. R.H. MARIJNISSEN et G. VAN DE VOORDE, "Een onverklaarde werkwijze van de Vlaamse Primitieven. Aantekeningen bij het werk van Joos van Wassenhove, Hugo van der Goes, Rogier van der Weyden en Hans Memling", dans *Bulletin de l'Académie royale des sciences, des lettres et des beaux-arts de Belgique. Academiæ Analecta,* II, 1983, pp. 43-51.

Sur le *Triptyque Braque,* cf. B. LANE, "Early Italian Sources for the Braque Triptych", dans *The Art Bulletin,* LXII, 1980, pp. 281-284.

Sur le thème de la *Pietà* dans le groupe van der Weyden, cf. P. ROBERTS-JONES, "La Pietà de Van der Weyden, réflexion sur la notion de variante", dans *BIRPA,* XV, 1975, pp. 338-350 ; J. DIJKSTRA, *Origineel kopie. Een onderzoek naar de navolging van de Meester van Flémalle en Rogier van der Weyden,* Amsterdam, 1990, pp. 134-161 et H. VEROUGSTRAETE et R. VAN SCHOUTE, "Les Petites Pietàs du groupe van der Weyden, mécanismes d'une production en série", dans *Techné. Laboratoire de recherche des musées de France,* 5, 1997, pp. 21-27.

À propos d'une œuvre controversée, J.K. STEPPE, "Het paneel van de Triniteit in het Leuvense Stadsmuseum", dans *Dirk Bouts en zijn tijd,* Exposition du 12-09 au 03-11-1975, Louvain, 1975, pp. 447-198 et R. VAN SCHOUTE, H. VEROUGSTRAETE et J.R.J. VAN ASPEREN DE BOER, "La Trinité du Musée communal de Louvain. Un état de la question", dans *Arca Lovaniensis,* 21, 1992 (1994), pp. 47-61.

Le point sur les datations d'œuvres de Rogier par la dendrochronologie se trouve dans S. KEMPERDICK et P. KLEIN, "The Evidence of dendrochronological and art historical dating in paintings of The Rogier van der Weyden Group", dans *Le Dessin sous-jacent et la technologie dans la peinture. Colloque XI (Laboratoire d'étude des œuvres d'art par les méthodes scientifiques),* Louvain-La-Neuve, 1997, pp. 143-152.

D'une manière générale, la bibliographie la plus récente sur l'artiste est recensée dans H. MUND et C. STROO, *Early Netherlandish Painting (1400-1500). A bibliography (1984-1998) (Contributions to Fifteenth-Century Painting in the Southern Netherlands and the Principality of Liège, 8),* Bruxelles, 1998.

Relecture des sources

Élisabeth Dhanens

Avertissement

" What's in a name".

Einem seltenen und ungewöhnlichen Namen – nom rare et inhabituel –, écrit Friedländer à propos de Rogier (1924, 12 ; 1967, 11). Pourtant le prénom Rogier n'était pas rare parmi les artistes flamands. Il a d'ailleurs conduit à des erreurs d'interprétation, à la création de légendes ou de mythes et même à des préjugés injustifiés. Il s'impose donc de revoir dans leur ensemble les problèmes qui concernent le peintre Rogier van der Weyden (Tournai 1399/1400-Bruxelles 1464). On trouvera ici un ensemble le plus complet possible des sources publiées, utiles comme instruments de recherche, sources d'archives et sources littéraires jusqu'en 1800. Il faut rendre hommage aux nombreux prédécesseurs, les Alphonse Wauters, Alexandre Pinchart, etc., qui, depuis le XIXᵉ siècle, ont publié le fruit de leurs investigations. Dans un même esprit de recherche de la vérité, nous avons entrepris de reposer les questions à propos des sources pour mieux les comprendre et évaluer leur intérêt. La relecture critique des textes, l'établissement de leur niveau de fiabilité (original, copie, copie manipulée, interpolation éventuelle) ont permis de sonder leur sens profond, de rechercher les raisons de leur existence, leur but, leur destination. Il a aussi fallu tenir compte des aspects humains qui ont pu influencer la rédaction des textes. Bref, les troisième et quatrième dimensions de ces sources ont dû être éprouvées pour en déterminer la portée et l'application. Compte tenu des structures compliquées du XVᵉ siècle, la connaissance de l'époque et du lieu qui les ont vu naître a été d'une grande utilité.

Des essais méritoires ont été entrepris jadis afin d'établir un jugement objectif des sources. Houtart (1934) a tenté de le faire au cours des polémiques des années 1930 ; il fut suivi par P. Rolland (1949) et surtout par T.H. Feder (1966). Pourtant ces auteurs n'ont pas toujours pris conscience de la valeur relative des sources et se sont contentés d'un commentaire au deuxième degré. Jusqu'à présent, on n'a pas compris que les statuts du métier des peintres de Tournai de 1480 ne sont pas la copie des statuts de 1423, disant comme Feder qu'ils sont a *faithfull duplication* (1966, 423), ni que l'ordonnance de 1423 était une charte commune à tous les métiers, ni que les premiers statuts des peintres n'ont été d'usage qu'à partir de 1436 (alors que Rogier était déjà établi à Bruxelles avant 1435). On savait pourtant que les documents de 1427 et 1432, concernant Rogier, étaient des copies de vers 1482, mais on n'a pas remarqué

Introduction

qu'ils avaient été modifiés, probablement pour que les informations concernant les anciens peintres soient adaptées aux nouveaux statuts de 1480. La littérature des XIXe et XXe siècles s'appuie donc en grande partie sur des prémices erronées.

Il est souvent vain de vouloir balayer des conceptions bien ancrées qui ont pris avec le temps valeur de vérité. Pourtant cette perspective ne nous a pas découragée. Ce serait évidemment facile de recourir au scepticisme et de conclure par une boutade : "La seule chose que je sais avec certitude, c'est que je ne sais rien de certain !" Mais il appartient à l'historien d'art d'offrir un écho nuancé à la compréhension d'un artiste et de son œuvre. Il doit par conséquent peser les probabilités, et poser des jalons pour l'étude comparative des écoles locales aux Pays-Bas.

L'idée que nous donnons de Rogier van der Weyden dans les pages qui suivent diffère donc de l'image conventionnelle des manuels et des catalogues. Nous avons laissé de côté l'étude des œuvres (à l'exception du *Triptyque Braque)* qui, depuis le XIXe siècle, ont été groupées autour de son nom par la prolifération et la diversité des attributions. Nous n'avons traité que des œuvres mentionnées dans les sources.

À l'origine de cette publication se trouvent des notices isolées écrites au cours des années, en particulier lors de séjours en Italie où les artistes flamands ont noué tant de liens. Le temps était venu de réunir ces textes. Mes remerciements vont en particulier au professeur G. Verbeke, secrétaire perpétuel de la Koninklijke Academie voor Wetenschappen, Letteren en Schone Kunsten van België, qui a accepté de publier mon texte dans la série des publications de l'Académie.

Septembre 1994

La traduction et la publication de cette étude ont été entreprises à l'initiative du professeur Roger Van Schoute de l'université catholique de Louvain à l'occasion du six centième anniversaire de la naissance de Rogier. Nous lui adressons tous nos remerciements.

Quelques documents ont été ajoutés : des sources de Tournai (1426-1428, 1432-1433 et 1434-1435) publiées par Dumoulin et Pycke ainsi que la deuxième citation de Dubuisson-Aubenay (1623-1628), celle de Sainte-Gudule, qui nous avait échappée en 1995. Enfin, une liste chronologique indicative des attributions a été ajoutée.

Juin 1999

I LE PRÉNOM ROGIER DANS LE COMTÉ DE FLANDRE ET À TOURNAI

Au Moyen Âge dans la région de l'Escaut et de la Lys, le prénom "Rogier" n'était pas rare. Quelques vicomtes de Gand ou de Courtrai se prénommaient ainsi aux XIIe et XIIIe siècles, par exemple, Rogier Ier (connu de 1128 à 1190), Rogier II (de 1163 à 1197), Rogier III (de 1193 à 1205). On sait bien que le nom d'un personnage de premier plan est repris par la population locale. À Gand et à Courtrai le nom est fréquent. La situation géographique des deux villes reliées par la Lys et leurs liens avec Tournai – Gand par l'Escaut et Courtrai par voie de terre – expliquent aussi l'usage de ce nom dans la ville épiscopale.

On connaît le mécanisme de l'attribution du prénom. Alors que le nom de famille resta longtemps d'usage hésitant et variable, le prénom ou nom de baptême fut longtemps l'élément stable transmis du parrain au filleul, du père au fils, du grand-père au petit-fils. La supposition que plusieurs Rogier étaient apparentés va donc de soi ; par contre, cette appartenance ne peut être détectée du côté de la lignée féminine. Outre certaines circonstances familiales, il faut tenir compte des traditions de métier dans l'attribution d'un prénom. Le prestige d'un maître peut jouer un rôle. De nos jours encore, certains attachent de l'importance au prénom : Paul Cézanne, par exemple, se félicitait de porter le même prénom que Vélasquez ou Rubens.

Artistes prénommés Rogier à Gand

Plusieurs artistes et membres des métiers se prénommaient Rogier à Gand. En voici un bref aperçu (De Busscher, 1859, en notes ; Van der Haeghen, 1899, *passim*).

Rogier van der Woestine Segherssone fait partie d'une nombreuse famille de peintres qui s'illustra à Gand du XIVe au XVIIe siècle. Zeger fut doyen du métier en 1356-1357. Son fils Rogier fut actif, d'après ce qu'on connaît, des années 1382-1383 à 1416-1417 ou 1418. Aucune de ses œuvres n'a survécu au temps ou à la fureur iconoclaste. Rogier van der Woestine travailla pour la ville, en particulier pour la participation de celle-ci à la procession de Tournai. Il œuvra à la même époque que le sculpteur Jacques de Baerze (1406 à 1412) pour l'abbaye Saint-Pierre aux chapelles Saint-André et Sainte-Amelberge ainsi que dans la maison de campagne de l'abbé à Zwijnaarde.

Rogier van der Woestine Janssone, homonyme et sans doute parent du précédent, est signalé durant les années 1386-1388.

Un Rogier de Westerhem, *tailleur d'images,* fut un collaborateur de Claus Sluter à la chartreuse de Champmol près de Dijon. Il était sans doute originaire du village de Westrem au sud-ouest de Gand, région d'où provenait le grès lédien appelé aussi "pierre de Baleghem". Au sud de Gand se trouve un Saint-Denis-Westrem. Rogier de Westerhem était un sculpteur qualifié. Dans les textes il est appelé *tailleur d'images.* Il fut payé pour *la taille et façon de plusieurs ymaiges mis et à mectre sur le terresse de la croix qui est oudit cloistre et en plusieurs tabernacles pour le portal de l'eglise desdits chartreulx* (Roggen, 1937, 171). Ce qui veut dire qu'il travailla – comme Claus de Werve – à la partie figurative du portail de l'église (peut-être la Vierge) et au Calvaire. De cet ensemble monumental qui comprenait de nombreuses statues, seuls la base – le Puits de Moïse – et quelques fragments subsistent. Le sculpteur y avait consacré, au cours de l'année 1400, pas moins de trente-trois semaines et deux jours, dimanches et jours de fêtes compris. Sans doute était-il un artiste apprécié chargé d'un travail bien déterminé. Il ne faut pas s'étonner de l'attribution d'un travail à un sculpteur gantois quand on sait que Philippe le Hardi passa commande pour la même chartreuse de retables basés sur des modèles gantois de l'abbaye de la Bijloke et de Notre-Dame de Termonde, ville proche de Gand, et qu'il en chargea Jacques de Baerze, le sculpteur qui avait aussi travaillé à l'abbaye Saint-Pierre comme on l'a dit à propos de Rogier van der Woestine. Nous signalons ainsi en passant que des pratiques artistiques communes ont peut-être existé à Gand avant le développement du style du Maître de Flémalle (voir Dehaisnes, 1886, II, 676 ; Dhanens, 1987, 19).

Rogier van den Kerchove, peintre verrier, travailla à l'hôtel de ville de Gand de 1429-1430 à 1442-1443 (Van Tyghem, *passim).* Il livra entre autres un vitrail – peint sans doute – pour la chapelle. Il semble avoir été un artiste de qualité (Van der Haeghen, 1899, 52).

On trouve encore un Roeger de Visch, inscrit dans le métier de Gand en 1421, tandis qu'un Jan Roegers, inscrit en 1423, est probablement fils d'un Rogier (Van der Haeghen, 1899, *passim).*

Il faut évidemmment mettre en garde contre le faux registre des peintres dans lequel apparaissent quelques Rogier fictifs (De Busscher, 1859). Bien que la fraude ait été démasquée (Van der Haeghen, 1899, 139-154, "Index des faux noms"), ses conséquences se font encore sentir, ainsi Friedländer (1967, 11) cite encore un Rogier de Bruxelles, 1414, qu'il n'identifie pas avec Rogier van der Weyden.

Rogier le pointre à Gand, connu dans les archives, est payé en 1427 pour la livraison de trois écus armoriés destinés au Conseil de Flandre à Gand. C'est A. Wauters (1855-1856, 12) qui signale le premier son existence, tandis que le texte lui-même est publié par Ch. Ruelens (Crowe et Cavalcaselle, 1862, II,

p. cxxix) qui ne songe pas à l'identifier avec Rogier van der Weyden, car c'est "un travail peu artistique" qu'il juge difficile à attribuer à un grand artiste. Or il s'agit là d'une idée tout à fait erronée concernant certains travaux auxquels s'adonnaient les meilleurs artistes du Moyen Âge. Le même document est signalé par A. Pinchart (1867, 445) qui pense qu'il pourrait s'agir de Rogier van der Woestine dont il ignorait qu'il était déjà mort à l'époque. Depuis le document a été écarté. Pour les auteurs qui accordent la préférence à Bruxelles et à Tournai, le document n'était pas utilisable. Un *Rogier le pointre* est aussi signalé à Tournai, mais il ne peut pas être identifié avec certitude.

Parmi les artistes qui ont collaboré aux décorations réalisées à l'occasion du mariage de Philippe le Hardi à Bruges, on trouve un Rogier van der Leye (Pinchart, 1867, 487 ; voir de Laborde, II, 1851, 366) dont le nom rappelle sans doute une origine proche de la Lys.

Artistes prénommés Rogier à Tournai

Outre Rogier de le Pasture dont il sera question plus loin et qu'on peut identifier avec Rogier van der Weyden malgré les réticences de certains auteurs, on connaît à Tournai quelques artistes portant le prénom de Rogier. Un Rogier Bonnevacq, signalé en 1422, est identifié avec Rogier Wanebac (ou l'un de ses parents) lequel (suivant une copie de vers 1482) était devenu "franc maître" en 1427 (de la Grange et Cloquet, 1889, *passim* ; De Smet, dans Renders, 1931, *passim*).

Plus tard, on connaît encore un Rogelet de Beaumetiel, fils d'Henri inscrit comme apprenti en 1475 et devenu "franc maître" en 1479 et enfin, un Rogelet de Hostelz, fils d'Engéran et qui devint franc-maître en 1495 (idem).

L'identification d'un *maistre Rogier le pointre* qui, en 1436 et 1437, fut payé pour certains travaux – la copie de deux figures équestres, la polychromie et la dorure du blason de France, l'ajout de lettres d'or sur l'épitaphe de Jean de Bury (documents 1436 et 1437) – s'appuie sur une argumentation douteuse. Dans la littérature, l'unanimité n'existe pas concernant l'identité de ce peintre. Certains (de la Grange et Cloquet, 1889, 125-126 et 270) pensaient que ce Rogier devait être identifié avec Rogier Wanebac puisque Rogier van der Weyden s'était déjà établi à Bruxelles à cette époque. D'autres par contre (Sosson, 1979-1981, 40) avancent que Rogier van der Weyden avait gardé des contacts avec Tournai et qu'on avait fort bien pu faire appel à lui.

Les probabilités sont égales d'un côté et de l'autre. Vu les nombreuses activités de van der Weyden à Bruxelles, la balance penche plutôt – à notre avis – en faveur de Wanebac. La même incertitude subsiste à propos de l'identité de *Rogier le pointre* (1426-1428), *ung pointre nommé Rogier demourant en le rue Saint-Martin* (1426-1428) et celle du *Maistre Rogier le Pointre* (1432-1433 et 1434-1435) qui réalisa des travaux de peinture (polychromie et dorure de statues) pour l'église paroissiale Sainte-Marguerite.

HISTORIOGRAPHIE

Les historiens de la peinture des anciens Pays-Bas ont été confrontés au problème créé par Carel van Mander concernant les deux Rogier : Rogier de Bruges et Rogier de Bruxelles. On a vite conclu qu'il ne pouvait s'agir que d'un seul personnage, Rogier van der Weyden. On pensait que van Mander avait trouvé ses deux Rogier dans les *Vite* de Vasari (Greve, 1903, 65). Mais le problème n'en était pas pour autant résolu. L'affirmation de Vasari n'était pas gratuite, car on doit tenir compte de certaines traditions où légende et réalité sont liées. Ces traditions existaient tant en Italie qu'à Bruges et les traces de leur histoire se retrouvent dans les sources et dans la littérature.

Albrecht Dürer et la tradition brugeoise

Les notes de voyage d'Albrecht Dürer (1520-1521) sont pleines d'informations sur l'art et les artistes des Pays-Bas. Cependant il faut lire ces écrits avec un esprit critique et faire la distinction entre ce que Dürer a vu personnellement et ce qui lui a été dit sur place.

Dürer mentionne des œuvres d'un Rogier dans deux villes : Bruxelles et Bruges. À l'occasion de sa visite à l'hôtel de ville de Bruxelles, à la fin de l'été 1520, il note les quatre peintures faites par le grand maître Rudier. Il s'agit sans aucun doute de Rogier van der Weyden et des quatre tableaux de justice.

Le 8 avril 1521, Dürer visite Bruges. Au Prinsenhof *(ins Kaisers Haus)*, il signale une chapelle peinte et, à l'église Saint-Jacques, des peintures précieuses de Rudiger et d'Hugo, des artistes qu'il qualifie de grands maîtres. On a toujours considéré qu'il s'agissait aussi ici de Rogier van der Weyden (Pinchart, 1867, 486-488). Des doutes surgissent pourtant lorsqu'on sait que les œuvres attribuées à Hugo (van der Goes) concernent le triptyque de Flémalle dont un fragment – *Le Mauvais Larron* – est conservé à Francfort-sur-le-Main et dont la composition est connue par une copie réduite conservée à Liverpool (Friedländer IV, 1926, 13 ; Dhanens, 1984, 10-18). Il semble peu probable que des œuvres de Rogier van der Weyden se soient trouvées à Bruges sans être décrites par ailleurs. Aucun inventaire du Prinsenhof ne signale d'œuvre de van der Weyden. Quant à la peinture de Saint-Jacques, elle serait identifiée avec une fondation de G.B. Agnelli d'après une hypothèse du XIXe siècle qu'aucun autre témoignage ne vient corroborer. Il semblerait plutôt qu'il faille, au début du XVIe siècle déjà, tenir compte de l'existence d'une légende.

Nous allons tenter d'ébaucher les circonstances qui ont fait naître de telles attributions. Au début du XVIe siècle commence une période de grand intérêt pour les peintres du XVe siècle. À Saint-Donatien, on pouvait s'enorgueillir de posséder une œuvre importante de Jean van Eyck. On peut imaginer qu'à Saint-Jacques on a voulu attribuer à des artistes illustres des œuvres dont on souhaitait rehausser le prestige mais dont l'auteur n'était plus connu. Ceci se passe encore aujourd'hui dans des musées ou des collections privées.

On a pu conserver à Bruges le souvenir de Rogier et l'identifier avec le fameux Rogier van der Weyden de Bruxelles, tout comme on a pu agir de même avec le souvenir de Hugo, du fait que certains de leurs tableaux ont transité par Bruges avant d'être exportés. Ces transports ont peut-être frappé les imaginations et leur souvenir a pu subsister dans les mémoires. Le nom de Rogier pouvait aussi être familier à Bruges du fait de l'existence de certains peintres gantois cités plus haut. En effet, étant donné la capacité de production de Gand, on ne peut exclure la présence éventuelle de certains tableaux de Rogier van der Woestine à Bruges. Le nom de ce dernier a pu ensuite être confondu avec celui de l'artiste bruxellois. Le mécanisme de l'attribution est facile à suivre. D'un côté, la mémoire se rétrécit, ce qui réduit le nombre d'artistes connus ; d'autre part, le nombre d'œuvres attribuées à des artistes plus célèbres augmente (on ne prête qu'aux riches !). Ainsi, Dürer ne cite ni Petrus Christus ni Memlinc, et encore moins Gérard David ou Ambroise Benson.

On tente aussi d'attribuer les œuvres conservées dans la ville à des artistes locaux. Il en est ainsi chez Jacques Marchant (1596) qui cite une série d'artistes brugeois parmi lesquels Jean van Eyck, Rogier etc., et, pourtant, il précise parfois que certains sont originaires de Gand ou d'Ypres comme Hugo van der Goes et Lancelot Blondeel. On peut comprendre qu'au cours des temps le peintre Rogier cité soit considéré, ainsi que Hugo, comme un peintre brugeois. C'est ce qui s'est passé presque certainement chez van Mander dans sa description de la vie de Rogier de Bruges et d'Hugo van der Goes appelés "peintres de Bruges". La liaison quasi automatique, lorsqu'il s'agit de Primitifs flamands, avec la ville de Bruges a, semble-t-il, de vieux antécédents (voir plus loin).

On peut assurément tenir compte de l'existence d'une tradition brugeoise vivante à l'époque d'Albrecht Dürer. Ce dernier a, sans aucun doute, contribué à la propagation de cette "information touristique". Ses attributions de tableaux conservés à Bruges à un Rogier sont passées sans réserve à Rogier van der Weyden.

Rogier de Bruges et Rogier de Bruxelles en Italie

La consonance de la première syllabe des villes de Bruges et de Bruxelles a engendré bien des confusions en Italie. Alors que ces noms se rapportent à deux villes distinctes, les étrangers peu familiarisés avec la géographie des Pays-Bas pouvaient facilement les confondre. Les autres syllabes des deux noms s'écrivaient par ailleurs bien souvent de manières variées, ce qui leur valait une moindre attention. Le mécanisme du lapsus a aussi pu fonctionner comme cela arrive encore à notre époque, même chez des auteurs sérieux comme M. Baxandall (1963, 317 note 45) qui situe les tableaux de justice de van der Weyden dans l'hôtel de ville de Bruges ; ou Löhneysen (1956, 266) qui situe le Rouge-Cloître, où Hugo van der Goes passa les dernières années de sa vie, *im Walde von Soignies bei Brügge*. Le lapsus n'est pas sans signification, car il renforce l'idée générale qui attribue automatiquement à Bruges tout ce qui concerne les Primitifs flamands.

Ferrare – Les œuvres livrées par Rogier van der Weyden à Lionello d'Este à Ferrare documentées par les archives et décrites par des sources littéraires sont les premiers témoignages de la renommée du peintre en Italie. On ne sait pas avec certitude si Rogier s'est arrêté ou non à Ferrare au cours de son voyage à Rome en 1450, mais la chose semble vraisemblable. La connaissance de l'art flamand et l'estime qu'on lui portait à Ferrare remontent sans doute à l'époque du concile qui y fut présidé en 1438 par le cardinal Albergati. Jean van Eyck s'y était très probablement rendu (Dhanens, 1989, 26) : il y était connu surtout sous le nom de Jean de Bruges. C'est le nom de cette ville flamande qui est peut-être resté lié, dans la mémoire collective, à l'art tellement apprécié des Pays-Bas.

En 1451, on retrouve au greffe de la cour de Ferrare, dans un texte d'archive contemporain, un paiement à un *Maestro Ruziero de pinctore in Bruza*. L'intermédiaire qui avait opéré le paiement, Paulo di Pozio, agent du banquier Filippo de Ambruoxi, établi à Bruges, était appelé *de Bruza*. En 1451, dans un rappel de paiement, le peintre est localisé *in abruza*. Bruza et Abruza signifient ici Bruges et il semblerait que la conformité partielle avec Ambruoxi soit à l'origine de la confusion. La localisation du paiement est essentielle, la *piazza di cambio,* c'est-à-dire, Bruges. Que le peintre y habitât ou y travaillât était sans importance. Dans le *registro dei Mandati* de 1450, seul le lieu de résidence de l'agent est mentionné : "à Bruges", mais pas celui de l'*excelenti et claro pictori M° Rogerio.*

Par contre, l'ambiguïté de l'affirmation de Cyriaque d'Ancône (1449-1450) est frappante. L'en-tête de sa citation commence par *Rugerius Brugiensis pictor decus,* tandis que le texte commence par : *Rugerius, in Bursella, post praeclarum illum brugiensem.* L'auteur a dû savoir que Rogier habitait Bruxelles, *in Bursella.* Grâce à ses fonctions à la cour de Ferrare, il pouvait obtenir de première main l'une ou l'autre information sur le peintre. Ainsi il raconte que, le 8 juillet, durant la troisième année du pontificat du pape Nicolas V (1449), Lionello avait montré un petit tableau de dévotion peint par cet artiste. Facius (vers 1456) précise que l'œuvre se trouvait dans les appartements privés du souverain : *in penetralibus.* Sans doute Lionello l'avait-il fait voir à quelques visiteurs privilégiés adoptant une attitude typique de connaisseur et d'amateur qui montre, avec une certaine satisfaction, à quelques personnages choisis, ses richesses et accroît la valeur de l'objet d'art en citant le nom de l'artiste, le fameux peintre Rogier qui, après Jean van Eyck, était un des peintres les plus remarquables de son époque. Les noms de ces deux grands maîtres devaient augmenter le respect des spectateurs dont l'admiration rejaillirait sur le propriétaire de l'œuvre d'art.

Les deux comptes rendus complémentaires de Cyriaque et de Facius permettent de savoir qu'il s'agissait d'un petit triptyque représentant *Adam et Ève chassés du paradis,* la *Crucifixion* et la *Mise au tombeau.* Un prince en prière complétait la composition (Dhanens, 1989, 76-77).

La ville de Ferrare a dû jouer un rôle particulier dans la carrière de Rogier. Une tapisserie représentant l'*Histoire de Trajan* d'après un modèle de Rogier s'y trouvait peut-être (voir le commerce des tapisseries de Bruxelles). Il existe aussi une tradition qui fait de Rogier l'initiateur des peintres de la cour de Ferrare aux secrets de la peinture à l'huile (voir VII). Des recherches à Ferrare permettraient peut-être de retrouver des éléments inconnus à propos des rapports de Rogier avec la cour.

Naples – Batholomeus Facius a choisi deux peintres flamands dans son *De Viris Illustribus* (vers 1456) : *Johannes* (Jean van Eyck) et *Rogerius* à qui il donne avec quelque emphase le nom de *Gallicus.* Il n'identifie pas la ville où habite Roger, mais il sait que son œuvre principale a été peinte à Bruxelles : il s'agit donc bien de Rogier van der Weyden.

Facius avait cité une première fois Rogier dans la *Vita de Gentile da Fabriano.* Il y rapporte, en effet, ce qu'il a entendu dire à propos du passage de Rogier à Rome lors du Jubilé (année sainte de 1450). Le peintre avait beaucoup admiré l'œuvre de Gentile (voir VI) au cours de sa visite à Saint-Jean-de-Latran. Ce voyage à Rome peut être partiellement confirmé par les rapports de Rogier avec la cour de Ferrare qui a sans doute été une étape de son voyage.

Dans la biographie de Rogier, Facius parle des œuvres qui lui sont attribuées en Italie. À Gênes, sans préciser le nom du propriétaire, il signale une *Femme au bain* accompagnée d'un petit chien. Deux jeunes garçons épient la scène à travers une fente. La description de ce tableau à caractère érotique rappelle fort le petit panneau représentant une baigneuse et un jeune homme dans l'ouverture de la porte (Leipzig, Museum der Bildende Kunst*).* Ce genre d'œuvres de petit format devait rencontrer beaucoup de succès en Italie comme le prouve le petit tableau de van Eyck d'Ottaviano della Carda (Dhanens, 1980, 206-211). À Ferrare, le prince possédait un petit autel de dévotion, sans doute un triptyque, dont la description concorde avec celle de Cyriaque et complète l'iconographie du troisième panneau qui comportait un donateur princier en prière. À Naples, enfin, le roi Alphonse d'Aragon possédait les fameuses *linteis picturae* qui furent décrites plus tard avec enthousiasme par Summonte (1524). Ce ne sont pas, comme le pense Baxandall (1964, 105), des tapisseries mais des toiles peintes (voir VIII).

Facius signale aussi – on l'a dit – le chef-d'œuvre de Rogier à Bruxelles, *quae est absolutissimi operis* et qu'il place dans l'*aedem sacram*. Il s'agit sans aucun doute des tableaux de justice de l'hôtel de ville (Baxandall les dit par erreur *unidentified*, 1964, 106). L'éloignement joue en effet un rôle ici. Facius n'a pas vu les œuvres en place, il les connaît uniquement par ouï-dire. En quels termes son interlocuteur a-t-il pu lui en parler ? Facius a compris qu'elles n'appartenaient pas à un prince mais qu'elles se trouvaient dans un endroit important, dans un bâtiment communal en relation avec la justice. L'endroit où la justice était rendue était toujours considéré comme un lieu sacré. En outre, du petit côté oriental de la salle, une partie de celle-ci – sans doute une travée – servait de chapelle. On touche ici du doigt la signification que peuvent prendre certaines informations.

Le surnom de *Gallicus* dans ce cas-ci n'a aucune signification géographique particulière. Le terme est né de l'humanisme de l'époque, de la connaissance des textes antiques et signifie "du nord des Alpes". Dans le même esprit, on donnait, aux Pays-Bas au XVIe siècle, le surnom latin de *Belgae* à ces peintres, entre autres sur la gravure de H. Cock (1565). Ce surnom était aussi donné à d'autres artistes des Pays-Bas comme par exemple à Jean de Bologne à Florence.

Il faut lire avec quelque précaution la lettre de Pietro Summonte (1524), car visiblement elle contient des erreurs. Ainsi, Summonte déclare que le *famoso maestro Rogerio* est le beau-fils, *genero,* de *Johannes* (van Eyck) et que Petrus Christus est leur aîné à tous deux. Plus loin il parle de *Rugerius* mais ne lui donne pas de complément topographique. Parmi les œuvres citées par Facius on ne relève que trois tableaux représentant des scènes de la Passion qui appartenaient au roi Alphonse, *tre panni di tela lavorati in quel paese*. Facius précise qu'à son époque (en 1524) ces œuvres devaient être en possession de la reine Isabelle, épouse du roi Frédéric à Ferrare. Il s'agissait de peintures sur toile et non de tapisseries. Summonte parle toujours de l'art de la peinture flamande *lo colorire de quel paese*, alors que les tapisseries étaient considérées comme un produit fabriqué.

Ces tableaux peints en détrempe sur toile étaient des succédanés tant des peintures murales que des tapisseries plus coûteuses. Ils étaient importés en Italie en grande quantité et étaient considérés comme des spécialités flamandes, comme l'écrit Borghini (1584, 173).

De toute façon, Facius a décrit certains sujets : la douleur de Marie qui pleure en apprenant l'emprisonnement de son fils, le Christ supportant avec patience les souffrances qu'il endure de la part des Juifs et un troisième sujet dont l'iconographie reste imprécise. Summonte de son côté admire la figure du

Christ dont les traits sont semblables sur chacun des trois tableaux alors que les
circonstances diffèrent. La tradition rapporte qu'une importante somme d'argent (5 000 ducats) avait été offerte par le roi pour ces œuvres, preuve de la
haute estime où était tenu l'art flamand.

Milan – Les rapports entre Rogier et la cour de Milan sont bien
documentés. Il n'est pas certain que l'architecte de Francesco Ier Sforza,
Filarete, ait joué un rôle à ce propos. Dans son *Traité* (1460-1464) où il
s'interroge sur les bons artistes du Nord, *nelle parti oltramonti*, il cite deux fois
Jean van Eyck, *Giovanni da Bruggia.* Mais puisque l'artiste est mort, ainsi qu'il le
note avec regrets, et parce que la demande d'œuvres d'art flamandes croît, les
amateurs italiens doivent se tourner vers d'autres peintres. Il pense pouvoir
proposer *Maestro Ruggieri* qu'il cite deux fois sans plus de précision.

À la chancellerie, vers la même période, on se prépare à envoyer le jeune
peintre de la cour, Zanetto Bugatto, à Bruxelles pour qu'il y apprenne la technique flamande de la "peinture à l'huile". Dans la lettre de recommandation de
la duchesse (26 décembre 1460), on sait, uniquement semble-t-il, que Rogier
(appelé par erreur *Gulielmi)* habite les territoires du duc de Bourgogne. Il s'agit
bien de Rogier van der Weyden comme le prouvent d'autres documents : *Magistro Rogero, pictore nobilissimo* (mars 1461) et surtout la lettre de remerciements
de Bianca Maria Sforza qui s'adresse à *Magistro Rugerio de Tornay pictori in Burseles* (7 mai 1463). Ces dernières précisions doivent être de première main, car
elles ont été apprises sans doute de Zanetto lui-même (voir VII).

En 1584-1585, le nom de *Ruggiero da Bruselles* apparaît de nouveau sous la
plume de Lomazzo dans une liste d'artistes illustres et dans un contexte bizarre
de peinture flamande de genre qui s'appuie sur des attributions abusives.

Pesaro – Des contacts de Rogier van der Weyden avec les Sforza à Milan
sont connus par des documents d'archives. Des relations, quasiment
contemporaines ou de peu antérieures, ont pu avoir lieu avec les Sforza à
Pesaro. Ce n'est pourtant que dans l'inventaire de 1500 que le nom de Rogier
apparaît comme auteur de trois petits tableaux (1500, Pesaro). Il n'est pas sans
intérêt de constater que, d'après une chronique contemporaine, Alexandre
Sforza, seigneur de Pesaro, serait revenu d'un voyage en Bourgogne, Flandre,
Bruges, etc., le 18 mai 1458 (Mulazzani, 1971, 252). Voyage qui d'ailleurs
n'avait pas duré moins de huit mois. Il est tout à fait admissible que, durant son
voyage, le prince ait montré de l'intérêt pour les peintres flamands et ait pu
rencontrer Rogier. Il est même possible que le nom de Rogier soit resté familier
à Pesaro, puisqu'on constate que dans la collection princière trois peintures
sont attribuées au peintre en 1500 : un portrait du duc de Bourgogne (sans
doute Philippe le Bon) de la main de *Ruziero da Burges,* un portrait du prince
Alexandre de la main de *Rugieri,* et une *tavoletta* avec le Christ en croix devant

un paysage lui aussi de la main de *Ruggeri*. Le surnom *da Burges* est peut-être dû au séjour du prince à Bruges ou de l'habitude italienne de coupler le nom de Rogier avec Bruges.

L'identification de la *tavoletta* avec le petit *Triptyque Sforza* (Bruxelles, Musées royaux des Beaux-Arts de Belgique) repose sur l'identité des personnages qui sans conteste appartiennent à la famille de Pesaro. L'attribution pose encore des problèmes dont il ne sera pas question ici.

Urbino – Il n'est plus nécessaire de rappeler l'intérêt accordé à la peinture flamande dans la ville d'Urbino où Frédéric de Montefeltre fit appel au gantois Joos van Wassenhove dit Juste de Gand (Giusto da Guanto). Les liens familiaux entre Frédéric et Alexandre Sforza de Pesaro peuvent être à l'origine de son intérêt. Le duc avait acquis un tableau de Jean van Eyck représentant une étuve (Dhanens, 1980, 211). C'est à *Brugia* que Giovanni Santi localise les peintres flamands dans sa chronique rimée (vers 1485-1490) : *il gran Joannes, el discepol Ruggero,* un pas de plus vers la formation de la légende.

Venise – De nombreux tableaux d'artistes flamands se trouvaient dans les collections vénitiennes. Marcanton Michiel (vers 1530) note la présence d'œuvres de Jean van Eyck, Hans Memlinc, Gérard de Gand, Liévin d'Anvers et de quelques autres *maestro ponentino* et, en relation avec notre sujet, un autoportrait de *Rugerio da Burselles,* daté de 1462, et une Vierge conservée dans une église attribuée à *Rugerio de Brugies*. Les attributions sont sans doute erronées mais montrent que le nom de Rogier était connu dans le milieu des amateurs de Venise sous les deux appellations répandues en Italie : de Bruges et de Bruxelles (le portrait est probablement le même que l'exemplaire de la National Gallery de Londres attribué à présent à Dirk Bouts ; la Vierge est sans doute la copie d'après van Eyck par Jean Gossart du *Diptyque de la Vierge dans une église et Antonio Siciliano* de la galerie Doria Pamphili à Rome),

Au cours de ses recherches dans les églises et les couvents, pour découvrir des œuvres d'art, Zanetti (1771) trouva une peinture portant une inscription : SUMUS RUGGERI MANUS. Il se demanda s'il devait la considérer comme une œuvre de la main du flamand Rogier (Fuessli, 1779, 570). En réalité, le tableau semble être italien et dater du XVIe siècle.

Le nom de Rogier accompagné du nom de lieu (tantôt de Bruges, tantôt de Bruxelles) va mener une existence propre en Italie. Vers le milieu du XVe siècle à Ferrare et à Naples, en 1463 à Milan, le nom était encore lié à un personnage réel. Mais, au début du XVIe siècle, ce n'est plus le cas, le nom sert d'étiquette. Après Jean van Eyck, Rogier était le principal représentant de la peinture flamande. Son nom fut bientôt lié à l'importance grandissante du commerce d'art.

Peu après 1450 déjà, Facius avait rattaché les deux grands courants de l'art de la peinture flamande à deux noms : le courant plus objectif, rationnel, le style en trois dimensions de Jean van Eyck avec ses détails d'un extraordinaire réalisme dans le rendu de l'espace, des hommes et des choses, et le style plus expressif, sensible de Rogier dont le réalisme apparaissait dans d'émouvantes scènes de la Passion. C'est ainsi que le nom de Rogier fut bientôt lié à certains thèmes iconographiques : n'importe quelle scène de la Passion réalisée par un peintre venu des Pays-Bas pouvait être mise en relation avec Rogier. Sans hésitation, on lui attribua la *Descente de croix* de San Pietro in Montorio à Rome (Fuessli, 1767), alors que ce tableau qui date de 1617 semblerait plutôt être une œuvre de van Baburen.

Les deux Rogier chez Vasari

Dans la première édition de ses *Vite* (1550), Giorgio Vasari ne se risque à mentionner que le seul *Ruggieri da Bruggia*. Il le cite une première fois dans le chapitre *"Del dipingere a olio"* où il en fait un successeur, *suo discipulo*, de Jean de Bruges (van Eyck). Le peintre est cité une deuxième fois, dans la *Vita d'Antonello da Messina* dans laquelle on peut lire l'histoire touchante de van Eyck vieillissant transmettant les secrets de la peinture à l'huile à son disciple : *Ruggieri da Bruggia suo creato*. Vasari ne s'est, semble-t-il, posé aucune question concernant le surnom *da Bruggia*. Appliquée à van Eyck, cette localisation a pu très facilement glisser vers le disciple selon une tradition implantée en Italie depuis le XVe siècle.

Dans la deuxième édition des *Vite*, Vasari (1568) répète ces indications avec de minimes différences de formulation, mais l'augmente du chapitre *"Di diversi pittori Fiamminghe"*. L'auteur y traite de *Ruggieri Vander Vueiden di Bruselles* dans une notice inspirée partiellement de Guichardin (1567) et cite les tableaux de justice dont il fait un vif éloge.

Dans les *Descrittione di tutti i Paesi Bassi* (1567), Louis Guichardin (1523-1589) avait localisé l'école flamande de peinture à Anvers tant sont forts les liens personnels ! Il appelle *Rugieri vander Vveiden di Bruselles*, le successeur d'Hubert et de Jean van Eyck et il signale les exemples étonnants des tableaux de justice de l'hôtel de ville. Il ne cite aucun Rogier de Bruges.

Dans le courant du XVIe siècle, tant en Italie qu'aux Pays-Bas, des transmissions orales difficiles à évaluer ont dû circuler à propos des anciens peintres flamands. Vasari connaissait encore les auteurs des œuvres qui étaient très abondantes avant la furie iconoclaste. Cette connaissance était répandue surtout chez les artistes qui, "lorsqu'ils font montre de sagesse", comme le dit Lampsonius (1572), étudient encore les anciens exemples.

Les artistes qui avaient émigré en Italie étaient aussi pour Vasari une source d'information précieuse (1568, 858). L'auteur cite quelques-uns de ses informateurs : le peintre *Giovanni delle Strada di Brucies* (Jean van Straeten de Bruges) et *Gio Bologna* de Douai (Jean de Bologne), le sculpteur, *ambi Fiaminghi*, tous deux actifs à Florence. De nombreux autres Flamands étaient établis à Florence notamment dans le milieu des liciers et, parmi eux, ceux qui étaient réunis dans la confrérie de SS. Annunziata. Vasari pouvait aussi glaner des informations auprès des amateurs italiens d'art flamand, propriétaires ou commanditaires d'œuvres d'art ou chez leurs successeurs.

Deux de ses correspondants sont connus. L'un, Lambert Lombard de Liège (1506-1566), peintre lui-même, fait part dans une lettre à Vasari rédigée en italien (1565) de son jugement sur l'art flamand. Deux grands noms lui sont familiers : *Maestro Rogiero* et *Joan di Bruggia,* qu'il cite dans cet ordre. Plus loin il répète encore deux fois le nom de Rogier : il parle de la *maniera di Rogiero* et de l'influence exercée par sa peinture sur l'Allemagne voisine et sur Martin Schongauer.

L'autre, l'érudit Lampsonius (1532-1599), était un grand admirateur des tableaux de justice de Rogier, comme le raconte Carel van Mander (1604). Les lettres qu'il adressa à Vasari ne sont malheureusement pas connues mais beaucoup de ses informations ont, sans doute, été introduites dans le chapitre : *"Di diversi pittori Fiamminghi".* Dans la série d'éloges joints aux portraits gravés des peintres flamands célèbres (1572), on en trouve un dédié à *Rogero Bruxellensi Pictori.*

Rogier et l'Espagne

Au contraire de l'Italie, il semble que Rogier n'eut aucun contact personnel avec l'Espagne. Ni son nom de famille ni son prénom lié au nom d'une ville, Bruges ou Bruxelles, n'y étaient connus. Dans l'inventaire des œuvres d'art de Philippe II (1574), il n'est cité que sous le nom de *Maestre Rogier.* Pour les scribes, c'était suffisant. Ailleurs, son nom était lié à la notion générale de Flandre, notion habituelle en Espagne où les artistes des Pays-Bas, peu importe leur origine, étaient nommés : *de Flandes, Flamenco,* ou *Flandresco.* Il en est ainsi du plus célèbre d'entre eux, Juan de Flandes, peut-être gantois et successeur de Hugo van der Goes.

Felipe de Guevara (vers 1535) situe *Rugier* simplement en *Flandes.* Il le nomme en premier lieu avant deux autres artistes cité, mais, malheureusement, sans commentaire. Fils de Don Diego (celui qui avait offert le *Portrait des Arnolfini* à Marguerite d'Autriche), il était certainement familiarisé avec l'art flamand.

Les chroniqueurs du voyage du prince Philippe (1548-1549), Calvete de Estrella (1549) et Alvarez (1549), ont sans doute noté quelques témoignages précieux sur l'œuvre de Rogier mais ne citent pas son nom. Ils faisaient preuve d'un manque complet d'intérêt pour la personnalité des peintres selon l'usage des parfaits courtisans attentifs seulement à la gloire de leur maître et à ses faits et gestes.

Une œuvre constituée de trois panneaux conservée dans la chartreuse de Miraflores (près de Burgos), actuellement à Berlin (Grosshans, 1981), était attribuée sur place à *Magistro Rogel, magno et famoso Flandresco* (1445/1783). La datation de cette attribution présente toutefois un problème. Le texte n'est connu que par la copie d'Antonio Ponz (1783) et présente des contradictions internes. Il est par conséquent nécessaire d'analyser le témoignage de Ponz à la fois sur le plan de la rédaction et sur celui du contenu.

Dans un premier passage, Ponz note ce qu'on lui a raconté sur place, *segun se cuenta*, que le roi Juan II, le donateur, avait reçu lui-même le petit triptyque du pape Martin V et qu'on pense qu'il s'agit d'une œuvre de Jérôme Bosch. Ponz, par contre, le croit antérieur et de qualité *superior*.

Ce passage amène un triple commentaire :

1. Un cadeau royal et, de plus, offert par le fondateur de la chartreuse, Juan II, roi de Castille (1404-1454) (à ne pas confondre avec Juan II d'Aragon, 1397-1479) laisse certainement des traces dans les mémoires. Il n'y a pas lieu d'en douter.

2. La prétendue provenance pose un autre problème. Il doit y avoir une erreur puisque Martin V est mort en 1431 et que le petit *Retable de Miraflores* ne peut être daté aussi tôt.

3. Le nom de Jérôme Bosch avait un énorme retentissement en Espagne et était appliqué à de nombreuses œuvres flamandes. Ponz se rend compte que cette attribution ne peut pas être retenue.

Un deuxième passage contient les résultats des recherches de Ponz dans la bibliothèque du couvent. Dans une chronique, le *Libro del Becerro* (ainsi appelé en raison de sa reliure en vélin), Ponz a copié un texte latin qui consiste en deux phrases. Dans la première, on lit qu'au cours de l'année 1445 le roi en question avait offert le précieux objet de dévotion. Les trois sujets représentés sont identifiés. Dans la deuxième, le texte dit : "Cet oratoire fut peint par *Magistro Rogel, magno, y famoso Flandresco.*"

Dans une note complémentaire, Ponz décrit l'encadrement de la peinture. Le style des deux parties frappe par l'ambiguïté de la citation latine et la différence de style des deux phrases : la première adopte le style solennel de chronique : *Anno 1445 donavit* ; la seconde se présente comme un ajout explicatif : *Hoc oratorium.*

Une certaine pratique des textes anciens donne l'impression que les deux phrases n'ont pas été écrites d'un seul jet. La précision apportée par la deuxième phrase est une sorte de réponse à une question posée par un intéressé (qui ?). Peut-être a-t-elle été ajoutée d'abord dans une note marginale et ensuite intégrée au texte de la chronique par un compilateur.

La date avancée pour la donation royale, 1445, est compatible avec l'histoire de la chartreuse fondée en 1441-1442 par Juan II qui lui portait grand intérêt. Le don royal consistait en un objet dont la fonction à la fois religieuse et de dévotion constituait en même temps un rappel représentatif du fondateur et protecteur dont il était chargé de perpétuer le nom.

Il est moins vraisemblable que l'on ait simultanément noté le nom de Rogier et des superlatifs tels que *magno y famoso*. Des épithètes aussi louangeuses pourraient porter ombrage au royal donateur. On trouve une même attitude à Florence en 1483 lorsque le *Triptyque Portinari* fut livré à l'hôpital de Santa Maria Nuova et que l'on nota le nom du donateur mais pas celui du peintre. Il est peu probable d'ailleurs qu'en 1445 le nom de Rogier ait déjà atteint en Espagne une telle renommée, alors qu'en Italie ce n'est qu'en 1450-1456 que cela se produisit chez des amateurs comme Cyriaque et Facius.

Par conséquent, il est possible, et même probable, que la deuxième phrase latine, telle qu'elle a été transcrite par Ponz en 1783, ne date pas de 1445 mais est une extrapolation plus tardive. L'attribution datée de 1445 n'est pas certaine au sens strict. La question reste ouverte, cette attribution repose-t-elle ou non sur une réelle tradition ?

Il a déjà été question de la célébrité de Rogier durant son voyage en Italie. Les commandes faites directement à l'artiste et les achats de ses œuvres témoignent d'une appréciation réelle et directe de son art.

Par opposition aux Italiens, la soif de collectionner des amateurs espagnols du XVIᵉ siècle se situe "au second degré". Le goût de la collection existait déjà chez Marguerite d'Autriche, à une échelle, à la vérité, encore assez modeste. La princesse ne possédait que quelques œuvres d'art disposées dans sa résidence de Malines parmi lesquelles une petite *Pietà* de Rogier (pourvue de volets par Memling) et un portrait de Charles le Téméraire attribué au même artiste (1516).

Avec Philippe II commence la chasse systématique aux œuvres. Les acquisitions d'anciennes œuvres d'art des Pays-Bas mèneront à un véritable pillage. Dans son entourage, aucun humaniste, tels Cyriaque et Facius en Italie, n'était capable de faire l'éloge des qualités de l'artiste. Il ne s'agissait, semble-t-il, que de possession. Trois vagues se succédèrent dans cette quête acharnée. La première date approximativement du voyage que fit le jeune prince dans les Pays-Bas en 1549. À cette époque, sa tante, Marie de Hongrie, avait fait exposer dans la chapelle de son château de Binche la *Descente de croix* de Louvain, et le prince lui-même avait commencé à acheter des tableaux dans les villes qu'il visitait. La deuxième eut lieu lors de l'abdication de l'empereur Charles (1555). C'est au cours de ce second séjour que Philippe acheta le *Calvaire* de la chartreuse de Scheut. Les choses se passaient alors encore de manière assez paisible, car il s'agissait d'achats, bien que rien n'exclue l'usage de la contrainte. L'acquisition était parfois dédommagée d'une certaine manière, comme ce fut le cas à Louvain où l'original fut remplacé par une copie (d'ailleurs aussi emportée plus tard). Les agents royaux ont, sans doute, passé nos régions au peigne fin à la recherche d'œuvres d'art et ne répugnaient pas à forcer la main des propriétaires. Philippe n'a pourtant pas toujours réussi à obtenir les œuvres convoitées, soit qu'elles fussent protégées par les dispositions juridiques en vigueur, soit sauvegardées par l'intelligence des propriétaires. On sait ainsi que le chapitre de Saint-Donatien à Bruges refusa de céder la *Vierge au chanoine van der Paele* de Jean van Eyck. À Gand, Philippe rencontra, très probablement, l'opposition du chapitre de Saint-Bavon et dut se contenter d'une copie de l'*Agneau mystique*. De même, à Anvers, il ne put s'approprier le *Christ de pitié* de Quentin Metsys.

Une troisième vague, qui peut être assimilée à un véritable pillage, a eu lieu peu après la furie iconoclaste et au cours des guerres religieuses. On connaît à ce sujet quelques témoignages très concrets. Des témoins visuels déclarent que Frédéric, le fils du duc d'Albe, s'était rendu célèbre par ses enlèvements d'œuvres d'art : *Hier naer syn de Schilderyen weggenomen, daer men segt dat don Frederic behagen in hadde, besonder in de antique ofte oude* (*Cronycke van Mechelen*, 1572-1576, p. 56). Carel van Mander note encore comment, après le siège et la prise de Haarlem par les Espagnols, la *Résurrection de Lazare* d'Albert van Ouwater fut envoyée en Espagne de manière frauduleuse. Des œuvres de Martin van Heemskerck suivirent le même chemin.

Dans la vie de Michel Coxie, van Mander raconte qu'un négociant faisait commerce de très belles pièces avec l'Espagne. En effet, la soif de collectionner des Espagnols a entraîné une véritable razzia d'œuvres qui a fait de l'Espagne une mine d'or pour le commerce d'art aux XIXe et XXe siècles. Parmi les tableaux attribués de nos jours à Rogier, une douzaine au moins sont passés par l'Espagne (Friedländer, Davies).

Il est donc tout à fait possible, qu'outre les œuvres de Rogier décrites dans les collections royales (1574), d'autres œuvres plus nombreuses encore ont été enlevées d'églises, de couvents et de chapelles de Bruxelles et des environs.

Pourtant, on ne trouve que de rares mentions de Rogier dans les collections espagnoles. Felipe Guevara (vers 1535) considérait que le portrait de son père était de *mano de Rugier*. Don Diego Felipe de Guzman (1655) possédait quatre peintures de dévotion considérées comme œuvres de *Rugier*.

Les deux Rogier de Carel van Mander

Dans son ouvrage, *Het Schilderboeck* (1604), Carel van Mander a consacré une biographie à deux Rogier différents. Le premier, *Rogier van Brugghe, schilder*, est placé immmédiatement après les frères van Eyck et devant Hugo van der Goes (qu'il nomme aussi "peintre de Bruges"). Il place beaucoup plus loin dans le volume, après différents peintres des XVe et XVIe siècles, le deuxième, *Rogier van der Weyde, schilder van Brussel*, induit en erreur, sans doute, par la date présumée de sa mort, 1529. Dans l'esprit de van Mander, il s'agit de deux personnes différentes portant par hasard le même nom ; il ne fait aucun rapprochement entre l'un et l'autre.

L'histoire de l'art des XIXe et XXe siècles s'est facilement débarrassée de cette double information. On considérait simplement que c'était une erreur issue des *Vite* de Vasari (1550 et 1568) et qu'il devait s'agir d'un dédoublement d'une seule et même personne. C'était une solution facile, la plus simple, qui ne portait pas atteinte à la cohérence logique et à la construction claire du système de l'histoire de l'art. On ne tenait aucun compte de la distance chronologique et géographique qui séparait les deux Rogier dans l'esprit de van Mander. Ce dernier doit avoir eu à l'esprit deux artistes et leurs œuvres respectives. De quelque façon qu'on l'envisage, le dédoublement du *Schilderboeck* n'a jamais été expliqué.

Van Mander consacre 24 lignes à Rogier de Bruges. Par comparaison, il accorde 420 lignes aux frères van Eyck, 77 à Hugo van der Goes, 8 à Memling, 20 à Gérard Horenbout, 30 à Dirk Bouts et enfin 59 lignes à Rogier van der Weyden. Il situe Rogier de Bruges sous les *fraey en edel gheesten* (nobles et beaux esprits) qui ont contribué à la gloire de la ville, du temps de Jean van Eyck et peu après, avant que le déclin de Bruges ne s'amorce (1485). Il regrette de ne pas connaître la date du décès de l'artiste, mais il lui accorde l'immortalité de la gloire. Le reste de son texte comprend deux parties. Dans la première, il raconte comment Jean, qui avait toujours gardé cachées ses découvertes de la technique de la peinture à l'huile, en avait confié les secrets à son élève, Rogier. Cette histoire avait déjà été publiée par Vasari dans la première édition de ses *Vite* (1550) dans l'exposé consacré à Antonello da Messina et on a toujours imaginé que van Mander s'était inspiré de Vasari. Ces données pouvaient fort bien être répandues aux Pays-Bas. La transmission et la diffusion de la technique de van Eyck représentent, en effet, un élément important de la continuité de l'école flamande de peinture.

La deuxième partie du texte est le compte rendu de la propre expérience de l'auteur et de son jugement personnel. Van Mander pense avoir vu quelques peintures sur toile de ce peintre pendues dans des églises ou des maisons à la manière de tapisseries. Il les décrit comme représentant de grandes statues, c'est-à-dire de grandes figures debout ; il caractérise son dessin de ferme et de très *gracelijk*. Il signale en connaisseur que, pour travailler à des ouvrages d'aussi grande taille, expérience et intelligence sont nécessaires. Plus loin, il précise que Rogier de Bruges travaillait à la colle et au blanc d'œuf mais aussi à l'huile. Van Mander se sent sans doute obligé de signaler la peinture à l'huile puisqu'il avait parlé auparavant de la manière dont le peintre avait connu le secret de Jean van Eyck.

Cette partie de son texte, où il relate les souvenirs visuels de ses séjours à Bruges (le dernier date de 1582 avant son départ pour Haarlem), est suffisammment concrète pour être basée sur des observations. Van Mander voulait mettre un nom sur les œuvres qu'il avait vues. Il écrit en effet des biographies et l'idée d'œuvre anonyme n'a pas encore cours. Il est évident qu'il a attribué à

Rogier, qui existait déjà dans la tradition brugeoise, une partie de la production artistique du Moyen Âge – entre autres les toiles des *cleerscrives* –, qu'il ne pouvait donner à van Eyck. Nous avons rencontré des traces de cette tradition chez Dürer et Marchantius (Marcanton) (voir plus haut).

Il subsiste encore de nombreuses inconnues à propos de la tradition flamande avant van Mander : des écrits de Lucas d'Heere, de Marcus van Vaernewijck et de Harduinus ont disparu. Carel van Mander rappelle que son maître Lucas d'Heere, chez qui il avait appris la peinture et la poésie, avait entrepris de rédiger une biographie en vers des peintres célèbres, ouvrage dont il déplore la perte.

Tous les écrits de Marcus van Vaernewijck n'ont pas été conservés. Dans son éloge de Bruges (1562 et 1568), Marcus cite les auteurs des œuvres d'art principales qui s'y trouvent, c'est-à-dire, dans l'ordre : Hugo, Rogier, l'allemand Jean (Memling), Jean van Eyck et Michel-Ange. Il ne dit pas que ces artistes sont brugeois. C'est Carel van Mander qui donne aux six peintres une qualité brugeoise.

Antoine Sanderus (1624) signale aussi Harduinus comme source. Il s'agit sans doute de l'érudit Denis (†1604) plutôt que de son frère François ou de son neveu Juste, poètes tous deux. Mais parmi les rares écrits conservés de Denis, nous n'avons rien trouvé au sujet de Rogier. Pourtant la référence de Sanderus est précieuse, car elle renvoie au cercle des humanistes gantois.

La connaissance qu'avait van Mander de Rogier de Bruges peut remonter à de lointains antécédents. Comme pour le gantois Hugo van der Goes, qu'il appelle pourtant *schilder van Brugge,* il est possible que le peintre à l'origine du personnage de Rogier de Bruges soit aussi un artiste gantois et peut-être l'un des Rogier gantois (voir plus haut) et éventuellement même Rogier van der Woestine qui jouissait d'une certaine renommée avant qu'elle ne s'estompât devant la gloire de son homonyme, Rogier van der Weyden.

Ce Rogier de Bruges fut encore cité au XVIIe siècle comme le peintre du portrait de Marie de Bourgogne de la série de portraits publiés en 1661 à Anvers par Jean Meyssens. Des associations ténues peuvent avoir joué un rôle. Au XIXe siècle, on tentera de grouper des œuvres autour de son nom, mais bien entendu sans fondement suffisant.

À l'exception de la date de décès erronée – 1529 –, les données de Carel van Mander dans la biographie de Rogier van der Weyden, peintre de Bruxelles, concordent avec celles du Rogier historique. Van Mander montre l'importance de l'œuvre de l'artiste dans les représentations des actions et des sentiments, des désirs et des affections profondes. Le biographe commet parfois une erreur mineure dans sa description, mais cela ne modifie pas son avis de manière essentielle. Il signale les quatre tableaux de justice de l'hôtel de ville de Bruxelles qu'il a peut-être vus, bien que sa description ait conduit à des interprétations fautives (voir plus loin). Il note la *Descente de croix* de Louvain qui fut transportée en Espagne et enrichit son histoire de l'anecdote du naufrage, des raisons de son déplacement et également de son remplacement à Louvain par une copie de Michel Coxie. Une faute de nature iconographique apparaît : il signale deux échelles. Il sait que l'artiste acquit une grande fortune mais signale aussi sa générosité. Il mêle les récits de Lampsonius (1572) et de Molanus (avant 1585) à ses propres souvenirs.

La situation complexe dans le comté de Flandre de la cité épiscopale de Tournai – qu'on sait maintenant être la ville natale de Rogier – est sans doute responsable de l'origine donnée par van Mander au Rogier établi à Bruxelles : *uyt Vlaender oft van Vlaemsche Ouders.* "De Flandre" signifie d'abord que Rogier n'est pas né à Bruxelles, ni dans le duché de Brabant, une distinction territoriale tout à fait valable à l'époque. "Ou de parents flamands" : ce qui n'est pas impossible, étant donné la présence importante et de longue date de Flamands à Tournai (voir III). Enfin, à propos des inspirateurs de van Mander, il est concevable que le chroniqueur ait pu encore rencontrer des descendants de Rogier.

La date de décès d'un artiste est toujours un élément important pour un biographe. Van Mander reconnaît parfois à regret qu'il ne sait pas où ni quand un de ses collègues est mort ou a été enterré. À propos de Rogier van der Weyden, il pense pourtant être bien informé et savoir qu'il est mort au cours d'une épidémie – dite maladie anglaise – qui a ravagé le pays et fait de nombreux morts à l'automne 1529 : "*[…] en ghestorven ten tijde van de sweetende sieckte/die men d'Enghelsche cranckheyt noemde/die t'heele landt schier doorcroop en veel duysent Menschen wech nam. Dit was in 't Jaer ons Heeren 1529 in den Herfst.*"

Il est évident que la date est erronée. Mais il est frappant de constater que van Mander donne la même date de décès à Quentin Metsys. Une confusion doit être née soit chez van Mander, soit chez son informateur. Alexandre de Fornenberg *(Den Antwerpschen Protheus,* 1658, d'après une citation dans A. de Bosque, 1975, 46) déclare que Quentin Metsys est mort de la *zwetende ziekte die op dat ogenblik in onze gewesten woedde.* La connaissance de cette épidémie et de ses nombreuses victimes doit avoir laissé une forte impression sur les esprits. La date de 1529 serait-elle la date de décès d'un des successeurs de Rogier qu'on aurait à tort attribuée à van der Weyden ? Quelqu'un a-t-il appliqué la date de décès de Quentin Metsys (en réalité, 1530 ?) par erreur à Rogier ?

Combien de Rogier chez les successeurs de Carel van Mander ?

Le nombre de Rogier qui entrent en ligne de compte chez les compilateurs des XVIIe et XVIIIe siècles et chez les premiers historiens de l'art du XIXe siècle constitue une curiosité qu'il ne suffit pas d'écarter, car elle a eu des conséquences jusque bien loin dans le courant du XXe siècle.

Quelques compilateurs français ne parlent que de Rogier van der Weyden de Bruxelles, mais il ne s'agit pas là d'une prise de position. L'insuffisance de données biographiques sur Rogier de Bruges peut être la raison de sa mise à l'écart. Il en est ainsi chez Félibien (1666), Bullart (1682), Le Comte (1699).

Sandrart (1675 et 1683) utilise les informations que van Mander fournit sur les deux Rogier de manière succinte mais sans modifications. Baldinucci, dont les écrits datent de 1686-1688 mais furent publiés à titre posthume en 1728 seulement, traite d'abord de Rogier van der Weyden et ensuite de Rogier de Bruges. Il fait deux fois référence à *Carlo Vermander* qui publia ses notices sur les peintres dans son *Nativo idioma*. Il ne dit pas si la traduction de ce texte l'a aidé. Monier (1698) cite les deux Rogier mais de manière très succinte. C'est J.B. Descamps (1753), un Français de Flandre, qui rend le plus complètement le texte de van Mander.

Dans l'intervalle, la traduction latine de Sandrart (1683) – une chance que van Mander ne soit pas tombé dans l'oubli – eut des conséquences tout à fait inattendues et même pittoresques sur lesquelles on reviendra plus loin.

Ruggero de Salice – La traduction des noms d'artistes flamands en Italie – où ces formes étaient forgées en joyeuse compagnie – est un amusant phénomène qui a aussi eu des conséquences inattendues pour Rogier. Dans l'*Abecedario* d'Orlandi (1704), on trouve un *Ruggero Salice* avec une référence à Sandrart. Dans la traduction latine (1683) de ce dernier, on lit en effet *Rogerius de Salice*. Or, *Salice* est en réalité la traduction littérale de l'allemand *Weide,* saule. Cependant des hésitations subsistent puisque Orlandi ajoute, sans doute à partir d'une autre source, *o Vander,* ou *Vander,* et omet le reste du nom. La biographie fournit des renseignements très sommaires – naissance à Bruxelles, date du décès (1529) – et cite un portrait.

Les trois Rogier d'Orlandi 1733-1753 – La traduction et la compilation ont encore eu d'autres conséquences. Se référant à Baldinucci, les nouvelles éditions de l'*Abecedario* d'Orlandi ajoutent deux autres *Ruggieri* : dans l'édition de Naples (1733) ces ajouts se trouvent d'abord dans les *Aggiunta* ; dans l'édition vénitienne (1753), on trouve les trois Rogier, l'un à la suite de l'autre comme trois peintres différents : *Ruggero, Salice, o Vander* qui est mentionné comme peintre à Bruxelles et est décédé en 1529. *Ruggiero di Bruggia* est considéré comme un disciple de Jean van Eyck à Bruges. Enfin, *Ruggiero Vander-Weiden* de Bruxelles est le peintre des tableaux de justice mais cette fois avec référence à Vasari.

La forme *Salice* est encore donnée par Fuessli (1767, 298 ; 1779, 719) qui en fait un surnom italien de Rogier van der Weyden.

Juan Rogerio – On trouve en Espagne, en 1788, une transformation inattendue dans les annotations de Ponz dans l'édition de Guevara (vers 1535). L'absence de virgule dans la liste des peintres flamands cités par Guevara entre *Joannes* et Rogier entraîne Ponz à les considérer comme une seule personne : *Juan Rogerio, pintor de Bruxas.*

Les erreurs chronologiques de la biographie après Carel van Mander – La date erronée de la mort de Rogier van der Weyden – 1529 – fut reprise sans esprit critique par la plupart des auteurs. Félibien ajoute même qu'il est "contemporain de Düre(r)".

D'autres fautes apparurent aussi, elles sont regroupées ici à titre de curiosité. Il était courant chez les amateurs de donner, comme temps d'efflorescence d'un artiste, la période au cours de laquelle son activité avait été la plus brillante ou était la mieux connue. Ainsi, Buchelius (début du XVIIe siècle) écrit à propos de Rogier : *A° 1410 floruit.* Baldinucci (1686-1688) et Orlandi dans les *Aggiunta* (1733) écrivent à propos de *Ruggiero di Brugia : fioriva costui circa l'anno 1490.* J.B. Descamps (1753) ajoutait habituellement dans les marges de ses textes des indications concernant les dates pour étayer la suite chronologique de ses biographies. En face de Rogier van der Weyden se trouve la date de 1480. Fuessli (1763) interprète cet ajout comme une date de naissance ; ce qui, en tenant compte de la date présumée de décès, est plausible. Mais c'est à Pilkington qu'il revient d'avoir le premier remis de l'ordre dans les dates.

L'unique Rogier de Pilkington, 1770 – Les notices du révérend Matthew Pilkington peuvent s'apprécier avec un certain humour. Dans son important *Gentleman's and Connoisseur's Dictionary of Painters* (1770), il prend nettement le parti d'un seul Rogier. Mais son identification suit des chemins tortueux et aboutit à un résultat franchement désarmant.

Sous la rubrique *Roger of Brussels* (p. 102), il mentionne Vander Weyde, ce qu'il a sans aucun doute repris du premier supplément de Fuessli (1767, 236). Mais sous le nom de Roger Vander Weyden, il n'est plus question de Bruxelles et il nomme l'artiste Roger de Bruges (pp. 691-692). Dans une note étendue, il entre en discussion avec J.B. Descamps (1753) qu'il accuse d'un *extraordinary oversight,* car il décrit deux Rogier. Pour Pilkington, il n'y a qu'un seul Rogier, né à Bruges en 1415 *as most authors testify.* Nous n'avons pu jusqu'à présent retrouver les noms de la plupart de ces auteurs. Pilkington refuse la date du décès, 1529, pour le simple argument de calcul que l'artiste né en 1415 n'aurait pu atteindre l'âge incroyable de 114 ans. L'auteur fait de Rogier un disciple de van Eyck et ne cite qu'une œuvre, les tableaux de justice, qu'il localise sans hésitation dans l'hôtel de ville de Bruges.

Dans une édition postérieure (1829), les dates de Rogier sont modifiées, 1366-1418 : la première date correspond à la date de naissance présu-

mée d'Hubert van Eyck et la date de décès à celle de Rogier van der Woestine
à Gand.

Les trois Rogier au XIXe siècle – Au début du XIXe siècle, on parlait encore conventionnellement d'après van Mander d'un Rogier de Bruges et d'un Rogier van der Weyden de Bruxelles. Ainsi, Johanna Schopenhauer (1822, 104, 106) place pour la première fois les deux artistes supposés à la suite l'un de l'autre. Dans les années 1840 apparaît un changement de perspective avec la découverte d'Alphonse Wauters (1841, 218 ; 1846) de quelques archives sur Rogier van der Weyden. L'auteur donne la véritable date de décès, 1464, mais présume que l'artiste était né à Bruxelles. A. Michiels, dans sa volumineuse étude sur *l'Histoire de la peinture flamande* (1845-1848), réunit de manière encore chaotique des compilations de données sur Rogier de Bruges (II, 186-194 et 272-277), sur Rogier van der Weyde de Bruxelles (II, 210-213) et sur Rogier van der Weyde père (II, 283). Dans un important supplément à la troisième partie (1846, III, 390-420), il revoit les données fournies par Wauters en imaginant que cet unique Rogier avait passé sa jeunesse à Bruges ; ce qui expliquerait alors son surnom de Bruges.

J. Burckhardt, dans son édition revue du *Kugler's Handbuch* (1847), distingue aussi trois Rogier : *Rogier van Brugge,* élève des van Eyck, *den wahren Rogier von Brugge* et *Rogier van der Weyde* qui est considéré comme le fils de Rogier de Bruges (sans autre précision) ; trois artistes auxquels il attribue un certain nombre d'œuvres.

L'idée de la relation père-fils entraîna l'appellation de Rogier le Vieux et de Rogier le Jeune et de nouvelles attributions. Cet aspect appartient en réalité à d'autres problèmes qui ne seront pas traités ici.

III | Rogier de le Pasture à Tournai

L'entrée de Rogier dans l'histoire commence avec les découvertes de Pinchart (1867) : le lieu de naissance – Tournai – et la date approximative de celle-ci – 1399 ou 1400. La date de naissance est déduite d'une lettre de crédit de 1435, dans laquelle l'âge de Rogier, 35 ans, est mentionné. Vient ensuite le registre des peintres de vers 1482 qui signale l'inscription de Rogier dans l'atelier de Robert Campin en 1427 et l'obtention de la maîtrise en 1432. L'archiviste reconnaît bien sûr le fait que ces documents sont des copies, mais il les considère comme des renseignements de première main. Apparaissent, ensuite, d'autres lettres de crédit dans lesquelles, Rogier, fils de Henri de le Pasture, est cité comme maître peintre vivant à Bruxelles, et enfin, les comptes de Tournai concernant les cierges du service célébré à la mémoire de Rogier en 1464. D'autres découvertes sont venues étoffer ces données essentielles comme le métier du père (coutelier), la vente de la maison paternelle en 1426, bien que Rogier ne soit plus partie prenante (Hocquet, 1913).

Avant d'examiner de manière plus critique les débuts de la carrière de Rogier à Tournai et les documents qui le concernent, il est indispensable d'esquisser le panorama historique de la ville. Nous pourrons ensuite examiner s'il est possible que Rogier soit né de parents flamands comme le déclare Carel van Mander. Nous prenons ici naturellement nos distances vis-à-vis de la littérature polémique et de ses préjugés, née déjà en 1868 et qui s'est développée au début du xxe siècle. Nous nous appuyons uniquement sur des documents sérieux et justifiés.

Tournai et le comté de Flandre

La situation géo-politique de Tournai est compliquée dès les origines. La rive gauche de l'Escaut, sous la souveraineté de l'évêque et du chapitre, dépendait de la France. La rive droite avec le quartier de Saint-Brice dépendait de l'Empire et de l'évêque de Cambrai. Un peu en aval de Tournai, le comte de Flandre représenté par le châtelain "protecteur de l'évêque" avait son château situé sur la petite île du Bruille incorporée dans la ville en 1288. Depuis 1187-1188, la commune, déjà développée à l'époque, est rattachée directement à la couronne de France (Rolland, 1913). Aux points de vue religieux et commercial, la ville restait cependant liée au comté de Flandre. Pour le roi, Tournai était une tête de pont dont il retirait d'importants avantages financiers (Wymans, 1961) et d'où il "pouvait faire excommunier la Flandre" (Rolland, 1931, 46). Tournai était en effet le siège de l'évêché dont dépendait pratiquement tout le comté. Tournai restait cependant une ville relativement petite en comparaison de Gand ou de Bruges.

Tournai, siège d'un évêché – Il va de soi que la représentation de la Flandre dans l'administration ecclésiastique et dans les services était importante. Il y avait un archidiaconat pour Gand et un autre pour Bruges. Certains évêques étaient originaires de Flandre.

La nomination au siège épiscopal était souvent une source de conflits avec la France, car le comte de Flandre et, plus tard, le duc de Bourgogne faisaient valoir, avec raison, que puisque l'évêque exerçait sa juridiction sur leurs terres, il leur revenait de présenter un candidat au pape. L'évêque exerçait d'ailleurs une fonction importante à la cour du comte ou du duc ; il était de droit président du Grand Conseil et chancelier de l'ordre de la Toison d'or.

Lors de conflits, l'évêque siégeait temporairement dans son refuge de Gand, comme le firent, par exemple, Jean Chevrot ou Guillaume Fillastre. Par ailleurs, le clergé flamand jouissait d'une certaine liberté par rapport à son évêque. Ce fut le cas à l'époque du schisme d'Occident à la fin du XIVe siècle. Tandis que l'évêque de Tournai soutenait le pape d'Avignon, les ecclésiastiques de Flandre restaient fidèles au pape de Rome, après en avoir délibéré à Gand et mené une enquête à Rome en 1378 sur la légitimité de l'élection d'Urbain VI. Le schisme s'étendit à tout l'évêché, certains évêques partisans du pape établirent leur siège à Gand.

La procession de Tournai – La procession annuelle fondée en 1092, par l'évêque Radbod II à l'occasion d'une épidémie de peste, réunissait les divers éléments religieux, politiques, sociaux et économiques de la ville et pouvait même en constituer la raison d'être. C'était une idée astucieuse de l'évêque qui jugeait sans doute que les dons des pèlerins qui se rendaient à Rome, Jérusalem ou Saint-Jacques pouvaient aussi bien être consacrés à Tournai.

Chaque année avant la fête de l'Exaltation de la Sainte-Croix, le 14 septembre, une foule de pèlerins du diocèse arrivaient à l'église-mère (Cauchie, 1892 ; Nowé, 1934 ; Dumoulin et Pycke, 1992).

Cette procession devint un signe tangible du devoir de charité sublimé symboliquement et artistiquement. Tant le comte et les magistrats que la population s'y soumettaient volontiers, tandis qu'on jouait habilement de l'ambition, des positions de force et de l'escalade dans la générosité et la richesse. Les envoyés de Gand avaient le droit de porter la châsse de Notre-Dame. Mais ce privilège était probablement lié à une importante contribution sinon au paiement total du reliquaire.

Pendant plus de quatre siècles, les dons venus de Flandre enrichirent la ville épiscopale. À tel point qu'on pourrait presque dire que les activités architecturales et artistiques de la ville furent en grande partie subsidiées par les habitants de la Flandre. À Tournai, on était très conscient des avantages économiques qu'entraînaient la procession et le pèlerinage. Cela apparaît clairement dans certains événements de la tumultueuse histoire de la ville. Ainsi, par exemple, l'absence des Flamands en 1477 inspira des propos amers au poète de la *Complainte de Tournay* (Cousin, 1619-1620/1868, 1868, 224-255 ; Poutrain, 1750, 293-294).

Les documents et la littérature fournissent de nombreux exemples des liens qui unissaient Tournai et le comté de Flandre aux points de vue ecclésiatiques, socio-économiques, spirituels et artistiques. "La ville ne subsistoit que par son commerce avec la Flandre", affirme Pourtrain (1750, 275). Pour maintenir ce commerce, Tournai payait d'ailleurs des droits importants au duc (Wymans, 1961, *passim)*.

L'immunité et l'immigration à Tournai – Le statut particulier de Tournai vis-à-vis du comté de Flandre et son extra-territorialité entraînèrent diverses conséquences. La ville devint un lieu de refuge pour les bannis du comté qui venaient s'y installer provisoirement ou définitivement. Dans des périodes d'instabilité politique, certains Flamands trouvaient à Tournai un asile inviolable pas trop éloigné de leur lieu d'origine et d'où ils pouvaient continuer à diriger leurs affaires. Depuis Gand en particulier, relié à Tournai par l'Escaut, c'était une solution pratique non négligeable. Sans doute existait-il à Tournai un esprit d'accueil et d'ouverture qui permit à certains liens personnels de se nouer.

À Tournai, la présence de nombreux artisans était nécessaire. Or, à Gand, la ville la plus peuplée du Nord au XIVe et encore au XVe siècles, en raison de circonstances locales difficiles, un surplus de main-d'œuvre cherchait des lieux plus calmes. Ces Flamands s'établirent à Audenarde, à Courtrai ou à Tournai. L'immigration gantoise à Tournai est illustrée de manière concrète par le nom de "Gand". On connaît ainsi la famille Villain de Gand (nom de l'évêque Maximilien, 1614-1644). Ce nom de Gand indique l'origine, comme par exemple celle du théologien Henri de Gand ou d'artisans hautement qualifiés comme Mahieu de Gand "orlogeur" du beffroi (1395), le dinandier Michel de Gand ou le peintre Jehan Villain (XVe siècle).

Le lien très particulier qui unissait le comté de Flandre et Tournai et l'importance de la présence flamande sont aussi attestées par la consécration à "Notre-Dame flamande" de la chapelle située dans l'axe de la cathédrale et dans laquelle une statue de la Vierge est vénérée sous ce vocable. Or la chapelle fut, en 1403, mise à la disposition de la confrérie des sculpteurs et des peintres (de la Grange et Cloquet, 1889, 66), ce qui permettrait de supposer l'implication d'artistes flamands dans cette gilde.

Dès lors, pour en revenir à Carel van Mander, il n'y a pas d'objection à accepter ses dires. Rien ne s'oppose en effet à ce que Rogier soit né de parents flamands et que la forme originelle du nom soit van der Weyden, forme reprise ensuite à Bruxelles.

Notons encore quelques détails. Le prénom Rogier est la forme flamande et ancienne du nom, la forme actuelle française étant Roger. Le nom du père, Henri, est écrit Heinricx à Bruxelles dans une lettre de crédit (1436-1437), ce qui pourrait prouver qu'il était d'usage dans le cercle de famille.

Rogier a sans doute reçu un nom repris à la tradition familiale. Un oncle de sa mère, Agnès de Wattreloz, était appelé Rogelet (Houtart, 1913, 20). On pourrait ainsi supposer qu'un ancêtre en ligne directe de Rogier a aussi porté ce prénom. Le nom Wattreloz pourrait indiquer le lieu d'origine de la famille, Wattrelos-lez-Lille qui relevait de l'abbaye Saint-Bavon à Gand.

Le métier des peintres à Tournai 1423-1436-1480

1423 : la charte commune des métiers – Lors de leur prise de pouvoir en 1423 à Tournai, les métiers s'organisèrent en 36 "bannières" qui choisissaient leurs délégués dans le gouvernement de la ville. Les petits métiers étaient groupés sous une seule bannière. Ainsi, les orfèvres, les peintres, les instituteurs et d'autres encore étaient groupés sous la même bannière. Le texte de cette charte de fondation de 1423 n'est pas connu, mais M. Houtart (1905, 71-80), qui a analysé un recueil manuscrit de vers 1650 (collection privée) comportant des copies des ordonnances et des statuts des métiers du XVe siècle, insiste sur le fait qu'il ne s'agit que d'une organisation politique et administrative. Ainsi que le dit l'auteur, celui qui voudrait y chercher des données sur la réglementation et les techniques des différents métiers serait déçu. Ceci permet de supposer qu'en 1423 il n'existait aucune ordonnance individuelle pour les peintres, ni pour aucun autre métier.

Durant les années suivantes, on promulgua des règlements particuliers pour l'un ou l'autre métier, appelés : lettres et annexes. Il en fut ainsi en 1425 pour les dinandiers. Le 21 août 1436, une annexe est consacrée aux peintres. On n'en connaît ni le contenu ni l'importance.

Le 27 novembre 1480 de nouveaux statuts furent établis pour les peintres. Le texte original en a été entièrement publié par A. Goovaerts (1896, 147-182). Nous verrons que ces statuts de 1480 ne peuvent en aucun cas être considérés comme une copie de ceux de 1423. C'est à tort que dans la littérature on fait toujours référence aux statuts de 1423 en s'appuyant sur ceux de 1480.

Auparavant existait une gilde de saint Luc, association de dévotion, sans doute caritative, destinée au secours réciproque ainsi que cela se pratiquait dans d'autres métiers. On a déjà écrit qu'en 1403 les peintres et les sculpteurs constituèrent une confrérie qui obtint dès lors l'usage de la chapelle axiale de la cathédrale dite la chapelle de Notre-Dame flamande (de la Grange et Cloquet, 1889, 66). En 1480, les mêmes se réunissaient dans l'église Saint-Pierre (Goovaerts, 1896, 148).

1436, 21 août : l'annexe destinée aux peintres – Cette "Annexe pour les peintres" de 1436 est donnée par M. Houtart (1905, 79) comme faisant partie du recueil de vers 1650. À notre connaissance, cela a été jusqu'à présent totalement ignoré. On peut considérer que cette annexe contenant des réglementations particulières destinées aux peintres était jointe à l'ordonnance de 1423 comme cela avait été le cas à divers moments aussi pour d'autres métiers. Dans les nouveaux statuts de 1480, il est question de la suppression des ordonnances de 1423 *saulf le contenu en certaines annexes infixées parmi lesdictes lettres* (Goovaerts, 1896, 151). Sans doute cette mention concerne-t-elle l'annexe de 1436.

La date de 1436 retient l'attention, car elle se situe peu après le démembrement de l'atelier de Campin par l'accession à la maîtrise la même année (suivant le registre de vers 1482, voir De Smet dans Renders, 1931) de Rogier de le Pasture, le 1er août, d'un certain Willemet, le 2 août, et de Jacques Daret, le 18 octobre, c'est-à-dire le jour de la Saint-Luc, date à laquelle il devint sur le champ doyen de la gilde des peintres. On peut se demander si cette série d'accès à la maîtrise mise en relation généralement avec la condamnation de Campin le 30 juillet 1432 ne témoigne pas d'une crise importante au sein de la gilde des peintres. Cette crise aurait entraîné au cours des quatre années suivantes la rédaction de règlements spéciaux actés ensuite dans l'annexe du 21 août 1436. (Cette dernière pourrait avoir été inspirée par J. Daret qui avait à l'époque l'expérience d'une carrière de près de vingt ans à Tournai.)

On ne connaît pas, il est vrai, le contenu de l'annexe de 1436, mais on sait qu'en 1480, son contenu était encore d'application et qu'il fut inclus dans les nouveaux statuts de 1480. Dans ces derniers se trouve un article selon lequel, en cas d'adultère, un peintre coupable devait être exclu du métier et *qu'il ne soit homme marié qui tienge à mariage aultre femme que son espeuse* (Goovaerts, 1896, 181). On ne sait quelle était la sévérité de la charte des métiers de 1423 à cet égard, ni si ce cas était prévu. Mais on serait tenté de croire que la condamnation de Robert Campin due à sa liaison avec Leurence Polette, *lui qui est marié* (de la Grange et Cloquet, 1889, 221), fut la cause de l'introduction de cet article dans l'annexe de 1436 qui passa ensuite dans les statuts de 1480.

1480, 27 novembre : les nouveaux statuts – Jusqu'à présent, on a cru à tort que les ordonnances de 1480 pouvaient être une copie fidèle de celles de 1423, *a faithful duplication of the statutes of 1423* ainsi que l'affirme Feder (1966, 423). Seul, Schanebacker (1980, 13) émet quelques réserves à ce sujet.

La relecture attentive du texte de 1480 publié *in extenso* par Alphonse Goovaerts (1896, 147-182) permet d'affirmer qu'il n'en est rien. Le texte est très détaillé. Sa publication ne compte pas moins de 36 pages. Dans le préambule des 50 articles, les circonstances de la décadence du métier des peintres et de la régression de ses finances sont exposées en détail et principalement justifiées par la concurrence extérieure à la ville. On se réfère à la vieille charte de 1423 considérée comme insuffisante car ses règles étaient données… *avec celles des aultres mestiers*. On constate que pour les peintres, afin de contrer les préjudices causés par la concurrence étrangère ou frauduleuse, *il n'y avoit ordonnances et status pour les reprendre ains[i] qu'il y avoit en austres mestiers*. On décide donc de promulguer de nouveaux statuts *en mettant au néant leur dicte première charte et lettres desdicts mestiers, données* (1423), sauf, comme on l'a signalé plus haut, le contenu de certaines annexes (Goovaerts, 1896, 148 et 151).

Le premier article commence par les mots *dores en avant*, ce qui suppose que les nouvelles dispositions ne reprennent pas les précédentes ou qu'elles n'étaient pas considérées aussi sévèrement. La formule est répétée à maintes reprises.

Les statuts donnent l'image d'un métier très organisé regroupant les métiers des peintres et des verriers, auxquels étaient affiliés les enlumineurs, les peintres de cartes à jouer, de jouets d'enfants, de papiers de tenture et sur verre, les badigeonneurs à la colle et les marleurs… Les matériaux peints étaient d'une grande variété : pierre, bois, plâtre, terre cuite, argent, or, cuivre, laiton, étain, plomb, fer, cuir, toile de lin, parchemin de diverses qualités, papier, textiles divers. Les techniques – huile, aquarelle, plume et encre, fusain, craie – étaient utilisées pour décorer des statues, tabernacles, maçonneries, retables, peintures, peintures murales, bannières, objets héraldiques ou d'entremets, blasons, devises, accessoires de tournois ou d'enterrements, amusements, costumes et déguisements, petis chevaux de bois, charrettes, mats de tir…

Le collège était composé du doyen, sous-doyen, jurés et *maistres*. Les hommes et les femmes pouvaient faire partie du métier. Outre les maîtres, on distinguait les apprentis, compagnons, varlets, serviteurs. La durée d'apprentissage était fixée à quatre ans (art. 2). Les devoirs des apprentis étaient détaillés avec soin.

Les dispositions financières étaient fort importantes et comprenaient la cotisation de membre, des gratifications diverses et surtout de nombreuses amendes en cas d'infraction aux règles édictées.

Les statuts de 1480 sont très restrictifs et répressifs, ce qui ne pouvait que précipiter la chute de l'institution. Il semble en outre qu'ils furent appliqués avec une sévérité constante. À ce propos, les souvenirs de Carel van Mander sont intéressants. L'élève raconte les difficultés rencontrées en 1568 par son maître, le Courtraisien Pieter Vlerick (1539-1581/86), au sujet de la peinture d'un panneau commémoratif destiné à un commanditaire tournaisien. Par comparaison avec l'école contemporaine de peinture d'Anvers, le protectionnisme de Tournai lui paraît totalement dépassé et stérile.

III

Il n'est pas nécessaire de pousser l'étude dans les détails (si intéressante soit-elle) pour se rendre compte que les statuts péniblement codifiés en 1480 ne sont pas applicables sans réserves à des personnes et à des situations antérieures. Il est clair qu'une plus grande liberté existait avant 1480. La charte de 1423 et l'annexe de 1436 n'étaient pas aussi strictes que les statuts de 1480 et ne devaient pas être appliquées avec autant de rigueur vu les critiques formulées à l'égard de prétendus – ou réels – disfonctionnements que l'on tente de refréner à partir de 1480. Il est donc tout à fait erroné de projeter le contenu des statuts de 1480 dans le passé et de les appliquer au métier des peintres tournaisiens de tout le xve siècle. Ces statuts ne permettent pas d'éclairer le personnage de Rogelet/Rogier de le Pasture et de ses contemporains, ni d'expliquer la situation en 1427-1432, ni d'argumenter sur les modalités d'inscriptions, la durée de l'apprentissage ou l'exécution d'une œuvre. C'est pourquoi on arrive en ce qui concerne Rogier, Daret et d'autres dans l'atelier de Campin à des conclusions assez différentes de celles couramment admises dans la littérature.

On peut donc conclure en affirmant que les statuts de 1480 ne sont pas une reprise de ceux de 1423 et ne s'appliquent pas à la période d'activité de Rogier à Tournai.

L'inscription de Rogelet/Rogier de le Pasture

Vers 1482 : le nouveau registre des peintres – Les auteurs ont à plusieurs reprises signalé que les textes concernant l'*apresure de Rogelet de le Pasture* en 1427 et l'accession à la maîtrise en 1432 de *Maistre Rogier de le Pasture* ne sont pas contemporains des faits mais ont été copiés d'un ancien registre. A. Pinchart le premier (1867, 423) a émis cette hypothèse. Il date les transcriptions des environs de 1482-1483 ; d'autres les situent vers 1481-1482 (Feder, 1966, 422 ; Didier, 1979-1981, 13) ; d'autres à nouveau vers 1482-1483 (Sosson, 1979-1981, 38). Nous retiendrons simplement une date moyenne de 1482. Mais les auteurs considèrent toujours les textes comme de fidèles transcriptions de documents contemporains. À tort, comme nous le verrons.

Pour évaluer la portée historique de ces données, il est nécessaire de s'interroger sur les raisons de leur survivance, sur leur but et sur la forme de leur rédaction. Il est important de constater que cette rédaction a eu lieu peu de temps après la réorganisation du métier (voir plus haut) et la codification plus rigoureuse des ordonnances. Un nouveau registre des peintres fut commencé et un certain nombre d'inscriptions anciennes concernant des peintres antérieurs reprises. Cela se fit de manière sélective. Il a été suffisamment montré qu'il ne s'agit pas d'une copie complète d'un ancien registre (De Smet dans Renders, 1931, 129 ; Houtart, 1934).

Il est bien clair que, dans le contexte de l'époque, la direction du métier, immédiatement après la publication des nouvelles ordonnances de 1480, a voulu enregistrer et mettre l'accent sur le fait que les anciens peintres étaient aussi soumis au règlement concernant l'apprentissage et avaient obtenu la maîtrise en concordance avec les exigences du métier. Cet élément devait donner une légitimation aux nouvelles ordonnances.

Une rédaction manipulée – La formulation des inscriptions des maîtres et des apprentis est conçue selon un seul modèle. Cette uniformité semble déjà indiquer que la rédaction fut entreprise en une fois et à l'occasion de la copie de vers 1482.

La formule concernant l'inscription des maîtres est assez sommaire. Il est précisé qu'ils sont devenus maîtres *en faisant le devoir à ce ordonné*.

La formule destinée à l'inscription des apprentis est plus détaillée. Ils y sont expressément définis comme *ceulx qui ont commenchiet et aussi parfait leurs apresures*. Pour chaque apprenti, il est spécifié s'il est *natif de Tournay*. Ensuite il est dit quand il *commencha son apresure* ; le nom du maître est noté *(et fut son maistre)* ; pour terminer avec un témoignage et *a parfait son apresure deuement avec son dit maistre* avec une seule variante *bien et deuement*. On se souvient de la sévérité des devoirs des apprentis dans les ordonnances de 1480. Le terme *deuement* revient fréquemment.

Les textes concernant les anciens maîtres ne peuvent dans aucun cas être des copies du texte original puisque sont mentionnés ensemble le début et la fin de l'apprentissage supposé. Il est donc évident que vers 1482, on a ressorti certaines données d'anciens écrits sans tenir compte de leur réelle signification et on les a coulées dans des formules qui s'accordaient avec les nouveaux statuts de 1480. Les textes rapportant les inscriptions de ces anciens peintres devaient servir de modèles aux nouveaux apprentis.

La signification de l'inscription – Les identités des Rogelet/Rogier de le Pasture consignées dans le registre des peintres de Tournai aux dates respectives de 1427 et 1432 avec le Rogier van der Weyden historique est généralement admise. Elle fut parfois discutée, bien entendu par E. Renders (1931, 72-73). F. Winkler (1913, 195) doute même que le Rogelet de 1427 et le Rogier de 1432 soient un seul personnage. Récemment encore, cette identité a été mise en doute. "Rien n'est moins certain", écrit R. Didier (1979-1981, 14). Et pour cela, cet auteur tente de faire vivre un hypothétique fils du peintre, Coppin de le Pasture avec l'idée qu'il aurait pu se nommer Rogier. J.P. Sosson de son côté développe différentes hypothèses et conclut que ces textes mènent à une "impasse" (1979-1981, 39). Il n'est pas nécessaire de faire preuve d'une telle imagination si on accepte que les statuts de 1480 ne concernent pas cette période de 1427-1432 et surtout que les textes de vers 1482 ont été en quelque sorte manipulés.

Si on considère que le Rogelet de 1427 est Rogier van der Weyden dont la date de naissance approximative –1399-1400 – peut être acceptée, le fait qu'à

III

l'âge de 27 ans – donc à l'âge adulte – il soit entré en apprentissage et ait appris son métier jusqu'à 32 ans reste inexpliqué et improbable.

Il est vrai que des explications ingénieuses ont été tentées : Rogier aurait obtenu la maîtrise dans un autre métier, par exemple dans celui de sculpteur ; il aurait pu suivre d'abord une formation universitaire et aurait obtenu un grade académique (P. Rolland, 1931, 297 ; 1932, 11). Cette dernière hypothèse permettrait du même coup d'expliquer le Maître auquel est offert un vin d'honneur (1426, 17 novembre). L'inscription n'aurait été qu'une formalité, une fiction juridique (Châtelet, 1964-1974, 39 et 1996, 372). Mais dans les commentaires des auteurs, ces hypothèses sont toujours vues avec l'idée que les statuts de 1480 sont la copie des statuts de 1423. Ainsi, Feder (1966, 420-423) émet l'idée que l'*apresure* n'était pas en réalité un apprentissage mais un statut privilégié et un résultat final (1966, 420-423).

Cela n'est pas exact. Dans les statuts de 1480, on distingue clairement les différents grades d'apprentis, compagnon, varlets et serviteurs (Goovaerts, 1896, 154, 161, 177) : en particulier, on précise *varlet ayant fait son apresure*. Il est clair que l'*apresure* dans les statuts de 1480 n'est pas un résultat final comme le croit Feder mais une réelle période d'apprentissage considérée chronologiquement comme antérieure au statut de compagnon comme ailleurs dans tous les métiers. Pas moins de douze articles sont consacrés aux devoirs des apprentis et leur statut est encore fréquemment repris dans d'autres articles.

Il était généralement d'usage de commencer très tôt son apprentissage de peintre pour permettre à l'élève de se familiariser dès l'enfance avec les bases de la pratique artistique, avec les matériaux et les outils et pour qu'il puisse apprendre les différentes techniques. Cela se déroulait souvent dans le milieu familial ou local. À Tournai, ce phénomène est illustré par le cas de Jacques Daret qui, encore enfant, entra dans l'atelier de Robert Campin en 1418 et y fit son apprentissage (Houtart, 1907, 33), tandis que, suivant le registre des environs de 1482, ce n'est que le 12 avril 1427 que son *apresure* aurait commencé. Pour Rogelet, on ne dispose pas de données complémentaires semblables, mais il est évident qu'en 1427 son apprentissage était bien terminé.

On peut donc admettre que Rogelet de le Pasture fut inscrit dans l'atelier de Robert Campin le 5 mars 1427 à une occasion peut-être non précisée dans le document original, et qu'il le quitta le 1er août 1432. On peut également considérer que, lors de la rédaction du nouveau registre des peintres (vers 1482), l'inscription de 1427 a été interprétée comme une *apresure* et la date de 1432 comme l'obtention de la maîtrise pour Jacques Daret (et sans aucun doute aussi pour d'autres peintres qui avaient l'âge normal pour être apprentis lors de leur inscription). On aurait appliqué ces mêmes dates à Rogier.

L'inscription de Rogelet en 1427 ne peut être celle d'un apprenti (qui devait même payer pour remplir cette fonction) mais celle d'un collaborateur, payé. Ce statut fut peu après accordé à Daret.

C'est dans une tout autre perspective que celle qui a été envisagée jusqu'à présent que doit être cherchée la réponse à la question de la formation de Rogier.

Rogier van der Weyden et les van Eyck

La tradition littéraire – Déjà de son vivant, le nom de Rogier était lié en Italie à celui de van Eyck. On le plaçait juste après Jean, pour la manière magistrale d'utiliser la nouvelle technique picturale flamande à l'huile. Pour Cyriaque d'Ancône (1449-1450,) il est, après Jean, la gloire de la peinture : *post praeclarum illum brugiensem picturae decus, Joannem.* Facius (vers 1456) fait de van der Weyden un disciple et concitoyen de Jean, *Rogerius gallicus Iohannis discipulus et conterraneus.* Enfin, Filarete (vers 1460-1464) cite les deux maîtres à la suite l'un de l'autre comme : *maestro Giovanni da Bruggia e maestro Ruggieri, i quali anno adoperato optimamente questi colori a olio.* La relation étroite entre les deux artistes est même interprétée comme un lien familial par Summonte (1524) qui fait de Rogier le gendre de Jean. Tandis que Giovanni Santi (1485-1490) résume en un seul vers : *il gran Joannes, el discepol Ruggero.*

Le désir d'établir une continuité dans l'école flamande de peinture atteint son apogée chez Vasari (1550) qui dit de Rogier : *suo discipolo, suo creato,* et le situe avec Jean, à Bruges. Guichardin (1567) est plus proche de l'histoire locale des Pays-Bas quand il déclare : *A Giovanni e a Huberto successe nella virtù e nella fama Rugieri vander Vveiden di Bruselles.* Affirmation qui fut reprise par Vasari (1568).

L'aspect technique déjà noté par Filarete joue à ce propos un rôle essentiel. On sait assez que l'utilisation d'huile dans la peinture, tant en Italie qu'aux Pays-Bas, datait de bien avant les van Eyck. Les discussions du XIXe siècle à ce sujet sont sans objet. L'origine et l'efflorescence de la technique eyckienne restent cependant un problème. Les questions de l'éclat des couleurs, de la vision artistique personnelle et de l'esthétique qui se répandirent dans la peinture flamande y sont liées. Dans cette optique, tous les peintres suivants, entre autres Hugo van der Goes, furent dits disciples de Jean van Eyck, le plus célèbre des frères. La technique eyckienne qui, pour la première fois, se manifeste dans l'*Agneau mystique* était naturellement commune aux deux frères. La date traditionnelle donnée par Guichardin (1567), c'est-à-dire 1410, correspond sans doute à l'année au cours de laquelle Hubert s'installa à Gand (en 1409, il séjournait à Tongres). Hubert a donc joué un rôle dans l'usage de cette technique, Jean est d'ailleurs considéré comme l'élève de son frère aîné.

Il ne faut pas oublier de rappeler que Guichardin (1567), qui séjournait aux Pays-Bas et était au courant de la situation, relie Rogier aux deux van Eyck et en fait un de leurs disciples. La tradition suivant laquelle Rogier aurait été élève de Jean van Eyck et aurait appris de lui le "secret" de la peinture à l'huile

III

a un fond de vérité. La chronologie et les circonstances permettent de supposer que Rogier a plutôt été l'élève d'Hubert. Voyons cela de plus près.

L'origine possible de la transmission – L'idée d'une relation de maître à élève de Jean et de Rogier apparaît peu après 1450 déjà en Italie. Il serait donc permis de supposer que Rogier van der Weyden est lui-même à l'origine de la tradition. Il est humain de parler de connaissances communes lorsqu'on se trouve à l'étranger. Rogier s'est-il prévalu pendant son séjour en Italie (1450) de ses relations avec les van Eyck ? Jean était connu des principaux amateurs et commanditaires, certaines de ses œuvres était présentes en Italie. Hubert était peut-être aussi connu en Italie comme créateur de l'*Agneau mystique*. Le cardinal Albergati, par exemple, aurait pu admirer deux fois le polyptyque de Gand (Dhanens, 1989, 21-26). Mais le nom d'Hubert n'ayant pas le retentissement de celui de Jean, les relations de Rogier et des van Eyck se seront cristallisées sur le nom le plus connu, Jean. Ainsi se forment la plupart des légendes.

Rogier s'est-il vanté d'avoir appris la technique des van Eyck eux-mêmes ? La suite de l'histoire pourrait avoir été embellie par un élément d'âge : *divenuto vecchio* (Vasari) après la mort d'Hubert, élément adapté à tort à Jean, plus connu mais mort relativement jeune.

Les probabilités – Rogier n'a vraisemblablement pas été un élève direct de Jean van Eyck. Jean travaillait sous contrat, voyageait beaucoup. Il ne peignait que pour quelques commanditaires. Ses œuvres étaient de format relativement petit et, d'après sa signature, étaient achevées de sa propre main. La nature de son travail ne permettait pas la constitution d'un atelier, de là vient peut-être la légende du secret de sa technique.

Il semble, d'autre part, qu'Hubert van Eyck, chargé d'exécuter à Gand le plus ambitieux projet du siècle, avait réuni autour de lui un certain nombre de disciples et de collaborateurs, appelés ses *kinderen*, ses enfants. L'ampleur de la commande et la gloire qui en résulta, d'après son inscription funéraire, sont peut-être à l'origine d'une affluence de disciples. Que, parmi ces derniers, un élève soit venu de Tournai ne doit pas être exclu puisque des relations artistiques importantes existaient entre les deux villes scaldiennes. Dans l'esprit du temps, c'était une promotion pour un jeune artiste de faire son apprentissage dans une autre ville, de sortir provisoirement de son cercle familial et local et de se perfectionner chez un maître de qualité. (On sait par exemple que ce fut le cas de Jan de Stoevere de Gand, élève de Robert Campin (en 1419) et pour Michel des Mares, de Tournai, qui obtint la maîtrise à Gand (en 1485) chez Corneille van der Goes (Pinchart, 1867, 445-446). D'autres cas existent très probablement.)

Il n'est pas impensable que le jeune Rogier, après un premier apprentissage à Tournai, ait fréquenté l'atelier d'Hubert van Eyck à Gand pour parfaire ses connaissances et qu'il se soit familiarisé sur place avec la technique eyckienne. L'offrande du vin d'honneur (1426) pourrait être liée à la considération nouvelle dont il aurait alors joui à son retour dans sa ville natale.

LES DATES HISTORIQUES

Les dates ont leur propre langage. La proximité de certains événements survenus de la fin de 1426 à la fin de 1427 est frappante. Nous les plaçons ici à la suite les uns des autres :

• 1426, 18 septembre : décès d'Hubert van Eyck à Gand.

• 1426, 17 novembre : à Tournai, un vin d'honneur est offert à maistre Rogier de le Pasture.

• 1427, 5 mars, d'après la copie de vers 1482, Rogelet de le Pasture est reçu dans l'atelier de Robert Campin.

• 1427, 18 octobre : à Tournai, Johannes, *pointre* (sans doute Jean van Eyck), reçoit un vin d'honneur.

Est-il possible qu'une simple relation de hasard ait réuni ces faits ?

Le vin d'honneur de *maistre* Rogier de le Pasture – À côté des documents de 1427-1432, copies plus ou moins manipulées datant de vers 1482 que nous avons dans une certaine mesure relativisées et interprétées, on trouve d'autres documents indiscutables cette fois. Dans les comptes contemporains de la ville apparaissent en effet à la date du 17 novembre 1426 deux fois quatre mesures de vin offertes à *maistre* Rogier de le Pasture. Or les vins furent livrés par deux commerçants différents et inscrits dans des comptes différents. Cela pose évidemment un problème lié, peut-être, aux chemins détournés de l'administration ! Il est très vraisemblable que Rogier ne reçut que quatre mesures de vin.

Le document ne précise pas, il est vrai, si ce Rogier de le Pasture était peintre ou non. Mais aucun autre témoignage ne signale l'existence d'un deuxième Rogier de le Pasture. Cette cérémonie, qui n'avait sans doute rien d'exceptionnel, mais était néanmoins fort honorable, peut avoir été destinée au peintre. Il n'est pas nécessaire de lui trouver un titre académique de "maître es arts" par exemple, comme cela s'est souvent fait depuis Paul Rolland, ni de trouver un homonyme (Didier, 1979-1981, 14). Une circonstance exceptionnelle devait cependant en être la cause.

Si, d'après notre hypothèse, Rogier travaillait en 1426 dans l'atelier d'Hubert van Eyck, le décès subit de son maître (le 18 septembre) a pu poser un problème pour lui. Il pourrait après réflexion avoir décidé de retourner à Tournai. Son séjour dans le fameux atelier eyckien pouvait lui valoir du prestige et le respect de ses concitoyens. Son retour aurait pu être fêté par un vin d'honneur. Le titre de maître lui aurait été accordé sans qu'il soit nécessaire de préciser sa qualité de peintre. À 26 ans, il pouvait avoir passé suffisamment d'années dans l'atelier d'Hubert van Eyck pour avoir obtenu la maîtrise, soit en droit, soit dans un sens figuré. On ne sait en effet pas comment, en 1426 ou avant, on obtenait de manière formelle la maîtrise. Les conditions n'étaient certainement pas aussi strictes que celles qui apparaissent dans les statuts tournaisiens de 1480. Nous ne voyons pas de contradiction avec l'inscription de Rogelet dans l'atelier de Campin le 5 mars 1427 (voir plus haut).

Le vin d'honneur de Johannes, *pointre* – De temps en temps étaient organisées des rencontres entre peintres provenant de différentes villes. On sait, par exemple, que, lors de la fête de saint Luc en 1468, eut lieu à Gand une réunion connue par une lettre d'invitation de la gilde gantoise adressée à celle de Tournai (Pinchart, 1881). Le peintre Jean, qui fut accueilli à Tournai par le magistrat de la ville par un vin d'honneur à la Saint-Luc 1427, peut en effet fort bien être Jean van Eyck. Rogier peut l'avoir rencontré à cette occasion. On ne sait si les deux hommes se connaissaient déjà auparavant, mais, dans l'hypothèse où Rogier fut élève d'Hubert, la chose est fort probable.

Notre hypothèse selon laquelle Rogier van der Weyden aurait travaillé dans l'atelier d'Hubert van Eyck à Gand et celle de sa rencontre supposée avec Jean peuvent être illustrées par quelques éléments eyckiens dans l'œuvre de van der Weyden. Ou plutôt, on peut le mieux expliquer ces éléments eyckiens par des relations étroites que Rogier aurait entretenues avec Hubert et Jean. Nous n'approfondirons pas cette question ici. Attirons cependant l'attention sur la similitude de composition entre le Trajan à cheval et sa suite dans la tapisserie de Berne (inversé, suivant notre proposition) et celle des panneaux des chevaliers du Christ et des juges intègres de l'*Agneau mystique*. Des souvenirs de composition aussi frappants dans l'attitude et les mouvements ne devraient pas être négligés.

Le milieu artistique à Gand et à Tournai

Afin de mieux dessiner le personnage de Rogier par rapport à l'apprentissage supposé chez Hubert van Eyck à Gand et afin d'évaluer son activité dans l'atelier de Robert Campin à Tournai, il est utile d'étudier et de comparer ces deux centres. L'efflorescence spécifique des écoles locales de peinture constitue en effet l'arrière-plan du développement de la personnalité de grands artistes. On ne peut qu'effleurer le problème ici.

Les éléments objectifs sont fournis par les documents d'archives, les sources littéraires et les œuvres d'art hélas fort peu nombreuses. Des attributions fantaisistes, effectuées depuis le début du XIXᵉ siècle et poursuivies jusqu'à nos jours, ont troublé l'objectivité de notre vision. La connaissance des métiers des peintres, de leurs infrastructures et l'évaluation de leur potentiel humain devraient être plus souvent prises en considération pour les attributions. Le métier des peintres de Gand fut organisé très tôt, peut-être déjà en 1336 mais certainement avant 1356-1357 puisque le métier livra un contingent de 42 combattants aux milices gantoises au service de Louis de Mâle. Les artistes formaient alors un des 60 (plus tard 54) métiers de Gand et ils étaient suffisamment nombreux pour ne pas devoir s'associer avec un autre métier comme ce sera le cas à Bruges et à Tournai avec 36 métiers. Bien que les anciennes archives de Gand aient disparu (elles ont été confisquées par Charles Quint en 1540), les chercheurs ont trouvé des renseignements sur les artistes gantois et leur production dans des comptes de ville, des contrats enregistrés ou ailleurs. L'école gantoise de peinture a été ignorée de manière tout à fait injuste. Un grand nombre de retables peints ou sculptés comportants des volets peints sont mentionnés dans les sources. Pour la période qui va de 1373 à 1465 environ, on ne trouve pas moins de 40 citations (Dhanens, 1992) ; ce chiffre n'est atteint dans aucune autre ville à la même époque. Peu de ces retables ont pu être identifiés sauf le plus célèbre d'entre eux – l'*Agneau mystique* – qui attira au cours des siècles les artistes et les amateurs.

Les œuvres d'art étaient fort louées dans la littérature topographique. Les villes qui pouvaient s'enorgueillir de posséder un ou plusieurs chefs-d'œuvre n'ont pas manqué de le signaler dans des écrits. C'est le cas à Gand, Bruges, Ypres, Bruxelles, Louvain, Anvers. Dans l'historiographie ancienne pourtant importante de Tournai (Cousin, Catulle, Poutrain), on ne signale nulle part l'existence d'une peinture remarquable, ni dans la cathédrale ni dans les églises ou les chapelles.

La production artistique de Tournai est fort bien documentée grâce aux recherches intensives (de la Grange et Cloquet, 1889 ; de Smet dans Renders, 1931). Elle est surtout déterminée par le matériau disponible, la pierre. La pierre sculptée est la base de l'art figuratif à Tournai. La peinture n'existe que par son rôle de coloration de la pierre (décoration, polychromie et dorure des statues, des retables, des épitaphes dont de nombreux exemples sont conservés). La peinture existe aussi comme décoration de murs (peinture murale ou toiles peintes). À part les accessoires héraldiques comme les bannières, on ne trouve que quelques petits tableaux de dévotion ou des panneaux pour la prestation de serment ou pour accompagner des condamnations. On connaît l'existence de tableaux de dévotion anonymes par des dispositions testamentaires (de la Grange, 1897, *passim*). À partir de la deuxième moitié du XVe siècle, on conserve des commandes de retables avec des panneaux peints, œuvres de Louis le Duc et Philippe Truffin (de la Grange et Cloquet, 1889, *passim)*. Nous pensons qu'on peut donner comme exemple, le *Triptyque Braque,* vers 1450-1452, conservé au musée du Louvre à Paris.

Le *Triptyque Braque* – La provenance tournaisienne du triptyque commémoratif de Jean Braque (†1452) et de son épouse Catherine de Brabant

(†1499) est documentée de manière précise, mais le nom du peintre n'apparaît dans aucun document. Si lors de son mariage en 1450, le couple – ou plutôt après 1452, la veuve – s'était adressé au déjà célèbre Rogier à Bruxelles pour peindre ce petit retable, on pourrait normalement s'attendre à trouver mention du nom du peintre dans un document. Dans son testament, la veuve (1497) manifestait son souci de la bonne conservation de l'œuvre. Faisons ici appel à l'argument du silence. Catherine lègue le petit triptyque à *cinq Ymaiges* à son petit fils, Jehan Villain. Or, il y avait eu à Tournai un peintre Jehan Villain qui devint maître le 10 juillet 1428 (de la Grange et Cloquet, 1889, 70 ; de Smet dans Renders, 1931, 134). Une parenté entre ce peintre et le légataire semble fort possible. En l'absence de toute mention de l'auteur de l'œuvre d'art, on pourrait se demander si celle-ci n'est pas due à ce peintre tournaisien. Le soin mis par la grand-mère pour transmettre à son petit-fils une œuvre dont l'auteur pourrait être son grand-père, mais sans mentionner son nom pourrait s'expliquer par le fait que dans un cercle de famille limité il n'est pas nécessaire de donner le nom du parent-peintre. Le caractère de la peinture ne présente d'ailleurs que peu de caractères communs avec la *Descente de croix* de Rogier van der Weyden (Madrid). Ceci apparaît de l'étude du dessin sous-jacent (Van Asperen de Boer, Dijkstra, Van Schoute, 1992, pp. 294-298). Ainsi un peintre orphelin de ses œuvres retrouverait un de ses tableaux.

Rogier dans l'atelier de Robert Campin

D'après notre interprétation des sources (données contenues dans le registre des peintres des environs de 1482), la présence de Rogier dans l'atelier de Campin du 5 mars 1427 (1426 a. s.) au 1er août 1432 ne serait pas celle d'un apprenti mais celle d'un peintre confirmé. Chronologiquement, ceci correspond à la réception solennelle à Tournai le 17 septembre 1426. On peut, en effet, considérer que le vin d'honneur s'applique au Rogier historique. Ce dernier fut peut-être – après quelques négociations et arrangements – inscrit dans l'atelier de Campin. Son mariage projeté ou effectif durant la même période pourrait avoir joué un rôle dans la décision. Ainsi qu'on l'a souvent remarqué, l'entrée de Rogier dans l'atelier de Campin peut avoir une relation avec la parenté de la femme de Campin, Élisabeth van Stockem, avec celle de Rogier, Élisabeth Goffaerts, fille du cordonnier bruxellois, Jehan Goffaerts et de Kathelyne van Stockem. Les deux femmes étaient peut-être tante et nièce, et, eu égard à la similitude des prénoms, marraine et filleule. Le nom de Rogelet sous lequel le peintre est inscrit pourrait témoigner d'un lien avec la famille de Campin. Il est en outre fort possible que la femme de ce dernier avait pris en main la direction de l'atelier, tandis que son époux s'adonnait à la politique et menait une vie dissolue ; ce qui entraîna la condamnation déjà signalée.

Rogier et les trois autres collaborateurs ont donc pu, de toute manière et à des degrés variables, être concernés par certains des travaux de Campin connus par des archives. D'après celles-ci (de la Grange et Cloquet, 1889, 220-223 ; de Smet dans Renders, 1931, 157-159), les travaux livrés par Campin ne se distinguent pas essentiellement de la production artistique moyenne de Tournai : polychromie de statues de pierre, ouvrages décoratifs ou héraldiques. Campin fut aussi payé pour la peinture de la façade de son église paroissiale, Saint-Nicolas, pour le contrôle du retable orné de statues de pierre qui s'y trouvait, pour des peintures murales effectuées à Saint-Brice et dont on lui attribue une *Annonciation,* et pour une *Crucifixion* en miniature lui payée en 1430-1431 : *pour avoir fait peint oudit missel ung crucefit* (Dumoulin et Pycke, 1993,) Les projets pour des toiles peintes consacrées à une *Vie et Passion de saint Pierre,* citées en 1438 et destinées à être peintes par un autre artiste, Henri de Baumetiel, demandent plus d'invention. Sans doute, Campin exerçait-il aussi le métier de commerçant, car il livra parfois des éléments sculptés, des accessoires héraldiques ou des matériaux de peinture. Ainsi, il vendit de la peinture rouge à la ville. Aucune de ces mentions ne concerne de peintures sur panneaux de bois.

Il n'y a pas de raison et il n'existe pas assez d'arguments à notre avis pour identifier Robert Campin avec le maître anonyme dit de Flémalle, ni pour attribuer à Campin les œuvres groupées sous ce nom conventionnel. Nous ne pouvons accepter cette idée qui a encore cours de nos jours (Dhanens, 1984, 15-52, *passim* ; Châtelet, 1996, p. 372).

Il est préférable de suivre la trace du cycle de saint Pierre pour visualiser l'œuvre de Campin, car il permet d'imaginer que les projets de 1438 ont subsisté en tant que modèles d'atelier et ont été copiés par d'autres peintres. La série de tapisseries de Beauvais représentant la vie de saint Pierre, réalisée à la demande de l'évêque Guillaume de Hollande et offerte par testament en 1461, pourrait s'inspirer des projets de Robert Campin (ces tapisseries sont conservées actuellement dans la cathédrale et dans divers musées ; exception faite de la tapisserie de saint Paul qui n'appartient vraisemblablement pas à la série d'origine). Paul Rolland (1932, 52) avait déjà suggéré cette relation.

Le départ de Tournai de Rogier – La disparition de l'atelier de Campin et le départ presque simultané de ses trois collaborateurs en 1432 doivent sans aucun doute être mis en relation avec la condamnation du peintre le 30 juillet 1432 pour adultère (de la Grange et Cloquet, 1889, 221). D'après le registre de vers 1482, Rogier de le Pasture aurait obtenu la maîtrise le 1er août 1432, le nommé Willemet, le lendemain, et Jacques Daret, sans doute le plus fidèle, le 18 octobre de la même année

La condamnation de Campin au bannissement fut commuée en amende à l'intervention de Madame de Hainaut, Marguerite (non Jacqueline de Bavière, comme on l'a parfois écrit). Peut-être, les finances de la ville trouvaient-elles meilleur usage de la perception d'une amende.

Les raisons qui expliquent pourquoi Rogier a quitté Tournai peuvent être trouvées dans la situation économique de la ville dont l'état de décadence se faisait sentir de plus en plus durement depuis 1424 parallèlement à une diminution constante de la population. Le magistrat s'efforça en vain, semble-t-il, de contrer cette émigration en édictant diverses mesures (Wymans, 1961, 117-118, 129-131). Tournai ne pouvait plus répondre aux ambitions de Rogier, alors que des perspectives, plus séduisantes sans doute, s'ouvraient à Bruxelles. Le sculpteur Jean de le Mer déménagea à Bruxelles, tandis que Jacques Daret partait travailler à Arras où il se fixa provisoirement. Louis le Duc, sans doute le fils de la sœur de Rogier, Agnès, se rendit à Bruges en 1461.

Par contre, grâce à la direction progressiste de son magistrat et au soutien du duc de Bourgogne, Bruxelles allait connaître une efflorescence fantastique. Pour Rogier, un concours de circonstances favorables a dû jouer en sa faveur pour devenir – lui, un étranger – le peintre de la ville. La famille de la femme de Rogier à Bruxelles a pu être d'une certaine importance, mais d'autres raisons ont peut-être aussi joué un rôle.

Hypothèse de travail – Résumons la chronologie telle que nous l'envisageons. Il est fort probable que Rogier van der Weyden soit né vers 1399-1400 à Tournai où on le nommait Rogier de le Pasture. Suivant les notes de Carel van Mander, il est né de parents flamands, ce que les relations particulières qui existaient entre Tournai et le comté de Flandre, l'origine et la forme flamande du nom Rogier n'infirment pas.

L'idée, répandue en Italie vers 1450-1460, que Rogier avait été élève de Jean van Eyck s'explique si on le croit plutôt élève d'Hubert à Gand. Après la mort d'Hubert, le 18 septembre 1426, Rogier semble être retourné à Tournai où, le 17 novembre 1426, il est accueilli avec un vin d'honneur et traité comme un maître.

L'inscription, le 5 mars 1427, à l'âge de 27 ans, de Rogier dans l'atelier de Robert Campin d'après le registre des peintres de vers 1482 ne peut pas être celle d'un apprenti mais bien celle d'un collaborateur accompli. Son départ de Tournai en 1432, ou peu après, peut être rapproché du déclin de l'atelier de Campin, de la décadence de Tournai et de la prospérité de Bruxelles.

L'engagement de van der Weyden comme peintre de la ville de Bruxelles pourrait aussi s'expliquer par la célébrité de l'*Agneau mystique* à Gand, inauguré le 6 mai 1432, et par l'émulation qui en résulta dans les autres cités intéressées.

PORTRAIT DE ROGIER.
Dessin du Recueil d'Arras
de Jacques le Boucq, Arras,
Bibliothèque municipale,
Ms. 266.

IV | ROGIER VAN DER WEYDEN À BRUXELLES

L'identité du Rogelet/Rogier de le Pasture mentionné à Tournai et du peintre Rogier van der Weyden, actif à Bruxelles et mort dans cette dernière ville en 1464, ne doit plus se discuter. À part quelques objections non fondées, cette identité basée sur des documents d'archives indiscutables est généralement reconnue. Dans les inscriptions de rente à Tournai (1435, 1441, 1443), Rogier est dit *demorant à Brouxielles*. Dans une lettre de procuration donnée par le magistrat de Bruxelles (1440, 10 avril) au profit de sa nièce à Tournai, Rogier est dit *nostre bourgois*. La lettre de remerciements de Bianca Maria Sforza, duchesse de Milan, est adressée à *Magistro Rogerio de Tornay pictore in Burseles* (1463, mai 7). Enfin des comptes signalent l'achat de cierges destinés au service funèbre de Rogier à Tournai : les chandelles qui furent mises devant saint Luc, *à cauze du service maistre Rogier de le Pasture, natyf de cheste ville de Tournay, lequel demorait à Brouselles* (1464).

L'identité de Rogier van der Weyden

Maître Rogier, peintre – Lorsque le nom de Rogier est mentionné dans les textes à Bruxelles et dans les environs, il est cité sans nom de famille et est, ou non, accompagné de sa profession, peintre. Il ne fait aucun doute qu'il s'agit bien de Rogier van der Weyden ; le prénom Rogier n'est pas fréquent en Brabant et la confusion avec un autre serait plus difficile qu'à Tournai.

Il est nommé *meester Rogiers... schilder* dans les textes de la ville, ou plus simplement *meester Rogier* (1440). Dans la comptabilité de Philippe le Bon (1439-1440), on le nomme : *maistre Rogier aussi paintre* (1462). À Nivelles, on précise qu'il habite Bruxelles : *maistre Rogier le pointre de Bruxelles* (1441). Nicolas de Cuse se souvient de *Bruxellis Rogeri maximi pictoris* (1451-1452). Dans la comptabilité concernant des rentes (1444) et dans l'exercice de sa fonction de "mambour" (1455-1456), il est seulement appelé *Meester Rogier*. Dans le couvent de Scheut, il est connu comme *Magistero Rogero pictori* (1462).

Il est frappant de constater que Rogier est nommé de préférence sous le titre de maître ; cela veut dire qu'il avait droit à ce titre mais sans doute aussi qu'il s'inscrivait et se présentait comme tel. Une certaine conscience personnelle semblerait faire partie de son caractère et son comportement a peut-être poussé ses concitoyens à lui décerner habituellement ce titre.

La latinisation du nom de Rogier – En 1439, la signature est : *Rogerius Sweidenus.* D'après la notice de Dubuisson-Aubenay (1623-1628), le premier panneau de la *Justice de Trajan* conservé à l'hôtel de ville de Bruxelles portait un texte dans lequel le nom du peintre apparaissait sous la forme de : *Rogerius Sweidenus.* Sans doute s'agissait-il d'une signature originale et non d'un ajout postérieur comme A.M. Cento (1966) le pense. Il s'agit d'une latinisation qui rappelle celle de Jean van Eyck qui signe *de Eyck,* sublimation de sa conscience personnelle par le latin.

On trouve aussi le nom de *Weidenius* chez Pieter Opmeer (1611) et plus tard chez Balthazar de Monconys (1663-1666). *Weydenus* apparaît chez Arnold Buchelius (1611-1639) ; *Rogerius Weidensis* chez le latiniste Sandrart (1683) ; *de Pascua* chez les chartreux de Herne et de Scheut. Dans le couvent de Herne où le fils de Rogier, Corneille, était moine, le nom était latinisé de manière plus académique en *Pascua* (après 1464), *de Pascuis* (1473). Après ses études à Louvain où il avait reçu le titre de *Magister Artium,* Corneille avait-il latinisé son nom et jugé la forme *Sweidenus* le fait d'amateur ?

Dans les *memoranda* (après 1464) de la chartreuse de Scheut qui avait bénéficié des bienfaits de Rogier, comme d'ailleurs celle d'Herne-lez-Enghien, on inscrit le peintre sous le nom de *magistri Rogerii de Pascua.*

Quelques formes anormales du nom – Le nom de Rogier était parfois écrit de curieuse manière ; peut-être lorsqu'il était écrit phonétiquement d'après une mention orale. Ainsi, dans un des actes de 1449, un clerc de notaire a écrit – mais peut-être est-ce une faute de transcription ? – *Van der Woyden.*

On rencontre à plusieurs reprises *van der Weyen.* Il s'agit de certains documents postérieurs au décès du peintre, à Saint-Jacques-sur-Coudenberg (après 1464 et 1465) et à Sainte-Gudule (après 1464) à propos de sa dalle funéraire.

La tranformation pittoresque : *vander Veeweyde* – peut-être une plaisanterie – se retrouve dans des notes de la fondation dans laquelle il exerçait la fonction de "mambour" (1455-1456).

Un lapsus n'est pas exclu d'ailleurs. Ainsi, dans un compte de domaine (après 1464), Corneille est fils de feu Reyners van der Weyden. Auparavant une confusion entre le père et le fils avait eu lieu, à Bruxelles, en 1436-1437, lors de l'inscription d'une rente dans laquelle Corneille est appelé Rogier. Dans les textes étrangers, les erreurs sont plus compréhensibles. Dans la première lettre de la duchesse de Milan (1460, décembre 26), Rogier est appelé : *Magister Gulielmo,* alors qu'il s'agissait bien de Rogier comme les deux autres documents permettent de le supposer. Dans la littérature tardive, une faute d'impression n'est même pas exclue : dans Pierre Monier (1698), on lit *Vanderwerden.*

Rogier van der Weyden, bourgeois de Bruxelles

La rapide accession de Rogier à la bourgeoisie de Bruxelles est bien documentée. Dans la signature du *Tableau de justice* de l'hôtel de ville, il s'est lui-même clairement identifié : *Rogerius Sweidenus civis pinxit 1439*. Cette signature est connue, il est vrai, par une transcription tardive (1623-1628, Dubuisson-Aubenay), mais il ne fait aucun doute que l'inscription était originale. Que le peintre ait cru bon d'ajouter le terme *civis*, permet de supposer qu'il attachait de l'importance à un état civil accordé assez récemment. Une autre preuve de sa bourgeoisie apparaît dans la procuration du 20 avril 1440, document traduit à Tournai, et dans lequel on le dit : *nostre bourgois et manant* ; pour exercer son métier il devait naturellement posséder la bourgeoisie.

Rogier van der Weyden, peintre de la ville de Bruxelles

La nomination de Rogier comme peintre de la ville de Bruxelles doit être intervenue après le 1er août 1432 et son départ de l'atelier de Campin, et certainement avant le 2 mai 1436 lorsque le magistrat de Bruxelles décida de ne pas renouveler la fonction de peintre de la ville après son décès.

Quelles sont les circonstances qui ont amené la magistrat de la ville à nommer un peintre officiel ? Bruxelles jouait déjà le premier rôle en Brabant au détriment de Louvain, l'ancienne ville ducale. En 1430, Philippe le Bon avait sans coup férir réuni le duché à ses autres domaines. Le duc souhaitait autant que possible s'attacher personnellement la nouvelle possession et se faire légitimer par les habitants. Le magistrat, très conscient des avantages économiques qui pouvaient découler de cet ensemble de territoires, ne laissait rien passer qui pût attacher le duc et sa cour itinérante à la ville. Il fit preuve d'intelligence et fournit d'importants efforts et des aides financières pour embellir l'ancienne cour du Coudenberg et en faire une résidence agréable. La ville attira aussi la haute noblesse comme les Nassau, les Clèves (qui quittèrent alors leur résidence de Gand) en leur offrant des facilités. Rapidement Bruxelles remplit les conditions d'une ville résidentielle. Grâce à la situation favorable du Coudenberg et de la Warande, et à la proximité de la giboyeuse forêt de Soignes, la capitale du Brabant offrait un séjour agréable. Pendant ce temps, Gand gaspillait son énergie dans des révoltes suicidaires et Bruges se contentait de son marché commercial et financier. Une certaine rivalité avec les villes flamandes peut aussi avoir joué un rôle dans la nomination de Rogier comme peintre de la ville.

Le retable de l'*Agneau mystique* achevé fut sans doute inauguré à Gand avec une certaine pompe le 6 mai 1432. Le même jour, peut-être aussi dans l'église Saint-Jean, eut lieu le baptême du petit prince Josse, né à Gand. On peut supposer que quelques personnages éminents eurent l'occasion d'admirer l'œuvre d'art et que celle-ci créa une grande émulation dans les milieux intéressés par l'art. À Gand même naquit une certaine rivalité qui se manifesta par plusieurs commandes de retables dans les années 1430-1440.

Or il y avait à Gand, depuis le xıvᵉ siècle, un peintre de la ville. Les deux maisons échevinales étaient décorées d'œuvres remarquables. Celle de la Keure possédait une série de portraits des comtes et comtesses de Flandre ainsi qu'un *Jugement dernier* avec des scènes de justice exemplaire – les plus anciennes connues aux Pays-Bas – comme l'*Histoire de la justice de Baudouin Hapkin*. Dans la maison échevinale des Ghedeele (ou banc des Parchons) se trouvaient sans doute l'*Histoire de Tomyris* et celle de *Jaël* datant du début du xvᵉ siècle et connues par des copies (Dhanens, 1984, 31-52 ; 1987, 31-37). Et surtout, Hubert van Eyck avait reçu des échevins de la ville une commande en 1424-1425.

Un certain parallélisme apparaît entre les plus importantes commandes de Rogier à Bruxelles, – les tableaux de justice de l'hôtel de ville – et ceux de Gand. Il y a une certaine similitude entre la commande de l'*Agneau mystique,* par un échevin de Gand, et la commande du magistrat de Bruxelles. La première œuvre a un caractère sacré et illustre un état officiel idéal, la seconde représente des scènes de justice exemplaire destinées à frapper l'imagination des juges dans l'exercice de leur fonction.

L'hypothèse que nous avons présentée, selon laquelle Rogier aurait fait son apprentissage dans l'atelier d'Hubert van Eyck, aurait constitué une recommandation supplémentaire pour le peintre.

Chronologie et signification de la fonction – Un dilemme se pose. Il faut reprendre la chronologie depuis le début : Rogier est-t-il devenu peintre de la ville indépendamment de la commande des tableaux de justice de l'hôtel de ville ou bien fut-il engagé précisément pour peindre ces ouvrages ; c'est-à-dire lui passa-t-on d'abord la commande ? La nomination comme peintre de la ville intervint-elle après ? Ou le contraire eut-il lieu ? Quel rapport y a-t-il entre les deux ? L'existence d'un lien ne fait aucun doute à notre avis. Il vaut donc mieux examiner à nouveau la chronologie des dates connues pour comprendre la signification de la fonction de Rogier.

On ne connaît pas la date exacte de la nomination de Rogier comme peintre de Bruxelles. Les comptes de la ville qui correspondent à sa période d'activité ne sont pas conservés, ce qui ne permet d'éclairer sa fonction officielle que par des données rares et indirectes.

Un document daté du 2 mai 1436 est particulièrement intéressant, il fait savoir que le peintre était au service de la ville. À cette date, la direction de la ville décide en effet de réduire drastiquement les dépenses et prend des mesures importantes d'économies. Certains services de la ville furent supprimés, tandis que, dans d'autres cas, on prit la décision de ne pas renouveler une fonction à la mort de son titulaire. C'est cette dernière disposition qui fut prise pour la fonction de peintre de la ville et on nota : *dat men na meester Rogiers doet gheenen anderen scilder aennemen en sal* (1436, Bruxelles). On ignore tout du salaire de ce peintre et de ses obligations.

Le 20 avril 1440, le collège bruxellois accorde une procuration légale en faveur de la nièce de Rogier, *nostre bourgois et manant* (suivant une version traduite à Tournai). Ce document fournit un double renseignement : Rogier avait obtenu la bourgeoisie de Bruxelles et y habitait. Selon certains, le terme manant indiquait un état d'engagé ou d'employé.

Encore vers 1440, maître Rogier est assimilé aux jurés par l'administration de la ville lors de l'attribution de drap pour un costume. Il est cité nommément, comme s'il était le seul dans son cas, au sein de la hiérarchie anonyme des employés de la ville. Comme les autres jurés, il devait porter son costume d'une manière bien définie. Il ne faut pas considérer son rang comme inférieur, sa nature était technique et artisanale, différente de celle des clercs. La précision "juré" est importante. Cela signifie qu'il était lié légalement à la municipalité.

C'est dans ce contexte qu'il faut considérer la date de 1439 inscrite sur les tableaux de justice. Cette date apparaît dans des écrits qui sont sans aucun doute contemporains, bien qu'ils ne soient connus que par une transcription tardive (Dubuisson-Aubenay, 1623-1628). La réputation de Rogier doit beaucoup à l'inauguration des tableaux de justice ou d'une partie d'entre eux.

Dans deux actes notariés de 1449 (6 et 7 novembre) concernant des domaines connexes, l'emploi de maître Rogier van der Weyden est décrit de manière un peu plus concrète. Il est signalé comme *potrateur der stadt van Bruessele* et comme *potatuer der voirschreven stadt*. L'hésitation du clerc pourrait indiquer que le terme ne lui était pas familier. Il n'y avait en effet qu'un seul peintre de la ville à Bruxelles. On peut supposer que c'est Rogier qui a donné lui-même son nom et sa fonction. Ses liens avec les services de la ville sont clairement indiqués. Ce que le terme signifie exactement ne peut être comparé au sens actuel de portraitiste. Une *portraiture* a la significaiton plus large de "panneau peint animé", par opposition aux peintures décoratives ou héraldiques. Un panneau de portraiture est donc un panneau peint avec des personnages, soit mythologiques, soit bibliques. Le terme sous-entend une habileté à peindre des personnages – ce qui n'était pas le cas de tous les peintres –, il met l'accent sur la créativité, sur la composition et suggère la compréhension du sujet traité.

On ne sait pas si le titre de "portraiteur de la ville de Bruxelles" était courant dans l'administration communale ou si Rogier a lui-même défini sa fonction de cette manière. Le terme doit avoir recouvert une charge que nous allons tenter d'évaluer. Mais il n'est pas exclu que la fonction a évolué au cours des années, soit que le peintre ait pris des initiatives personnelles, soit que des exigences particulières lui aient été signifiées. On note quelque distance dans le temps entre 1436 et l'assimilation du peintre aux jurés *(gezworen knaap)* en 1440 et, entre la même année, sa qualification de *notre manant,* puis, en 1449, sans doute dans une circonstance privée, de *portraiteur* de la ville de Bruxelles.

Rogier et le métier des peintres

Le statut de Rogier et ses relations avec le métier bruxellois ne sont pas tout à fait clairs. A-t-il payé sa cotisation ou fut-il accepté du fait de sa maîtrise tournaisienne ? Peut-être était-il dispensé de cotisation comme peintre de la ville, de la même manière qu'un peintre de la cour jouissait de dispenses des obligations et des contraintes du métier ? Quoi qu'il en soit, on ne retrouve aucune trace de conflit avec le métier. Il faudrait pouvoir mesurer l'importance relative du métier des peintres bruxellois avant l'arrivée de Rogier, mais on ne connaît que peu de choses à ce sujet (Mathieu, 1953).

Rogier doit avoir tiré profit de son prestige. Mais il n'était sûrement pas doyen comme on l'a dit parfois. Après sa mort, une fondation à sa mémoire fut établie aux frais des peintres à l'autel de sainte Catherine à Sainte-Gudule à Bruxelles où il était enterré (témoignages 1480, 1537). On notera que, contrairement à l'idée répandue, il n'y avait pas une chapelle propre dédiée à saint Luc. Depuis longtemps, les peintres faisaient partie du métier des forgerons et des orfèvres et dépendaient de ce fait de la confrérie de saint Éloi. Que les peintres se soient réunis aux xve et xvie siècles, à l'autel de sainte Catherine à Sainte-Gudule (Lefèvre, 1931, 237-238) puis après 1534 à l'autel de saint Étienne est sans doute la conséquence du fait que Rogier était enterré à cet endroit. D'autres peintres y choisirent aussi leur lieu de sépulture comme Vrancke van der Stockt, mort en 1495. Les choses se sont sans doute passées de la même manière à l'église Saint-Géry où Bernard van Orley fut enterré en 1541. Il est possible que les peintres s'y réunirent et que, dès lors, la chapelle fut considérée depuis comme la chapelle de saint Luc (Henne et Wauters, 1845, III, 176).

Si Rogier a offert un jour une *Vierge et saint Luc,* ce n'est certainement pas à Saint-Géry mais sans doute à la chapelle de saint Éloi. Il ne serait pas impensable que ce tableau ait été placé comme souvenir mortuaire près de son tombeau à Sainte-Gudule. Mais aucun témoignage n'existe à ce sujet.

V | LES TABLEAUX DE JUSTICE DE L'HÔTEL DE VILLE DE BRUXELLES

Les tableaux de justice perdus décoraient la grande salle – la chambre dorée – de l'hôtel de ville de Bruxelles qui servait de tribunal de haute justice. On peut se faire une idée de ces panneaux grâce à l'interprétation qui en a été faite dans le domaine du textile. Il a déjà été question de cette suite de tapisseries conservée à Berne (Historisches Museum). Ces pièces (4,61 m de haut sur 10,53 m de large) portent les armoiries cousues de Georges de Saluces, évêque de Lausanne, mort en 1461. Comme nous le verrons plus loin, la hauteur doit assez correspondre à celle des panneaux de Bruxelles, mais la largeur en a été incontestablement réduite. Cetto (1966) a étudié de manière approfondie la tapisserie et J. van Gelder (1964-1974) y a consacré une partie de ses recherches. Nous nous référons à leurs publications, mais nous émettons quelques réserves ; nous en discuterons au cours de l'exposé qui suit. Nous tenterons ensuite de compléter ces études par nos découvertes personnelles.

On connaît quelques documents graphiques qui reprennent partiellement l'œuvre de van der Weyden. Un dessin attribué au Maître des médaillons de Cobourg (Paris, Bibliothèque nationale, fin xve siècle) et des œuvres plus secondaires, dessins, projets pour des vitraux, peintures, tapisseries, etc., sont indubitablement dépendantes du chef-d'œuvre de van der Weyden.

Enfin, il existe de nombreux textes écrits à propos des tableaux de justice, ils seront cités en temps voulu.

Le commanditaire

Parmi les acteurs qui se trouvent à l'origine d'une grande œuvre d'art du Moyen Âge – le commanditaire, l'inspirateur, l'artiste –, le premier est sans conteste le plus important. Souvent une inscription mettait son rôle en évidence. Ainsi, pour les tableaux de justice de Bruxelles, l'inscription *S(enatus) P(opulus) q(uae) Bruxellensis dedicavit* (Dubuisson-Aubenay, 1623-1628) affirme la fierté du commanditaire, le magistrat de la ville.

Les anciens auteurs ne signalent pas ce court texte suivi de la signature de l'artiste et de la date, 1439. A.M. Cetto (1966, 136) pense que ces écrits ne furent pas ajoutés avant le xviie siècle – après 1605 (Colvenerius) et avant 1623. Cette idée nous paraît inacceptable. Les auteurs plus anciens n'en ont pas fait mention parce que leur attention était ailleurs. Peut-être cette inscription n'était-elle pas en relation directe avec les autres textes des tableaux. Le monogramme composé de quatre lettres pourrait se trouver, par exemple, dans le fenestrage supérieur. Par analogie avec les petites arbalètes placées dans les angles des fenestrages de la *Descente de croix* (Madrid), le retable de la gilde des arbalétriers de Louvain. Le monogramme du commanditaire doit être contemporain, il est dans l'esprit de l'ouvrage.

L'inspirateur

Il s'agit de l'acteur le plus discret dans l'élaboration d'une œuvre. L'inspirateur de ce vaste programme iconographique était sans aucun doute un lettré familiarisé avec la littérature mettant en scène l'exercice exemplaire de la justice. A.M. Cetto (1966, 21, 200) suggère très pertinemment qu'un moine du prieuré de Groenendael pourrait être cet inspirateur. Arnould de Geilhoven de Rotterdam avait introduit dans ses écrits les histoires de Trajan et d'Herkenbald (Mastelinus, vers 1630, 162 ; *Monasticon belge,* Brabant IV, 1075). Rogier était connu à Groenendael. Le monastère de la forêt de Soignes possédait une peinture représentant la légende de sainte Catherine qui était attribuée au peintre (Sanderus, 1659-1660) et c'est dans un manuscrit de Groenendael qu'était conservé le texte du mémorial placé à l'hôtel de ville à côté des tableaux de justice (après 1464).

Le portrait de l'inspirateur se trouvait très probablement sur un des panneaux. Dans les notices de Dubuisson-Aubenay (1623-1628), un détail le suggère. Après la description de la deuxième partie du panneau de Trajan, l'auteur note dans la suite impériale le visage d'un religieux *inter quos excellit vultus fratris, ut videtur et mihi dictum est, franciscani sed contra chronologiam.* On comprend facilement que l'auteur ou son guide confondît un augustin avec un franciscain, mais l'anachronisme de sa présence auprès de l'empereur romain est plus surprenant. Cela n'a pas posé de problème pour Rogier qui considérait sans doute qu'il rendait hommage à son inspirateur en faisant son portrait.

Le riche programme iconographique comprend quatre séquences. Deux d'entre elles illustrent la justice de l'empereur Trajan : son jugement équitable et la reconnaissance de son équité par le pape Grégoire. Les deux autres illustrent la justice d'Herkenbald : l'exécution personnelle de sa propre sentence et la reconnaissance de son inflexibilité par le miracle de l'hostie. Les sources littéraires de l'iconographie ont été remarquablement étudiées par A.M. Cetto (1966). Nous n'avons pas à y revenir. Toutefois, nous pouvons nous demander si Herkenbald, seigneur de Burban, n'est pas vu comme un duc de Brabant légendaire. C'est la justice exemplaire du souverain qui serait présentée ici comme celle du comte Baudouin à Gand.

Le savant inspirateur avait certainement pour tâche la rédaction des inscriptions. On connaît plusieurs versions des textes placés sous le tableau. Le plus ancien témoignage – la tapisserie de Berne (vers 1450) – comporte un texte inscrit sur quatre phylactères (cat. *Burgunderbeute, Trésor de Bourgogne* 1969, n° 242). Les textes sont reproduits par Calvete de Estrella (1549) dans sa description de voyage et dans une version plus courte par Dubuisson-Aubenay (1623-1628).

Les différences entre les deux transcriptions ne peuvent pas, nous semble-t-il, indiquer qu'elles furent repeintes entre ces dates (comme le pense Cetto, 1966, 116, 136). On doit plutôt imaginer que les employés de l'hôtel de ville complétaient ou adaptaient à l'usage des visiteurs les inscriptions devenues peu lisibles. Lors de la transcription et de la multiplication de ces textes, des différences et des versions simplifiées apparurent. Il est peu vraisemblable que chaque visiteur se soit donné la peine de retranscrire lui-même ces longs textes.

Certains auteurs ne disposaient, semble-t-il, que du texte des inscriptions des panneaux d'Herkenbald (Colverinius, 1605 ; Sweertius, 1613). Carel van Mander (1604) ne dit rien des textes. Après avoir globalement donné le sujet des quatre histoires, *vier historie op het gericht*, l'auteur raconte celle d'Herkenbald sans le nommer. Ensuite, l'auteur décrit une scène d'un autre tableau (l'*Histoire de Trajan* en réalité) : *Voorts isser daer den Vader en den soon om t'recht in eeren te houden/beyde elck een ooghe worden uytghesteken* (Ensuite, le père et le fils, par fidélité au droit eurent chacun un œil arraché). Van Mander décrit en fait l'histoire partiellement légendaire de Zaleukos, législateur italique de Locri qui aurait vécu au VIIe siècle avant J.-C. On raconte qu'il avait condamné son fils à avoir les deux yeux arrachés. Pour éviter que son fils ne devint totalement aveugle, il avait fait arracher un œil à son fils et l'autre à lui-même. L'accent mis sur les yeux dans l'*Histoire de Trajan* (le coupable yeux bandés et le figurant qui se couvre l'œil d'un linge) peut expliquer la confusion. L'auteur aurait-il été abusé par la comparaison avec les tableaux de justice d'Holbein à Bâle où est représentée la légende de Zaleukos ?

L'erreur iconographique fut reprise par Bullart (1682) ; les scènes décrites par van Mander identifiées avec Zaleukos, par Baldinucci (1686-1688). D'autres auteurs n'ont décrit ou cité que l'*Histoire d'Herkenbald*, comme Félibien (1666-1685), Sandrart (1675), Descamps (1753). Cette partie de l'œuvre était sans doute la plus frappante, car elle exprimait les sentiments de manière saisissante.

L'auteur

Seul un voyageur attentif, Dubuisson-Aubenay (1623-1628) a noté le nom de l'artiste et sa fonction à la ville de Bruxelles. D'après lui, on peut considérer que Rogier van der Weyden avait signé deux fois son œuvre : *Rogerius Sweidenus civis pinxit 1439* sur un panneau de Trajan ; *Rogerius pinxit* sur le panneau d'Herkenbald. La signature suit le monogramme de la ville et pourrait donc ne pas se trouver sur le tableau. L'artiste a accolé son nom et son titre à celui de la ville. Il n'est donc pas exact, comme on l'a souvent écrit, que Rogier n'a signé aucune de ses œuvres. Au contraire, c'est justement grâce à l'inscription et à la signature que son nom en tant qu'auteur des tableaux de justice a été transmis par une tradition ininterrompue et que sa renommée s'est établie à travers les siècles. La forme latinisée du nom pourrait le mieux s'expliquer par les rapports du peintre avec l'inspirateur érudit. On peut établir ici aussi une ressemblance avec la citation latine de l'*Agneau mystique* dans laquelle, à côté du nom du commanditaire, on trouve celui des peintres. Les deux noms forment un ensemble et font partie de l'œuvre.

Il n'est pas du tout acceptable de dire que les inscriptions ne furent ajoutées qu'au xviiᵉ siècle. On ne sait pas où se trouvaient ces deux inscriptions. Était-ce sur un détail décoratif ou architectonique qui ne frappait pas le spectateur à première vue ?

L'autoportrait

Rogier a signé son travail et y a ajouté aussi son portrait. Cet usage était d'ailleurs assez répandu chez les peintres tant aux Pays-Bas qu'en Italie. Depuis toujours, le portrait a fasciné le spectateur. Nicolas de Cuse (1451-1452) y voit une ressemblance avec l'œil de Dieu omniprésent à cause du regard qui suit le spectateur où qu'il soit. Cet auteur ne précise pas l'emplacement exact du portrait. Un visiteur plus tardif, Dubuisson-Aubenay (1623-1628), décrit le peintre imberbe parmi les personnages de l'histoire d'Herkenbald *cum pictore ipso imberbo ibi assitente*. Le portrait est facilement reconnaissable dans la tapisserie de Berne, mais il se trouve dans la scène avec le pape Grégoire. Dans le dessin du Maître des médaillons de Cobourg, correspondant à cette dernière scène (Van Gelder, 1964-1974, ill. 15), le portrait est absent. La situation du portrait dans la tapisserie est peut-être due à la réduction des scènes en largeur qui aurait entraîné des modifications dans les cartons. La localisation donnée par Dubuisson-Aubenay est sans doute correcte. Ce n'est pas ce que pense Panofsky (1955, 397) pour qui une erreur se serait glissée dans la transcription du texte.

Dans la tapisserie, le peintre est debout derrière les autres personnages et regarde par-dessus leurs épaules pour juger de l'effet de son œuvre sur les spectateurs. Sa présence crée ainsi une relation subtile entre lui et eux. Nous croyons aussi que le portrait de la tapisserie est placé en miroir par rapport à l'original. Imprimé dans l'autre sens, il donne une impression puissante. Il s'agit peut-être du sens dans lequel il a été peint et il n'est pas sans signification de le comparer avec l'autoportrait de Jean van Eyck, l'*Homme au turban* (Londres, National Gallery).

V

La datation

Grâce à la relation précise de Dubuisson-Aubenay, nous savons que les tableaux de justice étaient signés et datés de 1439 sur le premier panneau de l'histoire de Trajan. S'agit-il de la date d'exécution de ce panneau en particulier ou de l'ensemble de l'œuvre ? Les deux solutions sont possibles, mais on considère plus généralement que la date ne correspond qu'au premier panneau ou tout au plus aux deux panneaux de la légende de Trajan. Dans la notice de 1441, la visite à la *stadt tavereel* – panneau au singulier – ne permet pas de déduire qu'il n'y avait encore qu'un seul tableau, car les peintures ont toujours été considérées dans leur ensemble. Ainsi, Calvete de Estrella (1549) parle de *una maravillosa pinture.*

Rogier pourrait avoir reçu la commande en 1432 déjà, ou peu après. Voici comment les choses ont pu se passer suivant l'usage. Après avoir pris connaissance du sujet décrit par l'inspirateur du projet, van der Weyden a sans doute réalisé un premier modèle, une esquisse de petit format qu'il a soumise aux échevins pour connaître leurs observations et les modifications souhaitées.

Rogier a ensuite, très probablement, peint un modèle de taille réelle sur carton ou éventuellement sur toile, modèle qui aurait alors été disposé à la place destinée aux panneaux définitifs pour juger de leur effet. Ces étapes compliquées et coûteuses ne sont pas rares lors de la réalisation d'œuvres de premier plan. Grâce à ces modèles grandeur nature, les commanditaires et leurs conseillers – érudits ou autres artistes – avaient encore la possibilité de demander des changements. On sait que Rogier apporta des modifications au retable de Cambrai (1455-1459) en concertation avec l'abbé Le Robert, retable auquel il travailla quatre années.

On ignore combien de temps Rogier consacra aux énormes panneaux de Bruxelles. Dans les années 1430, le peintre était jeune, en pleine possession de ses moyens de travail et sans doute poussé par l'ambition. L'argument de Hulin de Loo (1936, 142) qui assure que la légende d'Herkenbald n'aurait été projetée qu'à partir de 1454 environ à l'occasion du mariage de Charles le Téméraire avec Isabelle de Bourbon ne pèse pas lourd. Le sujet était certainement fixé dès le début. Lorsque Nicolas de Cuse (1451-1452) l'a vu (Van Gelder, 1964-1974, 125), le travail semble terminé. Il n'est pas certain que tous les panneaux étaient terminés en 1439, mais la chose est possible et, à notre avis, probable.

L'organisation de la visite

Dès son achèvement, la visite à l'*Agneau mystique* à Gand avait été organisée, celle des tableaux de justice de l'hôtel de ville de Bruxelles a dû rapidement constituer un *must* ! Les nombreuses mentions qui en ont été faites occasionnellement témoignent d'une habitude bien ancrée. Nous avons la chance de connaître, grâce au décompte précis des frais occasionnés, la visite en 1441 de quelques membres de l'aristocratie. Elle ne constitue pas un fait unique. *Ducti sumus in curiam,* écrit le secrétaire de Rozmital (1467) ; *quae solet externis conspicienda monstrari,* note Colvenerius (1605) ; *ut videtur et mihi dictum est,* raconte Dubuisson-Aubenay (1623-1628).

Comme à Gand, quelqu'un était peut-être chargé de montrer les peintures et de guider les visiteurs par quelques commentaires. D'après le statut du visiteur, le guide pouvait être un commentateur plus ou moins érudit. Suivant sa connaissance du latin, les inscriptions l'aidaient à expliquer les scènes. Quelques anecdotes sont certainement liées à ces visites. Ainsi, les considérations sur le portrait du peintre, dont le regard suit le visiteur (de Cuse, 1451-1452), mettent l'accent sur l'aspect saisissant de la peinture et indiquent que l'on pouvait passer le long des tableaux en avançant dans la salle.

On ne trouve aucune trace de la perception d'un droit d'entrée ou de visite. Dürer n'aurait pas manqué de le noter si cela avait été le cas. L'hôtel de ville était un bâtiment public et la visite au *stadt tavereel* (1441) faisait sans doute partie de l'accueil du magistrat.

La renommée de Rogier est née des tableaux de justice de l'hôtel de ville de Bruxelles, ils portaient son nom et le symbole du commanditaire (1439) entouré de l'aura de l'Antiquité latine. De la même manière, le retable de l'*Agneau mystique* de Gand était la chose unique à voir et dont la visite fut organisée dès le début. Comme les remarques de Nicolas de Cuse (1451-1452) nous l'apprennent, le nom du peintre y reste lié. Après la mort de van der Weyden, son nom et sa gloire furent conservés pour la postérité par un mémorial (connu par une copie dans un manuscrit de Groenendael, après 1464). L'exclusivité de l'œuvre était assurée, la destruction par le feu d'une copie réalisée par des étrangers (1499) le prouve. Les scènes représentées sur les tableaux éveillaient émotion et étonnement chez le spectateur. L'érudit Lampsonius en fut si troublé qu'il ne pouvait en détacher les yeux et interpellait le peintre à plusieurs reprises ainsi que le rapporte Carel van Mander(1604): "O maître Rogier, quel homme étiez-vous donc !" *(Zijn ooghen qualijck con verbieden die stadich aen te sien…dickwils segghende : "O Meester Rogier, wat een Man sijdy geweest !")*

La reconstitution matérielle

On ne croit plus depuis longtemps que les tableaux de justice de Rogier van der Weyden formaient un triptyque avec des volets mobiles (Michiels, 1846, III, 393 ; Crowe et Cavalcaselle, 1857, 162) ou un grand diptyque (de la Grange et Cloquet, 1889, 100). Kauffmann (1916, 28) pensait que les peintures constituaient une composition frontale symétrique avec l'histoire d'Herkenbald au centre entre les deux panneaux de Trajan. Il pensait, par conséquent, que les

V

sujets avaient été déplacés sur la tapisserie de Berne. D'autres idées fausses circulaient, elles concernaient la disposition des panneaux, leur destination et leur localisation, et étaient dues à un manque de connaissance des sources.

Tous les anciens auteurs mentionnent quatre panneaux. En 1499, on parle de quatre *stucken van der scilderyen,* et, en 1520, Dürer toujours précis dans ses chiffres note *die 4 gemalten materien.* Calvete de Estrella (1549) précise que la peinture est divisée en quatre grands panneaux *y esta repartida en quatro tablas grandes.* Petrus Novelliers restaura en 1608-1609 de *vier grote stucken schilderyen.* Pierre Bergeron parle en 1617 d'une "histoire peinte en quatre pièces diverses". Dubuisson-Aubenay (1623-1628) précise qu'il y avait quatre panneaux, *tabula quadruplici,* chacun composé de deux sections *(bipartita)* donc, en tout, *octuplici.* Il s'est, semble-t-il, donné beaucoup de peine pour comprendre la disposition inhabituelle et disposer clairement l'ordre des peintures.

La localisation de l'œuvre – Une tradition durable place les tableaux de justice de van der Weyden dans l'hôtel de ville de Bruxelles. L'étude des sources permet de déduire qu'ils se trouvaient dans la grande salle du premier étage. Cette salle située dans l'aile orientale du bâtiment comportait un petit côté tourné vers la Grand-Place et un long côté percé de fenêtres le long de l'actuelle rue Charles-Buls. Elle est connue sous le nom de "salle gothique" depuis sa restauration néo-gothique. Il s'agissait de la salle d'apparat par excellence. On y rendait les sentences de haute justice. Les états s'y réunissaient et les souverains y étaient intronisés. On peut estimer que les tableaux de justice occupaient le long mur en face des fenêtres. L'étude des principaux témoignages à cet égard apporte une signification essentielle à la compréhension de la structure et de la composition de l'œuvre.

Les auteurs anciens ont fidèlement mentionné leur visite à l'hôtel de ville de Bruxelles et la présence des tableaux.

1451-1452 : Nicolas de Cuse a vu l'œuvre *in praetorio.*

Vers 1456 : Facius place le chef-d'œuvre de van der Weyden dans l'*aedem sacram* : l'endroit où s'exerçait la haute justice pouvait être considéré comme noble et sacré.

Après la mort du peintre en 1464, la plaque commémorative fut placée *in domo civium.*

1467 : pour Rozmital, les tableaux se trouvent *in curiam* et plus précisément *in atrio.* Il ne s'agit pas de l'atrium antique mais de la salle principale d'un bâtiment.

1499 : *opter gulden camere* (la salle dorée) à l'époque où les copies interdites furent brûlées.

1520 : Dürer écrit *im rathaus, in der gulden kammer,* fixant ainsi le terme en usage.

1567 : Guichardin précise : *al Palazzo de Signori nella propria stanza ove si consultano e deliberano le cause.*

1568 : Vasari résume : *nel Palazzo de' Signori.*

1572 : Lampsonius met l'accent sur la fonction de la salle : *in Bruxellense tribunal.*

1604 : *op t'Raedt-huys,* précise van Mander.

1605 : Colverinus utilise une formule antique : *in aedibus Senatorijs Bruxellae.*

1613 : *in aedibus Senatoriis,* répète Sweertius

Après 1611-avant 1639 : *in basilica Senatus,* note Buchelius.

1608-1609 : Novelliers situe les quatre grandes peintures qu'il va réparer dans *de schoone camere.*

La chambre dorée, la salle d'or, la salle du tribunal, *de stanza ove se consultano e déliberano le cause,* désignent – cela ne fait aucun doute – la grande salle (comme Wauters l'écrivit déjà en 1841, 214-216). A.M. Cetto (1966, 24-30) croit à tort qu'il s'agissait de la plus petite salle située près de la tour, l'actuelle salle des mariages. Mais seules les matières civiles étaient traitées dans cette salle.

On peut préciser l'emplacement exact des quatre grands tableaux de justice dans la grande salle grâce aux notices de Calvete de Estrella (1549) et de Dubuisson-Aubenay (1623-1628). Calvete parle (dans l'édition de 1876, 38) de "la merveilleuse peinture qui décore la salle du conseil... placée contre le mur de la salle, en face de l'endroit où les bourgmestres, auditeurs et conseillers siègent pour rendre la justice et délibérer des affaires publiques", et il dit qu'"elle est divisée en quatre grands tableaux qui occupent tout ce côté de la salle. Tout ce côté donne déjà l'idée d'un grand mur ; en face, dans le sens littéral, bien visible des autorités" puisque la peinture était conçue de manière à faire impression sur eux. En 1815, les autorités étaient installées dos aux fenêtres en face du long mur où se trouvait le trône du roi Guillaume Ier des Pays-Bas. Cette disposition est connue par l'aquarelle attribuée à J.L. van Hemelrijck (reproduite dans Van Gelder, 1964-1974, ill. 20, avec une date fautive, 1829) et représentant l'ouverture solennelle des États généraux (c'est-à-dire l'inauguration du roi ?) le 21 septembre (?) 1815. Une lithographie (Hymans, 1884, II après la p. 28) illustre un autre moment de la même cérémonie.

Dubuisson-Aubenay met aussi l'accent sur la taille du mur et sur la disposition des panneaux : *integrum occupans in longum non tamen ab alto in imum, tabula quadruplici, sive octuplici. Sunt enim quatuor in una continuae tabulae, quarum quaeque etiam secta est et in se bipartita.* La longueur du mur apparaît ici aussi : *in longum, in una continuae tabulae.* L'œuvre n'arrivait pas jusqu'au sol mais se trouvait au-dessus d'une haute plinthe qui portait les inscriptions à hauteur d'yeux.

L'aspect original de la salle ne se perçoit plus clairement de nos jours à cause de l'envahissante décoration néo-gothique. Les dimensions exactes sont même impossibles à prendre.

Cette aile dont le plan n'est pas d'équerre compte six grandes travées. La première travée du petit côté vers la Grand-Place a d'abord servi de chapelle, mais on ignore si l'espace était fermé ou non (cette travée est remplacée actuellement par un escalier). Une poutre complémentaire (placée à hauteur du meneau central des fenêtres) divisait peut-être les travées, ce qui aurait amené la division de chacun des tableaux de la composition de van der Weyden en deux *sectiones* comme l'indique Dubuisson-Aubenay. Peut-être les panneaux occupaient-ils les quatre travées centrales, une travée restant libre de part et d'autre, occupée l'une par la chapelle, l'autre servant peut-être aux services.

Chaque travée du mur de long pan, aveugle, était peut-être soulignée par des pilastres et/ou des colonnettes destinés à soutenir les lourdes poutres principales créant ainsi des sortes de niches peu profondes. Les panneaux de van der Weyden auraient donc pu être placés entre ces pilastres. Ces larges niches aveugles étaient sans doute décorées dans la partie supérieure d'un fenestrage fixé aux colonnettes murales et composé de deux arcs brisés avec petite clé pendante. Les fenestrages qui se trouvent sur les panneaux de la *Justice d'Othon* de Dirk Bouts (Bruxelles, Musées royaux des Beaux-Arts de Belgique) s'en sont peut-être inspirés. On peut même reconnaître un reste de cette disposition dans les amorces de deux petits arcs sur le dessin déjà mentionné (Van Gelder, 1964-1974, ill. 15).

Le support et les dimensions – Les tableaux étaient peints sur un support de bois. On utilise à plusieurs reprises les mots de *tavereel, tabula, tabla,* tous mots qui, dans l'ancienne terminologie, indiquent toujours des panneaux de bois. Vasari (1568) précise *quattro tavole a olio bellissime.* Certains auteurs ont pensé qu'il s'agissait de peintures murales (Winkler, 1913 ; Davies, 1974, 250) ou de toiles peintes (Winkler dans Thieme Becker, 1942, 471). Wauters également (1841, 216) parle de toiles, mais il s'agit peut-être là d'une convention familière qui parle de toile pour peinture.

A.M. Cetto (1966, 29) parle à tort d'un unique panneau de taille à peine différente de celle des tapisseries de Berne qui était accroché du petit côté de la salle près de la tour comme s'il s'agissait d'une peinture déplaçable par référence à l'*Histoire de saint Bertin* (Berlin, attribué à Simon Marmion). Van Gelder reste également en-dessous de la réalité dans ses estimations des dimensions ; il évalue à un maximum de 2,5 m la hauteur et à 3,5 m la largeur de chaque panneau (Van Gelder, 1964-1974, 133-134).

Si riche soit-il, il ne faut pas oublier que le témoignage fourni par la tapisserie est celui d'un document secondaire. On a souvent dit – avec raison – que les représentations ont été resserrées et que certains éléments sont absents. C'est surtout évident en ce qui concerne les inscriptions. Sous la première scène de l'histoire de Trajan, l'inscription qui comporte sept larges lignes est sans doute assez conforme à l'original. Mais ensuite les inscriptions ont été comprimées dans des phylactères de dix lignes. Cette contraction était sans doute rendue nécessaire par l'obligation d'adapter la tapisserie au mur auquel elle était destinée.

On peut considérer que chacun des quatre panneaux peints couvrait une travée complète. D'après une approximation, les dimensions des travées sont de 5,30 m de large ; en tenant compte des lésènes et des colonnettes qui séparaient les travées, les peintures pouvaient avoir 4,50 m de large. On constate donc que la première tapisserie de l'*Histoire de Trajan* de Berne de 4,61 m de haut et de largeur pratiquement égale est assez conforme au format de la peinture. Les banderolles comportant les inscriptions occupent une hauteur de 60 cm. Les tableaux pouvaient donc mesurer environ 4 m de haut sur 4,50 à 4,60 m de large.

Le visiteur pouvait donc contempler les tableaux en se déplaçant dans la salle devant une suite de plus de vingt mètres, *in una continuae tabulae* (Dubuisson-Aubenay, 1623-1628). Il découvrait ainsi le caractère narratif des représentations, comme dans toute décoration murale monumentale. Ce déplacement du spectateur illustre donc aussi les remarques précises de Nicolas de Cuse (1451-1452) à propos du portrait du peintre qui suit le spectateur du regard. Le spectacle devait être surprenant et explique l'intérêt qu'a suscité ce chef-d'œuvre au cours des siècles et les soins attentifs dont il a fait l'objet de la part du magistrat.

Le problème de l'inversion – La technique de transposition peut être à l'origine de l'inversion des représentations dans la tapisserie. Nous avons déjà montré que l'autoportrait de Rogier dans cette dernière était sans doute réalisé en miroir. Pour étrange que ce soit, cela pourrait aussi être le cas d'autres éléments ; il n'est pourtant pas certain que ce soit le cas pour toute la tapisserie. Il ne faut pas oublier la fréquence des emplois et des réemplois des cartons et les reprises de certains éléments. Nous attirons l'attention sur l'arbitraire de l'opposition des directions des banderolles et des pennons. Le premier panneau de la tapisserie de l'*Histoire de Trajan* est à notre avis inversé. On peut le déduire de la composition elle-même : Trajan à cheval devrait, en accord avec la composition et l'histoire, pénétrer dans la scène et par conséquent venir de gauche (tandis que, dans la tapisserie, il se dirige vers l'extérieur). La deuxième moitié, dans laquelle Trajan est descendu de cheval, pourrait se trouver dans la direction d'origine.

La scène avec le pape Grégoire est probablement inversée dans la tapisserie. Le dessin du Maître des médaillons de Cobourg (Paris, Bibliothèque nationale) est sans doute fidèle à la peinture originale (et non le contraire, comme le croit Van Gelder, 1964-1974). Tous les éléments contrôlables vont dans ce sens. Le dessin au verso, exécuté d'après le *Jugement dernier* est correctement rendu d'après la réalité avec l'emplacement normal du ciel et de l'enfer respectivement placés à gauche et à droite pour le spectateur. La tête du Christ peinte isolément au recto est dans le même sens. Le saint dessiné dans la marge tient son livre – comme il se doit dans le cas de Pierre – dans la main gauche et les clés dans la main droite. Il y a par conséquent une grande probabilité pour que le dessin du panneau de saint Grégoire soit réalisé dans le même sens que l'œuvre de Rogier.

Dans les autres scènes fort rétrécies, des retournements peuvent aussi avoir eu lieu. Parmi les parties qui ont été supprimées se trouvait peut-être un lit au premier plan qui existe dans diverses copies, par exemple dans le dessin de Aert van Ort (Van Gelder, ill. 10) et surtout dans la tapisserie d'Herkenbald de 1513 (Bruxelles, Musées Royaux d'Art et d'Histoire).

Quand les tableaux de justice ont-ils été détruits ? Depuis que Wauters (1846, 153) a émis l'idée que les panneaux furent "sans doute" détruits lors du bombardement de Bruxelles par les Français en 1695, cette date a été acceptée par tous les auteurs.

Curieusement nous trouvons dans A. Pinchart (1864, 55) quelque chose qui apparaît comme un lapsus : "les quatre grandes compositions qui ornaient encore dans les dernières années du dix-huitième [sic] siècle une des salles de l'hôtel de ville…", ce que le lecteur corrige immédiatement en XVIIᵉ siècle puisque Pinchart lui-même, un peu plus loin (p. 75), note clairement que les peintures furent sans doute détruites lors du bombardement de 1695.

Ce n'est pourtant pas là la raison pour laquelle nous estimons qu'il faut s'interroger. Quelques données rencontrées dans la littérature topographique de la fin du XVIIIᵉ siècle et des documents graphiques du début du XIXᵉ siècle intriguent. Tout d'abord, il est certain que l'hôtel de ville ne fut pas détruit aussi fondamentalement que d'aucuns le croient. La partie gothique orientale fut en grande partie préservée et la tour, cible des assiégeants, ne fut même pas touchée. En examinant l'abondante iconographie du bombardement et de ses conséquences, on constate que le toit de l'hôtel de ville avait disparu. Mais au-dessus de la grande salle se trouve encore un étage, or il est un fait souvent vérifié que le feu ne se propage pas vers le bas mais vers le haut. Par opposition aux autres bâtiments situés sur la Grand-place, comme la Maison du roi, l'hôtel de ville était resté assez préservé. Seule l'aile arrière fut démolie en 1706-1711, puis reconstruite et aménagée, comme elle existe encore de nos jours. On a depuis lors fait la distinction entre cette nouvelle aile dite "moderne" et le vieux bâtiment gothique.

V Les tableaux de justice de l'hôtel de ville de Bruxelles

Dans des rééditions d'anciennes publications ou dans des ouvrages de compilateurs, les peintures de van der Weyden sont décrites comme si elles étaient encore en place ; on ne doit pas en tenir compte, car ces descriptions n'ont pas de valeur historique. Les choses sont différentes lorsqu'un témoin occulaire incontestable, G.P. Mensaert (1763, 122), écrit à propos des peintures de l'hôtel de ville : "qui ne sont malheureusement que les tristes restes des anciens tableaux que l'on admiroit avant les révolutions et les guerres des Pays-Bas." Évidemment, on ne peut en tirer aucune certitude, mais ces mots pourraient concerner les tableaux de van der Weyden. Descamps aussi écrit dans son *Voyage pittoresque* (1769, 86) "quelques emblèmes sur la justice" ; mais il n'est pas certain qu'il ne s'agit pas là d'une vieille compilation. Sans doute, Mensaert et Descamps ont-ils lu les anciens écrits sur les peintures de l'hôtel de ville et en étaient-ils tributaires. La remarque de Mensaert sur les "tristes restes" peuvent refléter sa désillusion. S'agissait-il encore des tableaux de Rogier qui, outre l'usure normale de l'âge, auraient subi les outrages de la fumée, de la saleté, de l'eau, de la négligence ? Nous ne connaissons pas les mesures de protection et de rénovation qui furent prises entre 1695 et 1711 concernant l'aile gothique ; 1711 est la date qui est gravée dans la poutre postérieure du plafond sur les documents graphiques (Van Gelder, 1964-1974 ; Hymans, 1884) cités datant de 1815 et qui témoignent sans doute d'une restauration.

Le mur de long pan est rythmé par de hauts arcs d'ogive aveugles séparés dans le bas par des pilastres flanqués de doubles colonnettes. Les proportions ne sont peut-être pas respectées, elles semblent étirées. Des draperies couvrent la partie supérieure. La surface des niches aveugles est tendue de tentures en tissu sur lesquelles alternent des médaillons avec le monogramme W du roi Guillaume et le lion des Pays-Bas sans doute réalisés en broderie d'or. Les petites franges torsadées fixées sous les tentures confirment qu'il s'agissait bien de textile comme c'était l'usage. Dans les arcs brisés se trouvent, entre les rinceaux de feuillage, alternativement le monogramme W et l'inscription SPqB qui rappelle l'inscription qui accompagnait les tableaux de justice de van der Weyden. Est-il pensable – quel qu'en soit l'état – que les panneaux de Rogier se trouvaient encore sous les draperies ? Comment auraient-ils été perdus, à la fin du xviiie ou au début du xixe siècle lorsque l'intérêt pour l'art médiéval était à son point le plus bas ? Une étude approfondie de l'hôtel de ville serait souhaitable et pourrait livrer de meilleures informations à ce sujet. Les travaux datant de la période 1695-1711, effectués dans la vieille aile, et éventuellement le nouvel arrangement réalisé au cours du xviiie siècle, pourraient livrer de meilleures informations. Il en serait de même des aménagements effectués à l'occasion de la visite de Napoléon et de Marie-Louise en 1811, lors des États généraux de 1815, ou pour le mariage du prince Frédéric en 1825 ou même lors de la "restauration" de Jamaer en 1868.

V

Rogier et l'industrie bruxelloise de la tapisserie

On s'est souvent interrogé sur le rôle de Rogier van der Weyden dans le développement et la rapide efflorescence de l'industrie de la tapisserie à Bruxelles où cet artisanat atteignit un niveau inégalable vers 1500 (A. Pinchart, 1864 ; A. Wauters, 1878 ; Schneebalg-Perelman, 1979, 104, note 16). Le déclin de l'industrie drapière traditionnelle, phénomène commun à tous les Pays-Bas, suscita l'encouragement de techniques plus raffinées, comme la tapisserie, par les pouvoirs publics. Les pouvoirs communaux ont toujours eu le souci d'attirer des manufactures pour favoriser la mise au travail de la population. Les productions d'art telles que les tapisseries décorées de scènes figuratives demandaient l'intervention d'artistes créateurs. On sait par des sources plus tardives (XVIe siècle) que la ville de Bruxelles procédait elle-même à l'engagement de bons peintres de cartons pour les ateliers de tapisserie afin de garantir ainsi la haute qualité artistique des produits. Ces cartonniers – ainsi qu'on le sait à propos de Michel Coxie et de Pierre de Kempeneer – recevaient de la ville un salaire fixe mais peut-être pas très élevé (Wauters, 1878, 129-130). Ils étaient évidemment payés pour les prestations qu'ils fournissaient aux ateliers. Du fait de sa fonction de peintre de la ville, Rogier van der Weyden exerçait-il aussi ce métier ? Tout semble indiquer que c'était le cas et qu'il a joué dans ce domaine un rôle beaucoup plus actif que celui qu'on lui attribue.

La tapisserie de Berne qui donne une image incomplète et réduite des tableaux de justice de van der Weyden fait songer à l'existence d'un lien entre Rogier et l'industrie de la tapisserie. On ne sait pourtant pas quel accord a pu intervenir à ce sujet avec la ville, mais il est tout à fait exclu que ces tapisseries aient été tissées à Tournai comme le croient de nombreux auteurs. Le magistrat de Bruxelles ne l'aurait pas autorisé.

Généralement, un carton de tapisserie servait au tissage de plusieurs exemplaires. Les tapisseries de Berne n'ont certainement pas été des pièces uniques, même au stade de la première édition. Les armoiries de Georges de Saluces ont été cousues et non tissées avec la tapisserie (Cetto, 1966, 35). La même chose a pu se faire pour d'autres exemplaires destinés à d'autres acheteurs ou vendeurs. Plusieurs tapisseries de Trajan sont signalées dans des documents : à Ferrare, vers 1450-1462 (Angelo Decembrio), dans la collection de Carlos de Viana en 1461 ou dans le château d'Evora en 1483 (Cetto, 1966, 40 ; Duverger, 1961-1969, 213). On ne sait cependant pas si elles ont une relation avec l'œuvre de van der Weyden.

Le peintre jouissait, semble-t-il, d'un certain monopole sur ses projets, un protectionnisme partagé peut-être avec les tapissiers et garanti par le magistrat. Un épisode remarquable au cours duquel des copies des tableaux de justice furent brûlées (1499) permet de le penser : deux peintres avaient *constelick geconterfayt* (contrefaçon facilitée sans doute par le personnel communal) les tableaux de justice. Les échevins qui craignaient l'envoi de modèles hors de la ville décidèrent de les faire détruire par le feu mais dédommagèrent les copistes. Il semblerait donc que des réclamations intervinrent contre la réalisation de copies. À ce moment, le fils de Rogier, le peintre Pierre, était encore actif. A-t-il fait valoir quelque droit ? Ou bien les liciers ont-ils voulu protéger leurs modèles ? Le magistrat a peut-être été sensibilisé au danger de concurrence économique et souhaitait certainement garantir le caractère unique du chef-d'œuvre de l'hôtel de ville.

Rogier a-t-il eu des parts dans le commerce des tapisseries ? C'est une idée que Wauters (1878, 53) suggère et il cite à ce sujet la chapelle Saint-Christophe – où les tapisseries étaient contrôlées et scellées – qui se trouvait dans la rue de l'Empereur près de la demeure de Rogier. Il faut encore prendre d'autres événements en considération. Le voyage de Rogier à Rome (on en traitera plus loin) n'est sans doute pas qu'un simple pèlerinage, il avait aussi en vue la promotion de son art. Le peintre était-il accompagné de tapissiers et de marchands bruxellois à la recherche de nouveaux marchés pour leurs tapisseries ? Vers 1450 gravitaient autour de la cour de Ferrare (où un petit autel domestique de Rogier est signalé en 1449) des Flamands et des Brabançons liés à l'industrie de la tapisserie. Parmi eux se trouvait un certain Rinaldo Gualtieri, nommé Boteram, de Bruxelles, entrepreneur et commerçant en tapisseries actif de 1444 à 1461, et, par conséquent, un exact contemporain de Rogier (Campori, 1876 ; Forti Grazzini, 1982). À cela s'ajoute le commentaire critique sur des tapisseries d'Angelo Decembrio (vers 1450-1462), en particulier au sujet d'une tapisserie de Trajan dont la description fait songer aux tableaux de justice de Rogier et à son interprétation en tapisserie (Berne). Dans l'inventaire bien connu de la maison d'Este, on ne peut cependant identifier aucune tapisserie semblable. Peut-être n'a-t-elle été que présentée à la cour. À titre de comparaison, signalons le sang froid de Pierre Coecke d'Alost qui, vers 1533, entreprit le voyage de Constantinople à la demande des tapissiers de Bruxelles, avec pour mission la vente de tapisseries au Grand Turc.

1. *Histoire de Trajan et d'Herkenbald*, tapisserie,
461 x 1 053 cm, atelier de Bruxelles, vers 1450, Berne,
Historisches Museum. Ensemble.

2. *Histoire de Trajan et d'Herkenbald*, tapisserie,
atelier de Bruxelles, vers 1450, Berne, *Historisches Museum*.
Détail, l'*Histoire de Trajan*.

3. *Histoire de Trajan et d'Herkenbald*, tapisserie,
atelier de Bruxelles, vers 1450, Berne, *Historisches Museum*.
Détail, l'*Histoire de Trajan* :
le pape Grégoire en prières et la présentation du crâne de Trajan.

4. *Histoire de Trajan et d'Herkenbald*, tapisserie,
atelier de Bruxelles, vers 1450, Berne, *Historisches Museum*.
Détail, l'*Histoire d'Herkenbald* : l'exécution du jugement, la
communion miraculeuse.

1.

2.

3.

4.

5. *Scènes de la légende de Trajan (Paris, Bibliothèque nationale)* MAÎTRE DES KOBURGER RUNDE ou MAÎTRE DES ETUDES DE DRAPERIES, *dessin, troisième quart du XVe siècle, Paris, Bibliothèque nationale.*

6. *Aert Ortkens,* HERKENBALD EXÉCUTE LE JUGEMENT, *dessin, XVIe siècle, Paris, Bibliothèque nationale.*

7. *Aert Ortkens,* LA COMMUNION MIRACULEUSE D'HERKENBALD, *dessin, XVIe siècle, Amsterdam, Rijksprentenkabinet.*

5.

6.

7.

8. LA LÉGENDE D'HERKENBALD, tapisserie (387 x 430 cm), Bruxelles, 1513, projet de Jean van Roome, Bruxelles, Musées Royaux d'Art et d'Histoire.

9 et 10. Van Eyck, RETABLE DE L'AGNEAU MYSTIQUE, Gand, Saint-Bavon, registre inférieur, intérieur des volets de gauche :
les JUGES INTÈGRES (copie de J. Van der Veken, 1939-1940), les CHEVALIERS DU CHRIST.

11. LA SÉANCE D'OUVERTURE DES ÉTATS GÉNÉRAUX À BRUXELLES PAR LE ROI GUILLAUME IER EN 1815 DANS LA SALLE GOTHIQUE DE L'HÔTEL DE VILLE DE BRUXELLES

(L. Hymans, Bruxelles à travers les âges, t. II, Bruxelles, réédition anastatique, 1974).

VI | LE VOYAGE À ROME : PÈLERINAGE OU VOYAGE D'AFFAIRES ?

Dans son *De viris illustribus,* Bartholomeus Facius (vers 1456) déclare, dans la notice consacrée à Gentile da Fabriano, que Rogier van der Weyden se rendit à Rome à l'occasion de l'Année sainte de 1450. L'auteur écrit que, selon ce qu'on raconte, *Rogerius gallicus insignis pictor* visita l'église Saint-Jean du Latran où il admira l'œuvre de Gentile et qu'il s'enquit de l'auteur qu'il plaça dès lors au-dessus de tous les autres peintres italiens.

L'anecdote est naturellement relatée pour mettre l'accent sur les qualités de Gentile da Fabriano garanties par le jugement d'un célèbre peintre étranger. Il n'y a pourtant aucune raison de douter de ce témoignage comme le fit E. Kantorowicz (1939-1940, 178-180). L'Année sainte était pour de nombreux hommes du Nord une excellente occasion d'entreprendre un voyage au-delà des Alpes. En dehors de cette raison d'ailleurs, le voyage à Rome n'était pas rare. Joos van Ghistele note en 1481 à ce propos que les voyageurs d'Italie sont nombreux : *datter ooc daghelicks lieden van deze lande menighfuldigh over ende weder trecken* ('T Voyage, 2e livre, chap. I). Les écrits de Facius sont encore très proches des faits qui ne sont antérieurs que de quelques années, et à une époque où les témoins de la scène pouvaient les avoir encore fraîchement en mémoire. Facius n'était pas très éloigné, géographiquement, de la source. Il peut avoir appris l'histoire de première main ou à tout le moins de cercles qui y avaient été mêlés. L'anecdote montre aussi que lors de son voyage, Rogier était entouré de personnages attentifs à recueillir et diffuser ses paroles. Peut-être était-il entouré de peintres italiens comme ce sera le cas de Dürer accompagné aux Pays-Bas d'artistes locaux dans chacune des villes où il se rendra. Il semblerait aussi que le voyage de Rogier était entouré d'une certaine ostentation. Le peintre s'estimait sans doute capable de juger par lui-même des œuvres des artistes italiens. Son statut social, sa fonction de peintre officiel de la ville de Bruxelles et son caractère permettent d'imaginer qu'il avait entrepris ce voyage avec quelque faste.

La chronologie et l'itinéraire

Nous ne disposons malheureusement pas – comme pour le voyage de Dürer aux Pays-Bas (1520-1521) – de notes précises pour nous éclairer sur l'iti-

néraire de Rogier, ses rencontres, l'accueil qu'il reçut, ses dépenses et ses trac-
tations à propos de commandes éventuelles. Pourtant, grâce aux rares données
en notre possession et aux éléments de comparaison, nous pouvons un peu
mieux comprendre l'essentiel de son voyage.

La durée du voyage n'est pas connue. Une mission précise à Rome exécutée à un rythme soutenu pouvait s'effectuer dans un temps minimum, mais il
n'était pas exceptionnel qu'un voyage prît plusieurs mois. Dürer resta plus
d'une année entière aux Pays-Bas, et le voyageur gantois, Joos van Ghistele, effectua un voyage de près de quatre ans au Proche-Orient (1481-1485). Rogier
peut avoir consacré un certain temps à son voyage, mais la durée en est difficile
à préciser. Kantorovickz (1939-1940, 180) concède *a few weeks, at most a few
months in spring 1450,* en s'appuyant sur le paiement du 15 août 1450 de la cour
de Ferrare.

Les relations documentées de Rogier avec Lionello d'Este, 1449-1451,
établissent la crédibilité de l'avis de Facius au sujet du voyage à Rome, des
étapes et des lieux de séjours durant ce voyage. Déjà avant le 8 juillet 1449, Lionello d'Este possédait un autel domestique dû à Rogier, un petit triptyque que,
d'après son propre témoignage, Cyriaque avait vu ce jour-là et qu'il décrit abon-
damment. Le même triptyque est cité vers 1456 par Facius qui ajoute une série
de données complémentaires. Les deux sources littéraires sont confirmées par
les paiements faits à Rogier soit pour cette œuvre, soit pour une autre (1450-
1451). On a l'impression que Lionello ne possédait pas le petit triptyque depuis
longtemps lorsqu'il le montra comme une acquisition précieuse à quelques
connaisseurs choisis. Rogier l'avait-il emporté avec lui et livré au retour ? Était-il
parti au cours de l'été 1449 et serait-il retourné à Rome après la fête de Pâques
de 1450 ?

Les implications financières

Quiconque entreprenait un pèlerinage pouvait avoir aussi des raisons
qui n'étaient pas purement religieuses. On souhaitait voir du pays et en admirer
les merveilles, l'un n'excluant pas l'autre. Connaissant les ressources maté-
rielles de Rogier, le voyage n'a pas dû poser de problème. Peut-être le peintre
était-il accompagné de sa femme, ce qui ne veut pas dire qu'il aurait négligé ses
affaires. Quelle qu'ait été sa dévotion, des préoccupations économiques ont pu
le pousser. A-t-il, comme Dürer, emporté avec lui quelques œuvres pour trouver
acquéreur et couvrir en partie ses frais de voyage ? Voulait-il faire la promotion
de son travail et de celui de son atelier ? Des petits panneaux ou des toiles
peintes pouvaient facilement être emportées. La renommée de Jean van Eyck
s'était répandue en Italie et avait augmenté la demande de peinture flamande.
Les nombreuses attributions à Rogier dès le xve siècle à Ferrare, Naples, Gênes
vont dans ce sens.

VI

En 1450, Rogier se trouvait, à cinquante ans, au sommet de sa carrière, tandis que son fils Pierre n'avait encore que treize ans. La continuation de son atelier et l'expansion de son entreprise par l'exportation d'œuvres d'art ont pu être l'objet de soucis. Les contacts directs avec d'éventuels commanditaires et avec le commerce d'art organisé pouvaient être importants pour l'avenir. Les liens de Rogier avec l'industrie de la tapisserie de Bruxelles et les rapports largement documentés de Rogier avec Lionello d'Este ont sans aucun doute joué un rôle significatif dans le voyage à Rome de van der Weyden.

VII | Maistre ouvrier de paincture

La fonction de peintre de la ville de Bruxelles n'était pas une fonction exclusive. Rogier était libre de travailler pour d'autres commanditaires et l'a fait. Certains de ses travaux ne sont connus que par la tradition (voir plus loin). D'autres sont documentés par des archives comme le retable de Cambrai qui, d'après les *Mémoriaux* de Jean Le Robert, abbé de Saint-Aubert, furent réalisés et fournis par *Maistre Rogier de le Pasture, maistre ouvrier de paincture de Bruxelles* (1455-1459). Cette sobre identification de la personne de Rogier et de celle de son métier n'a rien de péjoratif. Elle correspond au statut réel du peintre et à la hiérarchie sociale de l'époque. Ailleurs, elle est complétée par les comptes de la cour où la commande ducale est exprimée en termes de métier : *stofferene van diversen rikeliken veruwen*, des travaux de peinture décorative, polychromie, dorure de statues (1439-1440). Ces termes peuvent être ceux qui furent utilisés par le peintre dans son offre et qui mettent l'accent sur les techniques propres à son métier.

La polychromie de sculptures

En 1439-1440, Rogier fut payé pour la mise en couleurs d'une épitaphe en pierre sculptée par Jean van Evere à la mémoire de deux anciennes duchesses et érigée dans l'église des Frères mineurs à la demande de Philippe le Bon. Le mémorial était protégé par des volets en bois *(veynsters)* sur lesquels Rogier peignit les *devisen*, c'est-à-dire les armoiries du duc et de la duchesse et peut-être aussi leurs portraits. En 1458-1459, Rogier fut chargé d'un autre travail de décoration. Il s'agissait d'achever le tombeau de Jeanne de Brabant qui avait été livré par Jacques de Gerines et Jean de le Mer et était destiné à l'église des Carmes.

Le contrôle du travail d'autrui était aussi une activité courante. En 1461-1462, Rogier fut rémunéré pour avoir jugé de la polychromie des statues de saint Philippe et de sainte Élisabeth (patrons du duc et de la duchesse), travail de polychromie confié au peintre de la cour Pierre Coustain. On l'appelle : *maistre Rogier, aussi paintre.* Ceci prouve bien qu'il était considéré comme un peintre d'expérience dans ce domaine et bénéficiait de l'autorité nécessaire pour juger de la valeur du travail d'un collègue.

On ne connaît aucune autre commande ducale et il est tout à fait abusif de considérer, comme on le fait souvent, que Rogier était peintre de la cour et d'échafauder à ce sujet de subtiles commentaires. La polychromie de statues a dû être une des activités quotidiennes de Rogier et de ses collaborateurs. À la demande du chapitre de Sainte-Gertrude à Nivelles (1441), il fut chargé d'un travail de décoration *pour poindre le dragon de la grande procession.*

Pour la chartreuse de Herne-lez-Enghien où son fils Corneille était religieux, il offrit un tableau *(tabulam)* pour la chapelle Sainte-Catherine et polychroma une statue de la sainte *(ymaginem)* (document postérieur à 1464-1477).

Cet aspect artisanal de son métier est sans doute le plus proche de ses activités tournaisiennes connues.

Les peintures destinées aux églises

Une seule œuvre à caractère religieux est documentée par des archives, il s'agit du retable de Cambrai (1455-1459) (Davies, 1973, 321). Dans une note contemporaine de Jean Le Robert, abbé de Saint-Aubert à Cambrai, on trouve de nombreux renseignements à ce propos. L'abbé note le 16 juin 1455 qu'il avait convenu avec *Maistre Rogier de le Pasture, maistre ouvrier de paincture de Bruxelles* de la réalisation d'un tableau ; que le peintre avait proposé divers projets et que les premières mesures prévues (5 pieds carrés) avaient été modifiées en 6,5 pieds de haut sur 5 pieds de large pour le bien de l'œuvre ; que l'œuvre était achevée pour la fête de la Trinité de 1459 et qu'elle avait été transportée de Bruxelles à Cambrai le 8 juin. Jean Le Robert note encore de nombreux détails concernant le paiement, la livraison et le montage. Il néglige un élément, essentiel à nos yeux : il ne dit pas ce que représente le retable. Le retable existe-t-il encore ? Partiellement ? Dans sa totalité ? Il est impossible de le dire avec certitude. On a tenté d'identifier l'œuvre avec le *Triptyque du Calvaire* de Madrid (actuellement attribué à Vranke van der Stockt) ou avec le *Diptyque du Calvaire* de la collection Johnson de Philadelphie (Richardson, 1939). Nous n'en parlerons pas plus avant ici, car le problème dépasse notre propos.

Il convient de préciser que l'œuvre en question était un triptyque, un tableau… *à II huysseoires* (2 volets). À cause de la transcription fautive de de Laborde qui resta en usage *(à 11 huystoires)* malgré le texte corrigé de Pinchart (Destrée, 1930, 140 ; Richardson, 1939), la discussion a porté soit sur deux soit sur onze "histoires".

On peut facilement comprendre que l'abbé se soit adressé à Rogier, car les deux hommes pouvaient avoir des relations communes. Bruxelles dépendait de l'évêché de Cambrai et l'abbé avait le patronage de la chartreuse de Herne. Sans doute s'occupait-il de très près de la décoration artistique de son église comme l'attestent ses autres préoccupations. En juin, on se souciait encore de la meilleure présentation du retable dans le chœur. En août, on plaça un candélabre devant le tableau puis on chargea le jeune peintre Hayne de compléter l'encadrement. Il semble incompréhensible qu'aucune recherche sur place n'ait permis d'approfondir le sujet du triptyque, ni de connaître son sort ultérieur. Aucune relation concernant l'œuvre d'art n'a sans doute subsisté.

À Cambrai florissait surtout la musique, il n'y avait que peu d'intérêt pour la peinture. Lorsque l'évêque, Henri de Berghes, publia en 1484 son mandement sur le bon état d'entretien lors de l'achèvement de la cathédrale, il est question de statues, d'éclairage, de cloches, d'ornements précieux mais pas de peintures (Le Glay, 1849, xiv). Le retable de Cambrai pouvait sans doute prendre place parmi les commandes spéciales des abbés de Flandre gallicante comme celui de Jean du Clercq, abbé de Saint-Vaast à Arras (pour lequel Jacques Daret peignit les volets conservés à Berlin, Madrid et Paris) et celui de Guillaume Fillastre, abbé de Saint-Bertin à Saint-Omer (1459) (Berlin, Staatliche Museen, Gemäldegalerie).

On attribue à Rogier un certain nombre de peintures conservées jadis dans des églises ou des chapelles à Bruxelles et aux environs. Elles avaient été soit commandées, soit offertes. Des textes nous éclairent à leur sujet.

Le tableau le plus célèbre est la *Descente de croix* (Madrid), destiné à la chapelle de la gilde des arbalétriers dite *Onze-Lieve-Vrouw van Ginderbuiten* (Notre-Dame-du-Dehors) à Louvain. C'est le chef-d'œuvre auquel l'artiste est redevable du titre de *Magister Rogerius civis et pictor Lovaniensis* donné par l'historiographe Molanus (avant 1585). La citation est peut-être emphatique, mais elle témoigne d'une tradition ininterrompue qui lie le nom de Rogier à l'œuvre d'art. Une signature ou une inscription se trouvait peut-être sur le tableau. À défaut de données d'archives concernant la commande et la livraison, on peut se référer à la gravure de Cock (1565) qui en avait diffusé la copie et qui portait l'inscription *Rogerii Belgae inventum*. L'œuvre n'était déjà plus conservée à l'endroit d'origine à cette époque. En effet, avant 1549 déjà, le tableau avait été enlevé par Marie de Hongrie et disposé dans la chapelle de son château de Binche. L'œuvre est citée deux fois par les chroniqueurs espagnols du voyage du prince Philippe (Calvete de Estrella, 1549 et Alvarez, 1549) mais sans nom d'auteur. Dans le cadre de leur histoire, il n'était pas tellement bienvenu de parler du peintre. Pourtant le prince devait bien connaître le nom de l'auteur lorsqu'il acheta le tableau. Molanus déclare que Philippe fit remplacer l'original par une copie de Michel Coxie et offrit en outre un orgue. Le tableau fut emporté en Espagne et échappa de peu à un naufrage en mer. Carel van Mander (1604) reprend ces éléments dans ses *Vite*.

Dans l'inventaire de la collection de Philippe II (1574), le tableau est décrit et attribué à *Maestre Rogier*. À l'époque, il était pourvu de deux volets actuellement perdus. On souhaiterait que J.K. Steppe publie des indications complémentaires sur l'œuvre en Espagne.

Il ne faut pas attacher trop d'importance au texte de Molanus dans lequel Rogier est dit bourgeois et peintre de Louvain. On l'a vu à propos de Bruges, on considère facilement que l'auteur d'un tableau est un artiste local. On tente de rattacher la gloire du peintre à la ville. On peut se demander ce qui a motivé le choix de Rogier lors de cette commande. Entretenait-il des relations particulières avec Louvain ? On a souvent dit qu'un sculpteur du nom de Heinrich van der Weyden travaillait à Louvain au début du xvᵉ siècle, on le trouve en 1422 à Vlierbeek et en 1424 au château du duc Jean IV à Louvain. On s'est demandé si une parenté éventuelle existait entre les deux hommes ou même si l'un, Heinrich, n'était pas le père de l'autre. Il se serait appelé Heinricx (1436-1437) à Bruxelles (Van Even, 1860, 129 ; 1895, 256 ; voir Pinchart, 1867, 417, 468).

On a avancé l'idée que Rogier se serait installé temporairement à Louvain pour réaliser le tableau et aurait obtenu la bourgeoisie de la ville (Van Even, 1870, 38). Le souvenir des études du fils de Rogier à Louvain a peut-être alimenté la constitution de la légende. Le nom de Rogier van der Weyden était vivace parmi les érudits de la ville universitaire (Molanus, avant 1585 ; Opmeer, 1611 ; Sweertius, 1613 ; Van Winghe, vers 1616).

À Madrid, le monumental *Calvaire* conservé dans la collection de Philippe II (1574) est *de mano de masse Rugier* et provient de la chartreuse de Bruxelles. Il s'agit de la chartreuse de Scheut à laquelle, on se souvient, Rogier fit don d'une peinture de grande valeur (après 1464). L'œuvre fut vendue pour cent livres (1555) mais sans citer l'acheteur. On peut deviner qu'elle était destinée à la collection royale.

On ne conserve aucune autre peinture destinée à des églises. On sait que Rogier avait offert à la chartreuse de Herne où était entré son fils, Corneille, une peinture pour la chapelle Sainte-Catherine (après 1464-1477). Il s'agit peut-être d'une représentation de sainte Catherine de Sienne qui jouissait de la faveur des fidèles et fut canonisée en 1461.

Le prieuré de Groenendael possédait un tableau représentant le martyre des philosophes convertis par sainte Catherine ; il s'agit ici de sainte Catherine d'Alexandrie. On attribuait cette œuvre à van der Weyden (1659-1660, Sanderus). Dans l'église des Carmes de Bruxelles se trouvait un petit triptyque daté de 1446 qui lui était attribué ; il s'agissait sans doute du don d'un chevalier de l'ordre de la Toison d'or dont le nom n'est pas fourni dans la notice pourtant développée de Sanderus (1659-1660). L'épitaphe de Guillaume de Masenzele (vers 1452) à Sainte-Gudule a aussi été attribuée plus tard au peintre.

Une tradition persistante attribue aussi à Rogier la peinture ou le projet des vitraux de la chapelle du Saint-Sacrement de Sainte-Gudule (1677, 1743, 1769). En 1777, Rombaut réfuta vigoureusement l'attribution. Il ne s'agissait naturellement pas des vitraux actuels mais bien de vitraux plus anciens, perdus, pour lesquels Philippe le Bon avait fait un don en 1438 (Lefèvre, 1945, 121).

Les peintures de dévotion dans les collections privées

On a déjà étudié les tableaux attribués à van der Weyden dans des collections en Italie et en Espagne. Nous examinerons ci-dessous les œuvres conservées aux Pays-Bas.

L'archiduc Ernest possédait une petite peinture, Marie embrassant son fils (1594-1595) attribuée à *Rugier de Bruxelles*. Nous ne savons pas ce que valait cette attribution. Novelliers prétendait qu'une série de six *tondi* de la collection de Charles de Croy (1613) était de la main du maître, à tort sans doute.

L'érudit Jérôme de Winghe de Louvain, ami de Juste Lipse et plus tard chanoine de Tournai, possédait des œuvres d'art attribuées à Dirk Bouts, Albrecht Bouts, Quentin Metsys et Maître Rogier (1616). Lorsqu'il légua sa collection au chapitre de Tournai, il ne savait certainement pas que Rogier était né à Tournai. Ses attributions étaient le fruit de son érudition et de sa connaissance des écrits de Molanus, van Mander, Opmeer, Sweertius.

Deux petits panneaux représentant la légende de saint Hubert sont signalés dans la chapelle latérale nord de Sainte-Gudule à Bruxelles, par Dubuisson-Aubenay (vers 1623-1628) : *estimé[s] de la main de ce Roger dont est parlé en l'histoire d'Erkenbaldus*. Il s'agissait peut-être des restes d'un grand retable détruit en partie par les iconoclastes. Les deux peintures peuvent être identifiées avec l'*Exhumation du corps de saint Hubert* (Londres, National Gallery) et le *Songe du pape Serge* (Los Angeles, J. Paul Getty Museum).

À Anvers, à cause du commerce actif d'œuvres d'art, quelques tableaux étaient attribués à Rogier. Dans le cabinet de curiosités de N.C. Cheeuws (1621), une Vierge était considérée comme une copie de Rogier. Dans la collection de Herman de Neyt (1642), trois œuvres étaient attribuées à Rogier, dont l'une précisément à *Meester Rogier vander Widden*. Dans celle de Suzanne Willemsens (1657), une image de la Vierge *(een oudt Marienbeeldeken)* était attribuée à Rogier. Mais, notons que le nom de Rogier n'apparaît pas dans les collections de Rubens ou de Stevens.

Les portraits

Comme tous les peintres flamands, Rogier a sans doute peint des portraits. Son impressionnant autoportrait des tableaux de justice (Nicolas de Cuse, 1451-1452) et sa transposition dans la tapisserie de Berne en sont des témoins. On sait aussi d'après la description de Sanderus (1659-1660) qu'il peignit en l'église des Carmes (1446) les portraits d'un chevalier de l'ordre de la Toison d'or, de sa famille et d'un groupe de Carmes. L'épitaphe de Masenzele (vers 1452) doit aussi avoir comporté un portrait. Il est possible que Rogier ait aussi peint les portraits de ses commanditaires sur ses tableaux, par exemple les échevins sur les tableaux de justice ou l'abbé Le Robert sur le retable de Cambrai. D'après Facius (vers 1456), un prince en prière se trouvait sur le petit autel de dévotion de Lionello d'Este à Ferrare. Le portrait de 1462 à Venise (Michiel, vers 1530) est peut-être une attribution abusive. À Pesaro (1500), Alexandre Sforza possédait deux portraits considérés comme des œuvres du peintre. Le portrait de Francesco d'Este (New York) illustre le mieux, pour nous, l'art du portrait de van der Weyden. Marguerite d'Autriche possédait un portrait de Charles le Téméraire (1516) attribué à Rogier. Guevara (vers 1535) lui attribuait le portrait de son père. Des portraits dessinés étaient aussi attribués à Rogier, comme celui de la collection de H. de Winghe (vers 1616) et le dessin conservé à Londres et daté de 1460. La citation de Carel van Mander (1604) concernant le portrait d'une reine ou d'un autre grand personnage qui lui avait offert une rente en blé montre aussi la valeur attribuée à ses portraits.

La crédibilité de ces attributions dans les milieux des érudits ou des amateurs n'est naturellement plus contrôlable maintenant. La tendance à donner un nom célèbre aux peintures a toujours existé. Lors de la publication à Anvers des portraits gravés de nos souverains, on les munit de signatures (certains portent le nom de Hubert et de Jean van Eyck). On ne retint pas le nom de Rogier van der Weyden comme *inventor* mais bien celui de Rogier de Bruges (1661 Meyssens).

L'atelier, les collaborateurs et les élèves

Le testament de Rogier van der Weyden n'est, malheureusement, pas conservé. Il aurait pu nous fournir des indications concernant l'équipement, l'organisation et le travail de son atelier. On conserve cependant une source écrite qui fournit un rare aperçu sur son entourage direct. Des notes (dont il a déjà été question plus haut) furent prises par Jean Le Robert, abbé de Saint-Aubert à Cambrai, à propos de la commande d'un retable en 1455 et de sa livraison en 1459. L'abbé décrit ses démarches auprès du peintre. Pour répondre à ses désirs, Rogier avait proposé différents projets et changé le format initialement prévu. L'abbé note ensuite le paiement du travail en plusieurs termes. Il signale aussi tous les frais concernant le transport et ce qui *fu donné à se femme et à ses ouvriers*. Rien n'est dit concernant la présence de Rogier lui-même. Mais que sa femme accompagnât le tableau semble indiquer qu'elle jouait un rôle actif dans l'atelier de son mari et y avait des responsabilités. Une participation réelle qu'il faut mettre en relation avec l'obligation de pourvoir aux besoins des apprentis.

Le nombre de collaborateurs de van der Weyden, "ses ouvriers", n'est pas précisé, mais il devait y en avoir au moins deux. Leurs qualifications ne sont pas non plus connues. Depuis, on paya à Hayne *jone pointre* une gratification supplémentaire pour peindre le cadre et un couronnement. Il n'est pas dit pourtant que ce Hayne était un collaborateur de van der Weyden mais cela semble pourtant as-

sez vraisemblable. On a voulu y voir le jeune Memling, mais cela n'est pas aussi évident. Hayne semble plutôt être un dérivé du nom Hendrik, Heindrik, Heinricx…

À partir des notes tellement riches de l'abbé mais encore bien incom-
plètes à notre point de vue, on a l'impression que l'atelier de Rogier van der
Weyden était une entreprise bien organisée dans laquelle sa femme jouait un
certain rôle. On ne sait ni combien il avait de collaborateurs, apprentis, compagnons, jeunes garçons… ni qui ils étaient (Verougstraete et Van Schoute,
1997). Dans quelle mesure la répartition du travail existait-elle dans l'atelier ?
On peut cependant l'imaginer. D'après les statuts de Bruxelles (cat. 1979,
38), chaque maître ne pouvait avoir qu'un seul élève à la fois, mais cette disposition était-elle respectée ? Et si non, dans quelle mesure s'en écartait-on ?
Il est difficile de répondre à ces questions.

Les disciples italiens de Rogier

La légende veut qu'au cours de son séjour à Ferrare Rogier dévoilât à
quelques peintres de la cour de Lionello d'Este les secrets de la peinture à l'huile. On cite Angelo Macagnani da Siena (†1456) et Galasso di Matteo (†1473)
(Venturi VII/3, 1914, 495, 508). Que rien de ce secret n'apparaisse dans leurs
œuvres n'est pas une preuve suffisante pour réfuter la probabilité de ces
contacts. L'idée illustre de toute manière le souhait répété d'artistes italiens de
se familiariser avec la technique eyckienne grâce à l'aide d'artistes des Pays-Bas.
On raconte que ce fut le cas d'Antonello da Messina, tandis que des documents
l'affirment pour Zanetto Bugatto.

Zanetto bugatto – Trois documents sont connus à propos des relations
entre van der Weyden et le jeune peintre italien Zanetto Bugatto qui fut en apprentissage chez Rogier. Le premier est une lettre de la duchesse de Milan, Bianca Maria Sforza du 26 décembre 1460, adressée au duc de Bourgogne, Philippe le
Bon, à propos de son jeune peintre de la cour, Zanetto, qui souhaitait entrer en
apprentissage chez le célèbre *Magister Gulielmi*. Il s'agit ici d'un lapsus évident
pour Rogier comme cela apparaît d'après les deux autres documents. Le deuxième document est une note informelle de l'ambassadeur d'Italie en mars 1461,
concernant les difficultés que *Magister Johannetto* rencontrait chez *Magistro Rogero*
et dans laquelle il demandait à la cour de Milan de fournir une aide plus importante. Le troisième est la lettre de remerciements de la duchesse du 7 mai 1463 à
Magistro Rugerio écrite après le retour de Zanetto.

Il ne faut pas trop s'arrêter à la faute concernant le nom du peintre
en 1460. Il faut admettre que les erreurs dues au scribe étaient fréquentes.
On trouve d'ailleurs des erreurs dans le nom de Rogier à Bruxelles même. À
l'époque, et cela depuis 1458, Zanetto était attaché à la cour des Sforza à Milan. Il
devait pourtant encore être très jeune, car, dans la lettre, on le dit *adolescentum*. Il

était certainement ambitieux et entreprenant, car il avait pris l'initiative d'obtenir la
licencia pour faire le voyage. On ne dit pas comment lui-même ou la duchesse
connaissaient la renommée de Rogier. Mais on peut penser qu'Alexandre Sforza,
seigneur de Pesaro, qui avait fait un voyage de huit mois aux Pays-Bas en 1457-1458
(Mulazzani, 1971, 252) et qui possédait des œuvres de Rogier (d'après l'inventaire
de 1500) avait parlé de la réputation du peintre. Zanetto aurait pu en concevoir
l'envie d'être formé dans le métier tel qu'il était pratiqué dans les États de Bourgogne.

On avait pris quelques précautions pour la réussite de l'entreprise : deux
copies de la lettre furent envoyées à des personnages influents : au dauphin (le
futur Louis XI) qui résidait alors à Genappe sous la protection de Philippe et la
seconde au seigneur de Erny (sans doute pour Croy). Ce ne fut sans doute pas
inutile. En effet, l'accueil de Zanetto dans l'atelier de Rogier ne semble pas
s'être déroulé sans heurt, comme le suggère le deuxième document.

La note confidentielle de Prospero da Camogli, ambassadeur de Milan à
la cour de France et de Bourgogne, était jointe à la lettre du 11 ou du
15 mars 1461 adressée à Cicco Simonetta, ministre de Milan. L'ambassadeur an-
nonçait que *Magistro Johannetto* était en grandes difficultés auprès du célèbre
peintre Rogier et que l'intervention du dauphin avait été nécessaire. Il semble
que *Johannetto* ne disposait pas d'assez de moyens pour répondre aux exigences
de Rogier – 50 ducats pour le logement et les frais durant une année. L'ambassadeur demandait par conséquent d'augmenter les allocations accordées à Zanetto. Il fut précisé que Zanetto avait promis de ne pas boire de vin pendant un
an. L'intervention du dauphin avait, semble-t-il, déjà eu une suite heureuse, car
Zanetto était établi chez Rogier.

On ne peut pas se rendre compte si la somme de 50 ducats réclamée par
Rogier était élevée ou non car on manque d'éléments de comparaison. Rogier
jouissait de hauts revenus, entrer en apprentissage chez lui n'était pas à la portée de n'importe qui. Zanetto avait-il dépassé l'âge d'être un apprenti débu-
tant ? Dans la lettre de la duchesse, il est appelé *adolescentum*, mais, dans la note
de l'ambassadeur, il est nommé *magistro*. On ne sait ni comment se fit la rencontre, ni comment Zanetto se présenta, ni quelle place lui fut attribuée. Une
certaine rivalité entre les deux peintres pourrait être à l'origine de l'ambiguïté
de leur attitude : d'un côté, un Rogier sûr de lui et peut-être autoritaire et de
l'autre, un jeune homme plein de tempérament et non sans prétentions puisqu'il occupait une position à la cour de Milan. De plus Zanetto avait déjà travaillé à titre d'indépendant et devait redevenir apprenti chez un maître, certes
fameux, mais qui n'était ni peintre de la cour ni employé ducal.

La clausule concernant le vin était-elle une mesure prise à la suite d'une
consommation immodérée de vin selon les normes bruxelloises ? Était-elle seulement un moyen de comprimer les dépenses ? Quoi qu'il en soit, Cavalieri
(1989, note 25) donne peut-être la solution, car, dit-il, Rogier *dirigesse la sua bot-*

tega con spirito imprenditoriale e fasse poco propenso agli sconti. Peut-être sa femme
Élisabeth avait-elle son mot à dire ?

Le troisième document – la lettre de remerciements de la duchesse –
adressé au *nobili viro dilecto Magistro Rugerio de Tornay pictori in Bruseles* du
7 mai 1463, indique que tout s'est finalement bien passé. L'emphase de l'adresse correspond peut-être à l'usage habituel, pourtant on pourrait y voir plutôt le
souhait d'effacer toute trace de conflit. Zanetto a certainement relaté à la duchesse les péripéties de son séjour et lui aura confié tout ce qu'il savait du
peintre comme, par exemple, son origine tournaisienne, seul témoignage his-
toriographique. On lit plus loin dans la lettre une sorte de résumé de toute
l'histoire. Comment, connaissant la notoriété de Rogier, elle avait décidé d'envoyer son peintre, maître Zanetto, pour qu'il puisse apprendre chez lui quelque
chose de son art de peindre ; comment, après le retour de Zanetto, elle avait appris combien le maître s'était volontiers et aimablement occupé du jeune homme et avec quel dévouement ; pour sa satisfaction à elle, il lui avait montré tout
ce qui concerne son métier ; c'est pourquoi, elle le remerciait profondément
sans épargner ses mots de gratitude.

En relisant la lettre, il nous semble que la duchesse (ou son secrétaire) force
la flatterie peut-être pour effacer le souvenir de quelque ressentiment du peintre.

La durée du séjour de Zanetto aux Pays-Bas peut être évalué à deux ans
environ. Arrivé au printemps de 1461 – peu avant le 11 ou 15 mars –, Zanetto re-
partit au printemps 1463 puisqu'il arriva avant le 7 mai 1463 à Milan. L'impact
de son apprentissage sur ses œuvres reste un problème. Les tentatives de lui attribuer l'un ou l'autre tableau n'a jusqu'à présent abouti à aucun résultat.

Les souvenirs littéraires concernant les disciples

Hans Memlinc – Quelques écrits du XVIe siècle font état de la visite de certains apprentis dans l'atelier de van der Weyden, attirés sans doute par la réputation du maître et désireux d'apprendre la si fameuse technique des peintres
flamands. Ainsi, Vasari (1550) raconte que *Ruggieri* nommé à cette occasion *da
Brugia* livra les secrets de la peinture à l'huile à un certain Ausse, secrets qu'il tenait lui-même de Jean de Bruges. Dans le chapitre XXI *"Del pingere in olio"*, il appelle ce peintre : *Ausse, creato di Ruggieri* et dans la biographie d'Antonello da
Messina : *Ausse, suo scolare*. Guichardin (1567), également, parle de *Hausse suo
scolare* mais cette fois en relation avec *Rugieri vander Weiden di Bruselles*. On considère généralement qu'il s'agit ici de Hans Memlinc qui se serait fixé à Bruges
après la mort de van der Weyden. Il n'est pas exclu que certaines œuvres attribuées depuis le XIXe siècle, par certains auteurs, à Rogier soient en fait dues à
Memling. Ce pourrait être le cas pour la *Déploration* des Offices (Florence), si
on s'appuyait sur l'attribution formelle du retable de Careggi à "Ausse" par Vasari et Guichardin (Dhanens, 1989, 69-71).

Martin Schongauer – Dans sa lettre à Vasari, Lambert Lombard (1565) raconte qu'un *Bel Martino* travaillait à la manière de *Rogiero, suo maestro,* mais n'arrivait pas à rendre les coloris remarquables de ce dernier. Par Beau Martin, Lambert entend Schongauer et donne un témoignage tardif qui s'inscrit dans la comparaison entre l'ancienne manière de peintre des Flamands et celle de romanistes. Ami de Lampsonius, Lombard avait certainement entendu parler de Rogier. Schongauer pourrait-il avoir été élève de Rogier comme Jean Memlinc ou Zanetto ? Sa date de naissance n'est pas connue de manière précise, mais ce troisième fils d'une famille établie à Colmar doit être né vers 1450 comme on l'admet généralement de nos jours. Un apprentissage chez Rogier, mort en 1464, est donc fort improbable. Schongauer aurait pu visiter plus tard l'atelier de Rogier peut-être tenu alors par sa femme et son fils.

D'après son œuvre, il est certain que Schongauer visita les Pays-Bas, qu'il vit les œuvres flamandes et les copia. On situe généralement son voyage vers 1468-1469. Sans doute était-il un apprenti qui voyageait, car il rencontra probablement Hugo van der Goes à Gand. On ne peut pas compter Schongauer parmi les propres élèves de van der Weyden, mais il faudrait réétudier l'influence réelle de Rogier sur l'œuvre du Beau Martin (P. Bégueria, 1991).

Il n'est pas non plus plausible que le peintre Michel (c'est-à-dire, Michel Sittow) fut – d'après l'idée de Felipe de Guevara (vers 1535) – élève de Rogier ; c'est inacceptable chronologiquement.

La survivance de l'atelier de van der Weyden

L'atelier de van der Weyden, continué par sa veuve et par son fils, Pierre, puis par les trois ou quatre générations suivantes, est sans doute une indication de l'excellence de son organisation. La famille formait une réelle dynastie d'artistes. Après Rogier, on trouve son fils Pierre (1437-après 1510 ou 1514), son petit-fils Gossuin (1465-après 1538) et son arrière-petit-fils Rogier II (vers 1505-après 1538). L'atelier s'était entre-temps déplacé vers Anvers dont le marché était plus prometteur grâce au développement économique de la ville. La dynastie se serait alors continuée par les femmes, par Catherine, épouse du peintre Lambert Ricx (arbre généalogique avec des données complémentaires dans Pinchart, 1867, 470 et Destrée, 1930, 77). La continuation de l'atelier s'appuyait certainement en grande partie sur la renommée de Rogier et sur la grande quantité de modèles, dessins et projets qu'il avait laissés. Son petit-fils Gossuin peut à juste titre se prévaloir de la gloire de son grand-père sur l'inscription du retable destiné à l'église abbatiale de Tongerlo (1535). Pour honorer l'ancêtre, la famille a peut-être transmis de nombreuses données qui sont finalement parvenues par des chemins détournés jusqu'à Carel van Mander.

RICHESSE ET GLOIRE

L a richesse et la gloire ont accompagné Rogier durant près de trente ans. Van Mander termine sa *Vita* par ces mots : *en is tot grooten rijckdom ghecomen.* La réalité de cette richesse acquise par le peintre s'est vérifiée par la découverte des archives dès le XIXe siècle.

Les revenus de Rogier

Les données concernant les rémunérations des peintres pour leurs travaux sont rares. Les historiens de l'art y ont d'ailleurs rarement accordé de l'importance. Pourtant les paiements pour des travaux exécutés pour le service public étaient consignés dans les comptes, mais encore faut-il qu'ils soient conservés. On possède aussi pour un certain nombre de contrats – entre autres pour Gand – des données très concrètes concernant les paiements et les gratifications complémentaires. On possède aussi quelques rares annotations concernant les prix d'œuvres exécutées pour le secteur privé. Ainsi, pour le retable de l'*Agneau mystique*, on sait par Hieronymus Münzer, qui, sans doute répète ce qu'il a entendu sur place, que le peintre qui avait achevé le travail – c'est-à-dire Jean van Eyck – avait reçu 600 couronnes en sus du contrat. Cette somme illustre sans doute autant la magnificence du commanditaire que la considération qu'on avait pour le peintre et que la valeur de l'œuvre elle-même.

Pour Rogier van der Weyden, on connaît une somme (500 ducats), peut-être légendaire, rapportée par Summonte (1524) dans la lettre où il raconte que le roi Alphonse III d'Aragon avait payé fort cher des toiles peintes par Rogier. La révélation de ce prix devait mettre l'accent sur la valeur et la considération qu'il fallait attacher à l'œuvre. Si on admet que ce témoignage est exact, il montre que Rogier pouvait atteindre de hauts revenus grâce à ses œuvres et les avait obtenus tôt. La loi de l'offre et de la demande était courante et sans limite.

Les rémunérations perçues par Rogier de l'administration de la ville de Bruxelles ne sont pas connues à part l'attribution de tissu pour la confection d'un costume (vers 1440). Les comptes de l'époque ne sont pas conservés. On ne sait pas si le peintre avait des émoluments fixes ou s'il était payé suivant ses prestations. Mais, étant donné l'état critique des finances de la ville qui entraîna les économies drastiques grâce auxquelles nous connaissons les fonctions de Rogier (1436, 2 mai), ces rémunérations n'étaient sans doute pas très élevées et certainement pas suffisantes pour expliquer la richesse du peintre. Celui-ci a pu être largement dédommagé par la réputation qu'il s'était faite par son œuvre – les tableaux de justice de l'hôtel de ville – et par la valorisation que cette réputation lui a fournie pour d'autres commandes.

On connaît trois paiements extraits de la comptabilité ducale. Il sont dus chaque fois pour la polychromie de sculptures (1439-1440, 1458-1459, 1461-1462). Des documents d'archives font état de revenus perçus à Nivelles (1441), Cambrai (1455-1459), Ferrare (1450 et 1451).

La richesse évidente de Rogier peu après son arrivée à Bruxelles permet de supposer qu'il a été attentif au côté économique de la production artistique. L. Campbell (1976) a étudié de près le commerce artistique aux Pays-Bas du Sud. Les exemples les plus importants datent des XVIe et XVIIe siècles ; l'auteur remarque avec raison qu'on ne connaît que peu de chose du commerce antérieur.

Les placements en rentes

Rogier a rapidement disposé de revenus suffisants pour pouvoir en placer une partie en rentes. La plus ancienne rente connue date du 21 octobre 1435 et porte sur une somme de dix livres inscrite à Tournai. Un an plus tard, 1436-1437, le peintre dépose son capital à Bruxelles. Ensuite, en 1441 et en 1442 à Tournai puis, en avril 1459, à nouveau à Bruxelles. Des paiements posthumes sont encore signalés en 1464 et 1476-1477 (Pinchart, 1867, 456). D'autres paiements, annuels ou bisannuels, interviennent encore en faveur de ses descendants jusque loin dans le XVIe siècle. Certaines rentes avaient été déposées au nom de sa femme ou de ses enfants.

Les données publiées à ce jour concernant les investissements de Rogier et leurs revenus ne sont certainement pas complètes. La rente en blé qu'il obtint pour avoir peint le portrait d'une reine ou d'un personnage important, comme le raconte Carel van Mander (1604), n'a pas encore été identifiée. Peut-être s'agit-il d'une tradition devenue légendaire et née de ses nombreux placements. Le peintre accorda également un prêt à la chartreuse de Scheut (15 mai 1462) qui lui rapportait aussi une rente.

Ces informations ne sont données ici qu'à titre indicatif. Il n'est pas de notre compétence d'évaluer le portefeuille ou la fortune de Rogier van der Weyden. Ce sujet relève de l'histoire socio-économique et pourrait intéresser un expert en comptabilité médiévale. On ne connaît en effet que rarement autant de données d'archives concernant les activités financières et les acquisitions d'artistes des Pays-Bas.

Les biens fonciers et le style de vie

Rogier van der Weyden possédait et habitait une maison assez grande située près du Cantersteen (Des Marez, 1936, 126). La propriété était grevée d'une rente au profit des pauvres de la paroisse Sainte-Gudule (1444 et après 1464). La description de la maison indique qu'elle s'ouvrait par un grand portail et qu'elle comportait une petite annexe. Au rez-de-chaussée se trouvait une salle à manger dans laquelle on put se réunir à l'occasion d'un mariage (1453). Un atelier, qui devait être assez grand, attenait certainement à la maison, ce qu'atteste le grand portail. Malgré l'image incomplète que l'on peut se faire de la demeure de l'artiste, elle fait songer à une prospérité et un style de vie comparables à ceux d'un Rubens.

L'éducation des enfants du peintre fut l'objet de soins. Le fils aîné, Corneille, étudia à l'université de Louvain avant d'entrer à la chartreuse de Herne-lez-Enghien où il fit sa profession en 1449 et mourut en 1473. Les deux plus jeunes fils restèrent dans le métier : Pierre, peintre, reprit l'atelier de son père, et Jean devint orfèvre. Marguerite était déjà décédée en 1450 ou 1452.

Le voyage à Rome peut aussi témoigner de son niveau de vie (voir plus haut). Rogier était membre de la confrérie de la Sainte Croix (1462) et remplissait des fonctions de responsabilité dans diverses institutions charitables (1455-1456). Ces fonctions faisaient partie de ses devoirs de bourgeois et reflétait sa position sociale suivant les normes de l'époque.

Les fondations et les donations

Lampsonius (1572) fait allusion à la générosité avec laquelle Rogier dispensait les biens acquis par son pinceau. Mais c'est surtout Carel van Mander qui a créé une solide tradition à propos de ses nombreuses aumônes : *[...] heeft den armen veel aelmossen bestelt*. Des auteurs plus tardifs ont repris ces informations et les ont parfois amplifiées (Sandrart, 1675 ; Bullart, 1682), parfois minimisées (Pinchart, 1867, 478).

Le testament de Rogier qui aurait peut-être contenu des informations précises à cet égard n'est malheureusement pas conservé. Des documents d'archives signalent cependant des dons faits au profit des pauvres des paroisses de Sainte-Gudule ou de Notre-Dame-de-la-Chapelle (après 1464). On connaît aussi des dons aux chartreuses de Herne et de Scheut. Les libéralités accordées lors de la profession de son fils, Corneille, s'élevaient à un total de 400 couronnes (rappel après 1464 et complément en 1477). Rogier avait aussi offert des œuvres d'art aux deux couvents.

Enfin des messes anniversaires à Saint-Jacques-sur-Coudenberg et à Scheut et une messe hebdomadaire impliquaient aussi des compensations financières. Les aumônes du peintre n'ont certes pas toutes fait l'objet d'une attestation écrite.

On constate donc que la générosité de Rogier était en rapport avec sa richesse, qu'il exerçait les vertus bourgeoises, faisait montre de solidarité et se préoccupait de son propre salut. Il ne faut ni exagérer ni taire ces éléments. Sa générosité était sans doute le reflet d'un certain goût pour la *grandezza*. On peut la comparer à celle de Gérard de Stoevere à Gand qui fonda un hospice à la Hoogpoort (avant 1419).

Le décès, le tombeau et l'épitaphe

La date du décès de Rogier van der Weyden est certaine. De nombreux documents certifient l'année : 1464. L'obituaire de Saint-Jacques-sur-Coudenberg, la fondation d'anniversaires, le service pour le repos de son âme à Tournai l'attestent. On a douté du jour exact : 16 ou 18 juin. Mais, grâce à la sagacité de Placide Lefèvre (1931), la date du 18 juin a été confirmée.

À Tournai, le coût des "chandelles" destinées au service offert par la gilde des peintres et placées sur l'autel de saint Luc apparaît dans les comptes. Ce type de paiement est unique dans les archives de la gilde. Le texte demande à être interprété. S'agissait-il d'un signe de respect particulier envers le peintre décédé ? Ou cela signifie-t-il que personne ne s'était offert sur place à couvrir les frais des bougies ? Dans le texte, on précise que Rogier était né à Tournai, mais habitait Bruxelles, comme si c'était là la cause du paiement à charge de la communauté. Comme membre de la gilde, Rogier avait droit à ce service dans la chapelle des peintres.

Le tombeau du peintre se trouvait dans l'église Sainte-Gudule à Bruxelles, devant l'autel de sainte Catherine dans la chapelle élevée au nord-est du déambulatoire. Cette chapelle fut démolie en 1533 et remplacée par la chapelle du Saint-Sacrement. Le tombeau fut recouvert d'une pierre bleue sur laquelle se trouvait un mort : *een blauwen steen daer een doye op staat* (1464). On y avait fait une tombe figurée comme auparavant pour Hubert van Eyck. Malheureusement, personne n'a noté l'épitaphe qui se trouvait sûrement sur la dalle. La pierre n'a pas été retrouvée ; on ignore donc si le texte publié par Sweertius (1613) se trouvait sur la dalle ou sur un autre support plus éphémère comme un parchemin ou un panneau ainsi qu'il était d'usage pour les poèmes de circonstances. Pinchart (1867, 451) pense que le texte tel que l'avait publié Sweertius (1613) n'était pas contemporain et aurait été placé peu après la destruction du tombeau au XVIe siècle. Cette opinion est cependant en contradiction avec le texte lui-même qui commence par : *Exanimis saxo recubas, Rogere sub isto* (Rogier gît sans vie sous cette pierre). L'utilisation du latin ne peut pas être une objection à dater le texte de peu après le décès du peintre, qu'il se soit trouvé sur le pierre elle-même ou sur une épitaphe à proximité immédiate du tombeau.

Le texte commémoratif placé à l'hôtel de ville près des célèbres tableaux de justice prend aussi un sens funéraire. Il n'est connu que par une copie dans un manuscrit du prieuré de Groenendael datant de la fin du xve ou du début du xvie siècle, mais il semble se référer directement à la mort récente du peintre : *corpore defunctum* (après 1464). On pourrait croire qu'un religieux de ce couvent est responsable aussi bien du texte du tombeau que de celui de la plaque commémorative.

La renommée de Rogier van der Weyden

Toute la littérature artistique en Europe est là pour témoigner de la gloire de Rogier. Nous nous sommes efforcée de citer les extraits en bonne place. Nous aimerions pourtant reprendre ici quelques-unes des louanges marquées par le goût de l'époque, du lieu où elles naquirent et de la personne qui les profère.

L'avis d'un contemporain, Nicolas de Cuse (1451-1452) : *Rogeri maximi pictoris.* L'opinion des principaux humanistes italiens qui s'intéressaient de près à sa personne et à son œuvre, Facius (vers 1456) : *Rogerius gallicus insignis pictor,* ou Cyriaque d'Ancône (1449-1450) : *pictor decus.*

Des personnages furent en rapport direct avec le peintre comme Zanetto Bugatto ou la cour de Milan (1460-1463) : *pictore nobilissimo, nobili viro dilecto magistro Rugerio.*

Après sa mort, on dispose du texte gravé dans la plaque commémorative à côté des tableaux de justice : *Rogeri notabilissimi pictoris* (après 1464) et de celui de son *obiit* (1480) : *pictoris eximii.*

Au début du xvie siècle, Rogier est repris dans la liste (1504-1509) dressée par Jean Lemaire de Belges, historiographe de Marguerite d'Autriche. Ce qui avait presque valeur d'une canonisation laïque. Dürer (1520-1521) le nomme, sobrement, un *groß Maister.* Dans le courant du siècle, les impressions s'alignent sur sa réputation déjà bien établie : *lo famoso maestro Rogerio* (Summonte, 1524). Ou le *pittor antico celebre* (Michiel, vers 1530). Enfin, *Maistre Rogier, painctre de grand renom,* dit la légende placée à côté de son portrait dans le *Recueil d'Arras* (vers 1565). Enfin, rappelons le *magno y famoso Flandresco* du petit *Retable de Miraflores* relevé par Ponz (1783).

En 1572, la renommée de Rogier est assurée pour l'avenir lorsque son nom et son portrait sont édités dans la série des *Pictorum aliquot celebrium Germaniae inferioris effigies* édité par Hieronymus Cock à Anvers. La gravure était accompagnée d'une dizaine de lignes d'éloge de Dominique Lampsonius, le même qui, aux dires de van Mander, se serait exclamé : "Quel homme pouvait-il être !" devant les tableaux de justice : *O Meester Rogier, wat een man sijdy geweest* (1604).

Au xviie siècle, les superlatifs ont subsisté comme le *celeberrimo* qu'on retrouve souvent (Colvenerius, 1605 ; Sweertius, 1613 ; Christyn, 1677 ; De Vaddere, 1691) ou le *famosissimo* (Christyn, 1677).

Au xviiie siècle, le peintre est traité avec plus de réserve : "un des plus célèbres peintres de son siècle" d'après la citation de son épitaphe (1743,

Bruxelles). On trouve aussi de *vermaerden schilder* (Rombaut, 1777). *He made himself memorable*, écrit Pilkington en 1770. Florent Le Comte partage le même avis sans doute lorsqu'il l'introduit dans son *Cabinet* (1699) où il traite des peintres "qui se sont acquis de la réputation".

À Tournai, sa ville natale, les textes ne contribuent pas à la renommée de Rogier, aucune tradition à propos de son œuvre ou de lui-même ne subsiste. Après l'extinction des bougies du service célébré à sa mémoire, le souvenir du peintre a été perdu et son nom est tombé dans l'oubli. Lorsque, vers 1482, on transcrivit dans un nouveau registre les noms d'anciens peintres copiés à partir de l'ancien registre des peintres, on reprit le nom de Rogier de le Pasture. La formulation utilisée n'apporte aucun élément de reconnaissance à côté de son nom. Rien n'indique qu'un lien ait été établi entre ce Rogelet, Rogier de le Pasture (1427, 1432) et le fameux peintre Rogier van der Weyden.

Cent ans après sa mort, le nom de Rogier était inconnu dans les milieux artistiques de Tournai. Lors du séjour dans cette ville, en 1568-1569, du jeune Carel van Mander, accompagné de son maître Pieter Vlerick de Courtrai à qui on passa commande, personne ne lui a parlé de Rogier. Nulle part, dans la ville, van Mander n'a vu de tableaux remarquables de qui que ce fût. Par opposition avec ce qu'il a noté dans les autres villes ou retenu dans ses souvenirs et cité dans son *Schilderboeck*, il n'a rien vu à Tournai.

Dans la littérature topographique sur Tournai, on ne trouve aucune annotation concernant Rogier, alors qu'ailleurs aux Pays-Bas et en Europe son souvenir restait vivant.

Ici s'achève notre promenade dans le passé à la recherche de van der Weyden. D'excellents témoins et des témoignages nombreux nous ont aidée à interpréter les traces du personnage, de sa vie et de son œuvre. Tout n'est pas dit assurément. Mais nous espérons au moins avoir redressé certaines erreurs et ouvert de nouvelles perspectives.

Publication des sources

Cet ensemble de documents constitue un corpus aussi complet que possible des extraits et des citations dans lesquelles apparaît le nom de van der Weyden. On y a joint des textes importants sur le sujet traité. Ces documents s'étendent jusqu'à la fin du XVIIIᵉ siècle. Ils sont rangés par ordre chronologique. On y fait référence dans le texte en mentionnant la date, accompagnée du nom de lieu (pour les archives), du nom de l'auteur (pour les sources littéraires), parfois d'un mot-clé de manière à faciliter la consultation. Les textes ne sont pas numérotés. Il est très possible que d'autres recherches livreront de nouvelles sources.

Les archives sont choisies de préférence d'après la plus ancienne publication, ou suivant une publication plus récente si celle-ci corrige une faute essentielle (comme par exemple pour le retable de Cambrai, 1455-1459). Les variantes de transcription ne sont pas discutées si elles ne portent pas atteinte au sens. Il n'a pas été possible de collationner les textes d'archives (les archives de la ville de Tournai ont été détruites en 1940), ni de compléter les références sauf pour quelques manuscrits conservés à la Bibliothèque royale à Bruxelles (1462, 1691).

En ce qui concerne les citations littéraires, nous les avons mentionnées dans une certaine limite. Seules les informations jugées utiles ont été publiées. On s'est fié dans une grande mesure à l'historiographie. Les textes peuvent être consultés selon les souhaits de chacun.

La plupart des transcriptions – souvent très étendues – concernant les tableaux de justice ont été écartées. L'iconographie n'est pas le sujet principal de notre étude.

Rogier de le Pasture –
van der Weyden
Les Sources

Publication des sources

1426 Tournai

1426, novembre 17. – Tournai. Le magistrat a offert un vin d'honneur à *maistre Rogier de le Pasture.*

Registre des comptes d'entremise, 1425-1426, fol. 45, fourniture Jehan Pouret. Item le xvij[e] jour dudit mois [novembre 1426] *à maistre Rogier de le Pasture IIII los.*

Registre des comptes d'entremise, 1426-1427, fol. 46, fourniture Pietre Ongheriet. Item le xvij[e] jour de novembre ensuivant (1426) à maistre Rogier de le Pasture III los.

> Tournai, archives communales (détruit en 1940). Publié par
> M. Houtard, 1907, 32 ; J. DE SMET dans E. RENDERS, 1931, I, 172,
> note 18.

1426-1428 Tournai

1426-1428. – Tournai. Paroisse Sainte-Marguerite. *Rogier le pointre* **mentionné aussi comme** *ung pointre nommé Rogier demourant en le rue Saint-Martin* **est payé pour la dorure et la polychromie de statues et d'autres éléments de l'église.**

(119) item a Rogier le pointre pour son sallere d'avoir doré les deux ymages sainte Margherite, a esté payé 6 couronnes – 42 gr. pour le couronne – valent a monnoye de ce compte 7 lb. 8 s. 2 d.

(120) item a un pointre nommé Rogier demourant en le rue Saint Martin, pour son sallaire d'avoir doré ladite croix [du clocher] *5 couronnes d'or au pris dessusdit* [= 45 gr. la pièce]*, valent 6 lb. 15 s.*

(123) item a Rogier le pointre, pour son sallere d'avoir repoint et reparé le ymage sainte Onnestaise en ladicte eglise, 40 s.

> Publié par J. DUMOULIN et J. PYCKE, 1993, 298.

1427 Gand

1427. – Gand. Rogier le pointre a livré trois écus armoriés pour le conseil de Flandre.

Item a Rogier le pointre pour avoir fait trois escuchons de pointure, l'un armoyez des armes de l'empereur, l'autre des armes de Monseigneur le duc et le tiers aux armes de Flandres lesquels ont miz oudit siège en ordre, valent xij s.

> Cité par A. WAUTERS, 1855-1856, p. 12, avec la référence :
> Comptes des exploits du conseil de Flandre à Gand (archives du
> royaume), reg. n° 21, 802. Texte dans J.A. CROWE et G.B.
> CAVALCASELLE, trad. O. DELEPIERRE, Notes et Additions, t. II,

> Bruxelles, 1863, p. cxxix, en note, avec la référence : Chambre des
> Comptes, reg. 21802.

1427 Tournai

1427, mars 5. – Tournai. Inscription de *Rogelet de le Pasture* **dans l'atelier de Robert Campin, d'après le registre des peintres, circa 1482 [voir 1482].**

1432 Tournai

1432, août 1er. – Tournai. *Maistre Rogier de le Pasture* **a obtenu le titre de "franc maître" d'après le registre des peintres, circa 1482 [voir 1482].**

1432-1433 Tournai

1432-1433. – Tournai. Paroisse de Sainte-Marguerite. *Maistre Rogier le pointre* **est payé pour la peinture et la dorure d'œuvres d'art.**

(198) a maistre Rogier le pointre, pour avoir point et doré de le vie saint Fiacre, le table d'autel de ladite chappelle Sainte-Venisse, avec repoint ladite sainte Venisse et saint Ghillain, pour tout ce 14 lb.

(200) audit maistre Rogier le pointre, pour avoir point et doré les foelles de le table du grant autel par marchiet fait a lui, 17 lb. 12 s. 11 d.

(201) a lui pour avoir point et doré le orbe voye devant sainte Venisse, et pour une sainte Ourse deseure l'uis de ladite chapielle sainte Venisse, 30 s.

> Publié par J. DUMOULIN et J. PYCKE, 1993, 305.

1434-1435 Tournai

1434-1435. – Tournai. Paroisse de Sainte-Marguerite. *Rogier le pointre,* **aussi appelé** *Mestre Rogier le pointre,* **est payé pour diverses réparations, dorure et peinture dans l'église.**

(229) a Rogier le pointre, pour avoir remis a point une mittre et le croche servant as clers jones a faire le saint Nicollay, dont le croche fu toute doree nouvielle comme il puet apparoir, 8 s. 2 d.

(230) a mestre Rogier le pointre, pour avoir doret et estoffet les deux tabernacles seans sur le grant autel ou coer, par la maniere qu'il appert ; c'est assavoir l'image de Notre Dame doré d'or brunit, et le istore de Notre Dame faitte de pourtraiture ens es wisseries ; et l'image de sainte Marguerite parellement dorée ; et

le vie de sainte Marguerite ens es wisseries ; et tout doret d'or
brunit tous le gros menbres, crestes et pillers comme il appert,
pour che payet audit Rogier, 36 lb.

(233) audit mestre Rogier pointre, pour avoir restoffé par dehors les
wisseries de le table d'autel du cuer qui estoient paravant de
vermillon, elle est de present d'asur estincelee de fleur de lis, et
tabernacles par deseure les aposteles. Et pour avoir doret et
réparé les crestes et aucuns pillers servant a ladicte table, 15 s.

(234) pour grasse faitte as compagnons pointres de le maisnie
Rogier, a che qu'ils fuissent deligent de bien akevier le desusdit
ouvrage, 3 s. 6 d.

> Publié par J. DUMOULIN et J. PYCKE, 1993, 309.

1435 Tournai

1435, octobre 21. – Tournai. Inscription d'une rente au profit de Rogier de le Pasture, de sa femme et de deux enfants

Au xxjᵉ jour d'octobre (1435). – A maistre Rogier de le Pasture,
pointre, fil de feu Henry, demorant à Brouxielles eagié de xxxv
ans, et demoiselle Ysabel Goffart, fille Jehan, sa femme, eagié
de xxx ans : x livres.

A Cornille de le Pasture et Marguerite, sa suer, enffans dudit
maistre Rogier, qu'il a de ladite demisielle Ysabiel, sa femme,
ledit Cornille eagié de viij ans, et ladite Marguerite de iij ans :
c solz.

> Retranscrit dans le livre des rentes de 1443, 1459, 1468 ;
> A. PINCHART, 1867, 434- 436 ; cfr. J. DESTRÉE, 1930, 58-59, *fac*
> *simile*. Font partie des comptes de 1477, voir A. PINCHART,
> 1867, 456, notes 1 et 2.

1436 Bruxelles

1436, mai 2. – Bruxelles. Décision du magistrat de la ville de réduire les dépenses ; e.a. après la mort de *Meester Rogiers*, on ne nommera plus de nouveau peintre de la ville.

Item, dat men na meester Rogiers doet gheenen anderen scilder
aennemen en sal.

> A. WAUTERS, 1846, 131 note 2 ; A. PINCHART, 1867, 446 note 1,
> avec la référence : archives communales, *Het Roodt Statuet Boeck*,
> fol. CXXVV [sic] ; Cfr. IDEM, 489, note 1, avec la référence :
> fol. CXXV [sic]. Autre transcription dans *Het Perquement Boek*
> *mette taitsen*, fol. 59. J. DESTRÉE, 1930, 60, *fac simile*.

1436 Tournai

1436, octobre-novembre. – Tournai. *Maistre Rogier le pointre* est payé pour le dessin de deux personnages.

A maistre Rogier le pointre, pour son sallaire et desserte d'avoir, en
ung foellet de papyer, point deux personnages à cheval, l'un du
Roy de France et l'aultre du Roy d'Arragon, en la fourme et
*manière que ilz estoyent poins en le paroit qui faisoit ressens ***
de le halle des juréz et de le salle de ladite halle où on a fait, au
lieu de ladite paroit, ung pignon de bricque, adfin d'avoir le
pattron desdits personnages pour iceulx poindre chy apriès, se
on volloit, audit pignon de bricque, comme ilz estoyent
paravant, pour ce par marchié à luy fait, 6 s. 6 d.

> A. DE LA GRANGE et L. CLOQUET, 1889, II, 270, sous Rogier
> WANEBAC ; J. DE SMET dans E. RENDERS, 1931, 160.
> * peut-être erreur pour "refend".

1436 Tournai

1436. – Tournai. *Maistre Rogier le pointre* est payé pour la dorure du texte de l'épitaphe de Jean de Bury dans l'église Saint-Quentin.

A maistre Rogier le pointre, pour sa déserte d'avoir doret d'or mat
les lettres nouvelles faictes audit tabliel de la datte du trespas
dudit deffunct, 7 s.

> A. PINCHART, 1882, 611 ; J. DE SMET dans E. RENDERS, 1931,
> 160 ; P. ROLLAND, 1932, 14 note 2.

1437 Tournai

1437. – Tournai. *Maistre Rogier le pointre* est payé pour la polychromie d'armoiries.

A maistre Rogier le pointre, pour son sallaire et deserte d'avoir
point à coulleur à olle ledit escut, et doré de fin or mat lesdites
trois fleurs de lis et couronne estans audit escut, 30 s.

> A. DE LA GRANGE et L. CLOQUET, 1889, II, 270, sous Rogier
> WANEBAC ; J. DE SMET dans E. RENDERS, 1931, 160 ;
> P. ROLLAND, 1932, 14.

1436-1437 Bruxelles

1436-1437. – Bruxelles. Paiement de rentes à *Rogier van der Weyden* et à sa famille.

*Rogier Van der Weyden, zoen was Heinricx, ende Rogier * zyn*
soene, die men jairlicx sculdich is te haren live, als boven, vij
riders, half te Kersmesse ende half te Sinte-Jansmisse ; dairom

hier van Kersmesse, by quitantie : iij 1/2 riders.

*Deselve Rogier, ende Magriete, zyn dochter, die men jairlicx sculdich
is te haren live, als boven, vij riders, half te Kersmesse ende half
te Sinte-Jansmesse –, dairom hier van Kersmesse, by quitantie :
iij 1/2 riders.*

*Deselve ende Lysbeth, zyn wyf, die men jairlicx sculdich is te haren
live, als boven, xij riders, half te Kersmesse ende halve te Sinte-
Jansmesse : dairom hier van Kersmesse, by quitantie : vj riders.*

> A. PINCHART, 1867, 439 avec référence : Archives générales du
> royaume, reg. n° 4173, Chambre des Comptes, 1436-1437, sans
> folio.
>
> *erreur pour Corneille, cfr. A. PINCHART, 1867, 459.

1439 BRUXELLES

1439. – Bruxelles. Date accompagnant la signature de
Rogier van der Weyden sur les tableaux de justice dans
l'hôtel de ville d'après la transcription de Dubuisson-
Aubenay (voir 1623-1628).

1439-1440 BRUXELLES

1439-1440. – Bruxelles, église des Frères mineurs. *Meester
Rogier,* peintre, a peint un mémorial en pierre représentant
Notre-Dame et la duchesse de Brabant et de Gueldre,
œuvre de Jean van Evere, et a peint sur les volets les
armoiries de Philippe le Bon et d'Isabelle de Portugal.

*Meester Rogier, schildere, omme de voirschreve taeffele te stofferene
van diversen rikeliken veruwen met vorwerden yegen hem
gemaict xl riders, te 1 grooten vleems 't stuck, comende
voirschreven partien t'samen, als 't blyct by Mynsvoirschreven
Heeren openen brieven, gegeven xix in januario xiiijc xxxix,
hiermit quitancie van den voirschrevene Janne van Evere,
brueder Andriese ende meester Rogiere, elken van sinen
aengedeelte…*

*Meester Rogier, schildere, om te hebbene, ter ordinantie van
Mynenheere, gemaict die devisen van Mynenheere ende
Mynrevrouwen den hertogynnen aen de veynstere dair men met
slut in der kercken van den minderbruederen, te Bruessel, die
pourtraiture die Mynvoirschreven Heere dair heeft gedaen
maken, by voirwairden mit hem overcomen, om vl liv.*

> A. PINCHART, 1855, 130 ; IDEM, 1860, I, 115-116, avec le texte
> complet du mémorial ; J. DESTRÉE, 1930, 64, avec la référence :
> Bruxelles, Archives générales du royaume, Chambre des

Comptes, reg. 2411-2412, fol. 87.

CA. 1440 BRUXELLES

Ca. 1440 – Bruxelles. Décision prise par le magistrat de la
ville à propos des costumes des employés communaux. À
meester Rogier est attribué un tiers de pièce de drap.

*Item, selen hebben de geswoerene knapen van der stad ende meester
Rogier een derdendeel van eenen lakene, tweerande varwe
daeraf huer rechte zyde altoes syn sal gelycker varwe van de
clercken, ende die selen de voirseyde knapen altoes setten op
huer rechte zyde.*

> A. WAUTERS, 1846, 131 note I avec la référence : archives
> communales, *Perkement Boek mette taetsen,* fol. 23 ;
> A. PINCHART, 1867, 447 note I.

1440 BRUXELLES –TOURNAI

1440, avril 10, Bruxelles, et 1441, août 9, Tournai. La
procuration accordée par le magistrat de la ville de
Bruxelles à *Rogier de le Pasture, nostre bourgois et manant,* en
relation avec la tutelle de sa nièce est traduite à Tournai et
validée.

*À tous ceulx qui ces présentes lettres verront ou oiront,
bourghemaistres, eschevins et conseil de la ville de Brouxelles,
Salut. Savoir faisons que pardevant nous est personnellement
venus et comparus Rogier de le Pasture, nostre bourgois et
manant, soy disant tutteur et curateur de Hennette
Caudiauwe, fille de feu Ernoul, qu'il eubt de feue Jehenne de le
Pasture, sa femme, laquelle fu seur germaine audit Rogier…
10 avril 1440 selon la coustume d'escripre de la court de
Brabant. (vidimé, Tournai, 9 août 1441).*

> A. DE LA GRANGE et L. CLOQUET, 1889, 97-98 ; J. DESTRÉE,
> 1930, *fac simile,* pl. 7.

1441 TOURNAI

1441, septembre 15. – Tournai. Rente viagère, voir 1442,
mars 15.

1441 BRUXELLES

1441. – Bruxelles. Visite de notables à l'hôtel de ville
suivant une copie des comptes de la ville, ca. 1628.

*1441. In de rekeninghe van den Jaere 1441 eyndende, cost
ghedaen op den stadthuyse met joncheer Daniël van Bouchout,*

met joncvrouwe Johannen van Beverwerde ende met hueren
gheselschape, doen sy der stadt tavereel quamen sien, een gelte
wyn ende fruict, costen 1 st. ij d. gr. br.

   L. GALESLOOT, 1867, 478-479.

1441 NIVELLES

1441. – Nivelles. *Maistre Rogier le pointre de Bruxelles* **a peint le dragon de la procession.**

Aultres rendaiges en dispenses fais au cause del grande procession
medamme Sainte Gertrud qui fut le jour Saint Michiel
archangle l'an xli.

It, pour le dit draghon noviaul fait payet a ung ouverir iij
chevacheurs sans le pointure à pris de LXXV pl le chevacheur,
montant   iiCxxv pl.

It. a maistre Rogier le pointre de Bruxelles pour poindre le dit
draghon   xviii pl.

   J. DESTRÉE, 1930, 64, avec la référence : Bruxelles, Archives
   générales du royaume, Archives ecclésiastiques, comptes
   généraux du chapitre (Nivelles), carton 1848, compte de
   l'argentier pour 1441.

1442 TOURNAI

1442, mars 15. – Tournai. Inscription de rentes au profit de *Rogier de le Pasture*, **de sa femme et de ses deux plus jeunes fils.**

Au XVᵉ de mars. – A Rogier de le Pasture, pointre, demorant a
Brouxielles, accateur, aux vies de lui, eagié de xliij ans, et de
demisielle Ysabel Goffart, sa femme, acquis le xve jour de
septembre l'an mil iiijc xlj, à xij deniers le denier : c solz
tournois. Audit accateur, aux vies de lui et de Piéret de le
Pasture, son fil, eagié de iij [iiij] ans, acquis comme dessus : v
solz tournois.

Audit accateur, aux vies de lui et de Haquinet de le Pasture, son fil,
eagié de iij ans, acquis comme dessus.

   A. PINCHART, 1867, 436-437. Inscription concernant des
   paiements, IDEM, 437, 438, 462-468.

1444 BRUXELLES

1444 et années suivantes. – Bruxelles. *Rogier van der Weyden* **paye une rente annuelle sur sa propriété située près du Cantersteen.**

…

meester Rogier, scildere

…

meester Rogieren Van der Weyden

   A. WAUTERS, 1855-1856, 35 ; A. PINCHART, 1867, 473.

1445 MIRAFLORES

1445. – Miraflores près de Burgos. Le roi Juan II de Castille a offert à la chartreuse un petit triptyque attribué à *Magistro Rogel*, **d'après la notice de A. PONZ, 1783 (voir 1783).**

1446 BRUXELLES

1446. – Bruxelles, église des Carmes. Une peinture est attribuée à Rogier d'après la notice d'Antonius Sanderus, 1659-1660 (voir 1659-1660).

1449 BRUXELLES

1449. – Bruxelles. *Rogier van der Weyden* **est cité dans deux actes en tant que peintre de la ville et propriétaire d'une habitation à Bruxelles.**

…

een hoffstadt metten huysen… gelegen in der stadt van Bruessele
achter 'ts Cantersteen, tusschen den goeden nu tertyt
toehoerende meester Rogieren Van der Woyden [sic], potrateur
der stadt van Bruessele voirschreven…   (6 novembre)

…

tusschen den goeden nu tertyt toehoirende meester Rogieren Van der
Weyden, protatuer der voirschreven stadt van Bruessele…
(7 novembre)

   A. WAUTERS, 1846, 132 note 1, citation. A. PINCHART, 1867,
   472 note 2, texte donné in extenso avec la référence : Archives
   générales du royaume, reg. des biens du 7 septembre 1419 au
   19 août 1592.

1449-1450 CYRIAQUE D'ANCÔNE

1449-1450. – Ferrare. Cyriaque d'Ancône décrit une œuvre de *Rugerius Brugiensis/Rugerius in Bursella* **détenue par le duc de Ferrare (Lionello d'Este), qu'il avait pu voir le 8 juillet (1449).**

RUGERIUS BRUGIENSIS PICTOR DECUS

Rugerius, in Bursella post praeclarum illum brugiensem, picturae
decus, Joannem, insignis N. T. [nostri temporis] pictor

habetur, cujusce nobilissimi arfiticis manu apud Ferariam VIII
Iduum quintilium die N. V. P. A. III [Nicolai Quinti papae
anno III] *Leonellus, hestensis princeps illustris, eximii operis*
tabellam nobis ostendit, primorum quoque parentum ac e
suplicio humanati Jovis depositi pientissimo agalmate, circum
et plerumque virorum, mulierumque moestissime
deplorantium imaginibus, mirabili quidem et potius divina
dicam quam humana arte depictam. Nam vivos aspirare
vultus videres, quos viventes voluit ostentare, mortuique,
similemque defunctum, et utique velamina tanta
plurigenumque colorum paludamenta, elaboratas eximie ostro
atque auro vestes, virentiaque prata, flores, arbores et
frondigeros atque umbrosos colles, N. N [necnon] *exornatas*
portas et propylea auro, auri simile, margaritis gemmas, et
coetera omnia, non artificis manu hominis, quin et ab ipsa
omniparente natura inibi genita diceres.

> Publié dans G. COLUCCI, 1786-1792, XV, p. cxliii. Transcription
> d'après A. PINCHART dans CROWE et CAVALCASELLE, trad.
> O. DELEPIERRE, III, 1865, p. clxxviii.

1450 FERRARE

1450, août 15. – Ferrare. Paiement de Lionello d'Este à
Magistro Rogerio.

L. Marchio — Mandato Ill. mi ac excelsi domini nostri Leonelli
marchionis estensis, etc. vos factores generales ipsius dari
faciatis Paulo de Podio et pro eo Filippo Ambrosii et sociis
mercatoribus in Ferraria ducatos viginti auri quos dictus
Paulus solvit nomine prefati ill. mi domini nostri in Bruges
excelenti et claro pictori M° Rogerio pro aris et pro parte
solutionis nonnullarum picturarum quas ipse facere habuit
praefato domino nostro. Et de ipsa pecunie solution faciatis eas
scripturas per quas dinosci possit qua causa et cui pecunia sit
exoluta.

Philippus Bendidius scripsit XV augusti 1450. Habuit
mandatum.

> E. KANTOROWICZ, 1939-1940, 179, note 5, avec la référence :
> Modène, Archivio di Stato, Camera Marchionale Estense.
> Mandati. Registro dei Mandati dell'anno 1450, n° 10.

1450 FERRARE

1450, décembre 31. – Ferrare. Paiement dû par le duc (feu
Lionello d'Este) au Magistro Ruziero depinctore in Bruza,

pour une œuvre (non décrite).

E adi XXXI de decembre duc vincte doro per lei a Filippo de
Ambruoxi et compagni per nome di Paulo de Pozio de Bruza
per altri tanti che el deto Paulo pago a M° Ruziero depinctore
in Bruza per parte de certe dipincture de Io illu. olim nostro Sre
[Lionello] che lui faceva fare al detto M° Rozisro come per
mandato de la sua olim Signoria registrato al registro de la
camera de lanno presente a.c. 128 al Zornale de usita a.c. 33
vaglino a S. 48 per due. L. XLVIII.

> G. CAMPORI, 1875, 16. Texte moins complet dans J.A. CROWE
> et G.B. CAVALCASELLE, 1871,I, 514. Aussi dans A. VENTURI,
> 1884, 608, avec quelques différences de transcription et
> référence : Libro segnato M dell'anno 1450, aux Archivio di Stato
> à Modène.

1451 FERRARE

1451. – Ferrare. Mémoire des dépenses destinées au studio
du Palazzo Belfiore.

Duc. 20 d'oro a Filippo delli Ambrosi per tanti che fece pagare ad
un depintore in Abruza per le mane de Paulo poro de laura per
due figure chel deto Paulo fece fare in Abruza per uxo et servicio
predicto come per Mandato de Io illu. Nos. S. che appose
registrato nel registro della camera…

> J.A. CROWE et G.B. CAVALCASELLE, 2e éd. 1872, 208, note 3.
> Texte réduit dans C. CAMPORI, 1875, 16 avec la référence :
> Memoriale dei debitori e creditori dell' anno 1451 sotto la
> intitolazione di Spesa del Studio, aux Archivio di Stato à Modène.

CA. 1450-AVANT 1462 DECEMBRIO

Ca. 1450-avant 1462. – Ferrare. Considérations critiques
d'Angelo Decembrio au sujet de tapisseries. E.a. de
l'Histoire de Trajan, peut-être un exemplaire réalisé à partir
des tableaux de justice de Rogier van der Weyden.

Nam quid de pictorum ineptiis (sunt et inter eos quoque ut apud
librarios. ac scriptores ipsos errores) nec in parietibus solum
dixerim sed iis etiam uestibus quas parietibus appensas cernitis
ex transalpina gallia deductis. in quibus ipsi textores
pictoresque quanquam id operis genus multi sit artificii. de
colorum magis opulentia telaeque leuitate quam picturae
ratione contendunt. Ita uero Regali luxuriae et stultae
multitudini placent. cum in eis praesertim populaces ineptiae
depingantur ut hinc Traiani principes fictam historiam

cernitis eius filium manibus propriis occisum quod Viduae
filium interemisset alii autem pro defuncto eiusdem Imperatoris
filium mulieri substitutum At quis haec scribit historicus. Tum
ipsius parentis caput post saecula uiuenti rubentique adhuc
lingua compertum. quod uera semper locuta fuerit. ac
nonnulla de gregorio pontifice anilia dictu figmenta. quae sic
imperitis iactanda contigere. quod in eo principe mira constitit
Iusticiae pietatisque moderatio.

Transcription d'après M. BAXANDALL, 1963, pp. 316-317.

CA. 1450 TAPISSERIE

Ca. 1450-avant 1461. – Tapisserie de la collection de
Georges de Saluces, évêque de Lausanne (†1461)
reproduisant en réduction les tableaux de justice de Rogier
van der Weyden, réalisée sans doute dans un atelier
bruxellois.

BERNE, Historisches Museum, inv. n°. 2-5. Transcription des
inscriptions dans *Die Burgunderbeute*, 1969, 366, n° 242.

1451-1452 NICOLAS DE CUSE

1451-1452. – Bruxelles. Nicolas de Cuse visite l'hôtel de
ville de Bruxelles et relate dans son *De visione Dei* ses
souvenirs des tableaux de justice de *Rogeri maximi
pictoris*.

*Sed vos humaniter ad divina vehere contendo similitudine
quadam hoc fieri oportet. sed inter humana opera non reperi
ymaginem omnia videntis proposito nostro conventiorem. ita
quod facies subtili arte pictoria ita se habeat quasi cuncta
circumspiciat. harum et si multae reperiantur optime picte. uti
illa sagittarij in foro Nurinbergensi et bruxellis rogeri maximi
pictoris in praetiosissima tabula quae in praetorio habetur et
Confluentie in capella mea Veronice et Brixine in castro angeli
arma ecclesie tenentis. et multe alie undique. ne tamen
deficiatis in praxi. quae sensibilem talem exigit figuram.
Quam habere potui caritati vestre mitto tabellam. figuram
cuncta videntis tenentem. quam eykonam dei appello. hanc
aliquo in loco. puta in septentrionale muro affigetis.
circumstabitisque vos fratres pariter parum distanter ab ipsa.
intuebitisque ipsam et quisque vestrum experietur. ex
quocumque loco eandem inspexerit se quasi solum per eam
videri. videbiturque fratri qui in oriente positus fuerit faciem
illam orientaliter respicere et qui in meridie meridionaliter et*

qui in occidente occidentaliter.

H. KAUFFMANN, 1916, 15-16. Cfr. E. PANOFSKY, 1955, 394.

CA. 1452 BRUXELLES

Ca. 1452. – Bruxelles. Mention d'une peinture de *Meester
Rogier* dans l'église Sainte-Gudule.

*Wilhelmus de Masenzele, alias op den Gallois, leeght bij Sinte
Berbelen banck, onder eenen blauwen steen, met eenen ronden
compasse, boven heer Diericx van Heyckene steen ende syn
tafereel hanckt boven aen den pilaer, tegen Sint Bastiaen over,
dat Mr Rogier gemaeckt heeft.*

P. LEFEVRE, 1931, 240, avec la référence : archives de Sainte-
Gudule, reg. n° 1437, fol. 196 v°, Obituaire, sans doute copie du
XVIe siècle.

1453 BRUXELLES

1453, septembre 6. – Bruxelles. Rogier van der Weyden est
témoin d'un contrat de mariage qui fut conclu dans sa
maison.

*… Dit geschiede te Bruxelles in der woeningen van Meester Rogiers
van der Weyden, hierna bescreven, achter de stad geheten 't
Canterssteen gelegen, in eenre eetcameren aldair ter eerden
wesende… daer doen ter tyt by ende over waren de eersame ende
bescheydene persoen Meester Rogier van der Weyden,
voirscreven, Vrancke Van der Stoct ende Gielys Prieme geheten
in de Craye, briedere, poirters ende ingesetenen der stad van
Bruessel, als getuygen totter voirscreven zaken zunderlinge
geroepen ende gebeden.*

B. FRANKIGNOULE et P. BONENFANT, 1935, 141 n° 564.

1455-1457 BRUXELLES

1455-1456 et 1456-1457. – Bruxelles. *Meester Rogiere* est l'un
des "mambours" de l'infirmerie du béguinage.

Comptes du 10 mai 1455 – 15 mai 1456.

… ende Meester Rogiere…

Comptes du 15 mai 1456 – 14 mai 1457.

… Meester Rogiere ende…

E. FRANKIGNOULE et P. BONENFANT, 1935, 141, n° 570.

1455-1457 BRUXELLES

1455-1456 et 1456-1457. – Bruxelles. Meester Rogier van
der Weyden est "mambour" de la fondation "Ter Kisten"

au béguinage.

Comptes de la mi-mai 1455- mi-mai 1456.

… ende Meester Rogier

Comptes du 10 mai 1455 – 8 mai 1456.

… ende Meester Rogier van der Veeweyde…

Comptes du 15 mai 1456 – 14 mai 1457.

… Meester Rogier van der Weyden ende…

Fondation Margareta van Bogaerde, 29 novembre 1455.

… Meester Rogier van der Weyden.

Fondation Maria de Meyer, 29 novembre 1455.

… Meester Rogier van der Weyden.

Fondation Ida van der Smessen, 2 avril 1456.

… Meester Rogier van der Weyden.

E. FRANKIGNOULE et P. BONENFANT, 1935,141-142, n° 567,
569,571.

1455-1459 CAMBRAI

1455-1459. – Cambrai. *Maistre Rogier de le Pasture*
maistre ouvrier de paincture de Bruxelles a fait et livré un
triptyque sur commande de Jehan Le Robert, abbé de
Saint-Aubert.

Le XVIᵉ de juing l'an Lv, je Jehan abbé marchanday à maistre
Rogier de le Pasture, maistre ouvrier de paincture de Bruxelles,
de faire 1 tableau de v piez en quarrure à 11 huysseoires, de
telle devise que l'ouvrage le monstre. Se furent les devises faittes
à plusieurs fois et ossi il fist ledit tabliau de vi piez et demi de
hault et de v piez de large pour le bien de loevre, lequel tabliau
fut parfait à le Trinité l'an LIX, se cousta en principal IIIIˣˣ
ridders d'or de XLIII S. IIII d. la pièce, monnoye de Cambray,
dont il fu tous payez du nostre à plusieurs fois.

Se fu donné à se femme et à ses ouvriers quant on l'amena 11 escus
d'or de IIII livres xx d. t.

Se fu admenez cheens par le kar Gillot de Gongnelieu du Ronqer le
première sepmaine de juing l'an LIX, se cousta en voitues [sic]
à III chevaux, à fardeler, à Bruxelles en winages, cauchies, en
despens dudit carton et de Jennin de Montegni, clerc de cheens,
que y furent, ix lb. xv s. x d. t. et ii menc. d'avoine de xxii g. et
fu cheens admenez le viiiᵉ de juing LIX.

Item donné à Pierart Rencon, questier, Jehan Senvin, entailleur, et
Martin le voirier, pour avoir assis ledit tannelet en cuer sur
hestaux les XIXᵉ et XXᵉ de juing pour avoir ses vewes et pour
scavoir où on le porroit assir plus plaisamment, iiij par. pour

aller dejjeuner.

Item pour audit P. Remon [sic] le vie d'aoust LIX pour une repase
et une liste de bos mis et assis desoubz et deseure ledit tableau, 1
lyon d'or de LI S. t.

Item marchandé à Jehan Cachet, fondeur, de faire et assis 1
candeler de kevre à v candeleiz devant ledict tableau par le
manière qu'il est à veyr s'en heult par marquiet fait en tasque,
x escus de xx lb. t. payez le xviii d'aoust LIX.

Il fu depuis payet à Hayne jone pointre pour poindre autour dudit
tableau le liste et le deseure et jusques as cayères du cuer, LX
sous du nostre.

A. WAUTERS, 1855-1856, pp. 30-31, note 1, d'après la
transcription de A. PINCHART. Transcription erronée dans de
LABORDE, I, 1849, p. lix, erreur de lecture pour "à ii huystoires".

CA. 1456 FACIUS

Ca. 1456. – Naples. Bartholomeus Facius mentionne le
voyage à Rome de *Rogerius Gallicus* et lui consacre une
biographie.

GENTILIS FABRIANENSIS

… De hoc uiro ferunt cum rogerius gallicus insignis pictor. de quo
post dicemus iobelei anno in ipsum iohannis baptistae
templum accessisset. eamque picturam contemplatus esset.
admiratione operis captum auctore requisito. eum multa laude
cumulatum caeteris italicis pictoribus anteposuisse

…

ROGERIVS GALLICVS

ROGERIVS gallicus iohannis discipulus et conterraneus multa
artis suae monumenta singularia edidit. Eiusdem tabula
praesignis genuae in qua mulier in balneo sudans iuxtaque
eam catulus ex aduerso duo adolescentes illam clanculum per
rimam prospectantes ipso risu notabiles. Eius est altera tabula
in penetralibus principes Ferrariae in cuius alteris uualuis
Adam, et Eua nudis corporibus e terrestri paradiso per
angelum eiecti, quibus nilnil desit ad summam
pulchritudinem. In alteris regulus quisdam supplex. In media
tabula christus e cruce demissus, Maria mater, Maria
Magdalena, Josephus ita expresso dolore ac lacrimis ut a ueris
discrepare non existimes. Eiusdem sunt nobiles in linteis
picturae apud Alfonsum Regem eadem mater Domini
renuntiata Filii captiuitate consternata profluentibus lacrimis
seruata dignitate consumatissimum opus. Item contumeliae

atque supplicia quae Christus Deus noster a Judaeis perpessus est, in quibus pro rerum uarietate sensuum atque animorum uarietatem facile discernas. Bursellae quae urbs in Gallia est aedem sacram pinxit, quae est absolutissimi operis.

B. FACIUS, *De Viris illustribus*, Transcription d'après Michael BAXANDALL, 1964, 101, 105-107, avec traduction anglaise.

1458-1459 BRUXELLES

1458-1459. – Bruxelles, église des Carmes. *Meester Rogier van der Weyen*, peintre, a peint la sculpture du monument funéraire de Jeanne, duchesse de Brabant, œuvre de Jacques de Gerines, fondeur, et de Jean de le Mer, sculpteur.

Meesteren Rogiere van der Weyen, schildere, voir zynen loon van te hebben die voorschreven beelde by den voirschreven Jaccoppe ende Janne de le Mer gelevert, gestoffert van schilderien bevoirwaert ende gecomentschapt als voere, die somme van c cronen.

...

Betaelt tween cruydewageneers voir hueren loon van te hebben gehailt die voirschreven beelde tot meesters Rogiers ende die gebuert tot in 't voirschreven clooster,

...

met behoirlike quitancie van den voirschreven Jacoppe van Gerines, Janne de le Mer, meesteren Rogier van der Weyen, etc.

A. PINCHART, 1866, 128-129 ; M. DEVIGNE, 1922, 61-62.

1459 BRUXELLES

1459, avril 12 ou 24. – Bruxelles. Rente achetée par Rogier van der Weyden et sa femme. La rente passa à Katharina Van der Weyden, leur arrière-arrière-petite-fille à Anvers.

...

als dezelve Katline Van der Weyden jairlix heffende is op de stad van Bruessele, ende dat burchmeesteren, scepenen, rentmeesteren, raide, etc., van Bruessele voirschreven, xij [sic] aprilis ; anno xiiijᵉ lix bekent hebben gehadt sculdich te zyne meesteren Rogieren Van der Weyden, schildere, ende Elisabeth Goffairts, ejus uxori...

L. DE BURBURE, 1865, 26 ; A. PINCHART, 1867, 474 note 3.

1460 ? DESSIN

1460 ? – Bruxelles. Dessin de ou attribué à Rogier van der Weyden et représentant une femme en buste portant une

inscription au verso.

Roggero di Buselle/1460

Londres, British Museum, inv. n°. 1874-8-8-2266. M. SONKES, 1969, 26, date l'inscription du XVIIᵉ siècle.

1460 MILAN

1460, décembre 26. – Milan. Lettre de recommandation de la duchesse Bianca Maria Sforza au duc de Bourgogne (Philippe le Bon), au profit de Zanetto Bugatto, qui souhaite entrer comme apprenti chez le *Magister Gulielmo* (erreur pour Rogier).

D. Duci Bregondie

Habemus ibi adolescentes nomine Zanetum et hic quidem presentium est ad dominationem Vestram exhibitor, singularis Ingenij circa depingendi artem in qua summe prevalet et adeo eidem arti deditus est, ut audita fama Magistri Gulielmi apud prefatam vestram dominationem seu in partibus illis remorantis qui artis illius pre ceteris optimam cognitionem habere predicatur obtenta a nobis licentia instituerit illum adire dediscendi aliquid ab eo gratia. Ipsum itaque Zanetum quem sua pro virtute non mediocriter carum habemus iam dicte Dominationi Vestre comendamus et rogamus ut si favore suo opus sibi erit ea in re contemplatione nostra eo carere non patiatur nec Vellit faciet enim rem nobis admodum gratam ipsa dominatio Vestra cuius beneplacitis nos semper offerimus.

Ex Mediolano die xxvj decembris 1460.

In simili forma mutatis mutandis Domino Delphino, domino Erny.

F. MALAGUZZI VALERI, 1902, 126-127, avec la référence : Autografi, Pittori, Zanetto Bugatto, sans doute Archivio di Stato à Milan.

1460-1464 FILARETE

1460-1464. – Milan. Filarete (Antonio di Pietro Averlino) mentionne deux fois *maestro Ruggieri* dans son *Trattato d'Architettura*.

Si vorebbe vedere, se nelle parti oltramonti ne fusse nessuno buono ; dove n'era uno valentissimo, il quale si chiamava maestro Giovanni da Bruggia ; e lui ancora è morto. Parmi ci sia uno maestro Ruggieri, che è vantaggiato.

...

Nella Magnia si lavora bene in questa forma ; maxime da quello maestro Giovanni da Bruggia e maestro Ruggieri ; i quali anno adoperato optimamente questi colori a olio.

Transcription d'après W. VON ŒTTINGEN, 1890, pp. 307 et
641.

1461 FRANCE-BOURGOGNE

**1461, mars. – L'ambassadeur de Milan en France et en
Bourgogne, Prospero da Camogli, signale les difficultés
rencontrées par le *Magistro Johannetto* (Zanetto Bugatto)
chez *Magistro Rogero*, *pictore nobilissimo*, et demande une
bourse plus importante pour Zanetto.**

*Per cedulam. Magistro Johannetto hé corso a grande fatica cum
Magistro Rogero, pictore nobilissimo, et hé stato necessaria la
intercession de Monsignor Io Dalphino. Tamen per uno anno
se gli hé promisso ducati L.^{ta} per Io viver suo e non debe bever
vino questo anno, et cosse ha promisso Magistro Iohannetto. Et
in vero hé iuvene de bona discretion et virtù et honestà, et se
pare ala M.V. intercedere a pié del S. re per ducati 25, el hé una
elymosina, non obstante ch'el ha per ciè dedicato le primicie del
suo operagio al S. re e ala M.V., siché non se daran de badda
[sic], el se n'é ito al suo mastro et m'ha pregato che io Io
recomande a V. M. tia, che si digne de fargene qualche resposta
et si fieri potest provedimento per qualche via.*

Data ut in litteris.

P.M. KENDALL et V. ILARDI, 1970-1971, II, 201. Note jointe à
une lettre de Cicco Simonetta, datant sans doute du 11 ou du
15 mars (1461).

1461-1462 BRUXELLES

**1461-1462. – Bruxelles. *Maistre Rogier* a jugé une œuvre du
peintre Pierre Coustain.**

*A Pierre Coustain, paintre et varlet de chambre de Monseigneur, la
somme de viijxx livres de xl gros, monnoie de Flandres, la livre,
qui deue lui estoit, assavoir qui lui a ésté tauxé et ordonné par
maistre Rogier, aussi paintre, ès présence de messire Michault
de Changy, chevalier, maistre d'hostel de Monseigneur, et de feu
monsieur le gruyer de Brabant, pour avoir paint et ouvré deux
ymaiges de pierre, l'un de la représentacion de Saint Phelippe et
l'autre de saincte Elizabeth, lesquelz Monditseigneur a fait
mectre et asseoir en son hostel, audit lieu de Bruxelles, auprès
de sa chambre, devant la porte par où l'on va au parcq.*

LABORDE, I, 1849, 479 n° 1868. Transcription d'après
A. PINCHART, 1867, 449 note 1, avec la référence. LILLE, archives

départementales du Nord, reg. n° E 156, f° ij^e iiij^{xx} viij r°.

1462 SAINTE-CROIX

**1462. – Bruxelles. *Meester Roegier vander Weyen* est inscrit
comme membre de la confrérie de la Sainte-Croix de Saint-
Jacques-sur-Coudenberg**

*Dit sijn de brueders ende de susters vanden heylighen Cruce op
Couwenberch ende dit boec was ghescreven int jaer ons heren M
CCCC ende LXIJ opten XIII sten dach van octobre. Ende de
namen vervolghende elc na sinen name na den a.b.c.*

…

Meester Roegier vander Weyen d(er) stad scilde(r).

BRUXELLES, Bibliothèque royale, cabinet des manuscrits,
n° 21779 (Cat. J. van den Gheyn, VI, 3660), fol. 23, en bas, sous le
lettre M. Cité par A. PINCHART, 1867, 452, avec date erronée,
1452.

1462 SCHEUT

**1462, mai 15. – Scheut. Rogier van der Weyden a prêté de
l'argent à la chartreuse pour l'achat de terrain.**

*Item heeft 't voorschreven cloester anno lxij, in den mey, meester
Rogier Van der Weyden, vercocht sonder quitinge ende sonder
de fundatie goede te belastene, om te crigene de vorgenoemden
goede die Philipse de Pape toebehoirden jairlix erfelec te xx
stuivers den Rynsschenguldene : iij Rynsschguldenen.*

…

*Primo, magistro Rogero, pictori, de prato empto erga Philippum de
Pape, de primo termino : vij s. vj d.*

*Item, sabbato, ultima die aprilis, magistro Rogero Van der Weyden,
de censu hereditario qui modo conversus est in vitalem
pensionem, et debet dari de cetero magistro Zegero van Hassele
ad vitam, qui pro nobis quitavit sua pecunia iij florenos ad
duos terminos, de quibus jam solvi magistro Rogero : vij s. vj.d.*

A. PINCHART, 1867, pp. 476-477, note 3.

1463 MILAN

**1463, mai 7. – Milan. La duchesse, Bianca Maria Sforza,
remercie *Magistro Rugerio de Tournay pictori in Burseles*
d'avoir accepté Zanetto Bugatto dans son atelier.**

*Nobili viro dilecto Magistro Rugerio de Tornay pictori in Burseles
Ducissa etc. sentendo de la fama et sufficientia vostra altre volte
deliberassemo de mandare li maestro Zanetto nostro perchè da*

vuij emparasse qualche cosa nell arte del pingere. Et a la ritornata soa qua ne riferrise quanto volimteri et amorevolmente Io havevati veduto et ricolto e con quanto studio e diligentia vi eravati per nostro rispeco exhibito a monstrarli liberamente tucto quello intendevati nel mestiero vostro. Il che havendolo anche conosciuto al effecto ne stato acceptemo et assay vi ne ringratiemo offerrendose e per questo e per le singularie virtute vostre apparecchiate in qualunque cosa che potessemo di vostro comodo et honore a tucti li piacerj vostri. Datum Mediolanj die vij Maij 1463.

F. MALAGUZZI VALERI, 1902, 127, avec la référence : Minuta, dans Autografi, Pittori, Zanetto Bugatto, peut-être aux Archivio di Stato à Milan.

1464 BRUXELLES

1464, juin 18. – Bruxelles. Rogier van der Weyden est mentionné comme défunt dans un compte des domaines de 1463-1464.

Rogier Van der Weyden ende Cornelyse sinen sone…

Denselven Rogiere, die men jaerlicx sculdich is, als boven, vij ryders, ten vorschreven termynen, want hy starft xviij junii anno xliiij [erreur pour lxiiij], daerom hier van Kersmesse xiiije xliiij, by quitantie hier overgegeven iij 1/2 ryders.

A. PINCHART, 1867, 450 avec la référence, Archives générales du royaume, Chambre des Comptes, reg. n° 4179, fol. xlvj r°.

Rogiere van der Weyden ende Cornelis sinen sone, die men jaerlicx sculdich is, als boven, VI ryders ten voirscreve termynen. – Den selven Rogiere… want hy starf XVIII juin anno LXIIII…

D'après P. LEFEVRE, 1931, 237 note 1.

1464 BRUXELLES DALLE FUNÉRAIRE

[1464]. – Bruxelles. Mention de la dalle funéraire de Magister Rogerus van den Weyen dans l'église Sainte-Gudule

Magister Rogerus van den Weyen, excellens pictor, cum uxore, liggen voor Sinte Catheleynen autaer, onder eenen blauwen steen, daer een doye op staet.

A. WAUTERS, 1855-1856, 46 et A. PINCHART, 1867, 451, incomplet (les cinq derniers mots manquent) ; P. LEFEVRE, 1931, 237 note 2 avec la référence : archives de Sainte-Gudule, reg. aux sépultures n° 1437, fol. 224 r°.

1464 ? ÉPITAPHE

1464 ? – Bruxelles, Sainte-Gudule, épitaphe de Rogier van der Weyden.

Voir 1613, SWEERTIUS.

1464 BRUXELLES

1464, juin 23. – Bruxelles. En exécution du testament de Rogier van der Weyden, un don est accordé au profit des pauvres de la paroisse de Sainte-Gudule.

Item, ontvaen van den executoeren wilen Meesters Rogiers van der Weyden, scilders, by heeren Reynere van Mechele, priesters, ij peters, valentes, xxiij Junii, ix sl. gr.

A. PINCHART, 1867, 478 note 4 ;. E. FRANKIGNOULE et P. BONENFANT, 1935, 143 n° 578.

1464 BRUXELLES

1464, après le 18 juin. – Bruxelles. En exécution du testament de *Meester Rogier*, un don est accordé au profit des pauvres de la paroisse de Notre-Dame de la Chapelle.

Item, ontfaen by handen Jacops Goffaert, van wilen Meesters Rogiers, schilders, testamente, ij peters, elken te xviij stuvers valet ix se. gr.

E. FRANKIGNOULE et P. BONENFANT, 1935, 143 n° 579.

1464 BRUXELLES ANNIVERSAIRE

1464, octobre 5. – Bruxelles. Anniversaire fondé par la veuve de Rogier van der Weyen dans l'église Saint-Jacques-sur-Coudenberg.

Copie van der Quitantien gegeven meesters Rogiers Van der Weyen scilders weduwen als van huer beyde jaergetide.

Wy G. Strael by der gedoege ons heeren proefst des cloesters van sinte Jacops op 't Coudenberch in Bruesele d'ordenen Sinte Augustyns in de bisdomme van Cameryck doen cont allen den ghenen die dese iegewoirdege letteren selen zien oft hoeren lesen, dat wy ontfangen ende gebuert hebben in ghereeden penningen om erffelike rinten mede te coepene twintich gulden peeters elken te IIII stuivers VI deniers groote Brabants gerekent, voer welke somme voirscreven wy geloeven voer ons ende onse nacomelingen tewigen dagen djaergetide te celebreren ende te doen in ons kerken voirgenoemde van WILEN MEESTER ROGIEREN VAN DER WEYEN SCHILDER ende Jouffrouw Lysbetten Goffaerts synder weerdinnen. Ende des torconden hebben wy proefst bovengenoempd onsen zegele aen dese jegewoirde letteren doen hangen. Gegeven int jaer ons Heeren dusent vier hondert vier ende t'sestich, op ten vyffsten dach der maent van octobri.

A. WAUTERS, 1846, 144, note 1 ; IDEM, 1855-1856, 33, note 1, avec la référence : Cartulaire provenant de l'abbaye de Coudenberg et intitulé : *Varia documenta hujus abbatiae*, de l'année 1414, fol. 73 v°. Mentionné par P. LEFEVRE, 1931, 239, note 1 sans texte mais avec référence : Archives générales du royaume, Archives ecclésiastiques, reg. 6456, fol. 27 v°.

1464 BRUXELLES ANNIVERSAIRE

1464, octobre 5. – Bruxelles, Saint-Jacques-sur-Coudenberg. Quittance du prieur à la veuve de Rogier van der Weyen pour la fondation de son anniversaire.

Item noch ontfang anno lxiiij, v octobris, present den prioer ende magerman van der weduwen meester Rogiers Van der Weyen, schilders, voere huerer beyderjaergetider ewelyc mede te doene : XX gulden peters valent iiij lib. x si. gr.

A. PINCHART, 1867, 452-453, note 4 avec la référence : Bruxelles, Archives générales du royaume, comptes du priorat de Saint-Jacques-sur-Coudenberg 1456-1469.

1464 TOURNAI

[1464]. – Tournai. Les bougies utilisées lors du service à la mémoire de Rogier de le Pasture sont portées en compte.

Ce sont les comptes commencant de l'an lxiiij et finat l'an lxiiij, apertenans au mettier des paintres.

…

Item, payet pour les chandelles qui furent mises devant Saint-Luc, à cauze du service maistre Rogier de le Pasture, natyf de cheste ville de Tournay, lequel demorait à Brouselles, pour ce : iiij gros 1/2.

A. PINCHART, 1867, 442-443 ; J. DESTRÉE 1930, 40, *fac simile*.

APRÈS 1464 BRUXELLES

après 1464. – Bruxelles. Les héritiers de Rogier van der Weyden payent la rente annuelle due sur sa propriété au profit des pauvres de la paroisse Sainte-Gudule.

… Meester Rogiers kinderen ende weduwe Van der Weyden, ende Aert geheeten Rampaerts, van hueren huysen, gronden ende toebehoerten gelegen aen 's Cantersteen, tusschen de woeninghe

ende groete poirte meester Rogiers voirschreven nederwaerts, in d'een zyde, ende de straete geheeten den Langen Steenwech, die van 's Cantersteen tot Coudenberghs waert opgaet, in d'andere zyde, jaerlyx erffelyx, half te Sinte-Jansmisse ende half te Kersmisse : xlviij liv. payements ; hierop xc.

A. PINCHART, 1867, 474, note 1 avec la référence : archives des maisons-Dieu *(Burgerlijke Godshuizen)*, Livre des rentes, Pauvres de la paroisse Sainte-Gudule, n° B 230, fol. xiiij v°.

APRÈS 1464 BRUXELLES

après 1464. – Bruxelles. Le nom de Rogier van der Weyden est écrit par erreur *Reynier*.

Cornelyse, zoen wylen Reyniers Van der Weyden.

A. PINCHART, 1867, 459, avec la référence : Comptes des domaines, reg. 4179 et 4180, sans fol.

APRÈS 1464 SCHEUT

après 1464. – Scheut. Anniversaire à la mémoire de Rogier van der Weyden, *Rogeri de Pascua*, à la chartreuse de Scheut.

Anniversarium magistri Rogeri de Pascua, pictoris, ac consortis ejus, dedit semel tam in pecuniis quam picturis valoris circa xx libras grotas Brabantiae.

A. PINCHART, 1867, 452, note 3.

APRÈS 1464 ET 1477 HERNE

après 1464 et 1477. – Herne (Hérinnes-lez-Enghien), chartreuse. Souvenir des bienfaits de Rogier van der Weyden, *Rogerius de Pascua*, accordés après la profession de son fils (1449) ; note ajoutée après le décès de la femme de Rogier, 1477.

Beneficia Rogerii de Pascua.

Magister Rogerius de Pascua post professionem Cornelii fratris nostri filii sui dedit domui centum petros. Item ad constructionem novi braxatorii lx libras. Et in testamento suo reliquit in promptis pecuniis centum coronas. Insuper contulit tabulam positam in capella beatae Katarinae. Et fecit depingi ymaginem eius. Praeterea reliquit domui post mortem uxoris suae tertiam partem bonorum suorum immobilium et tertiam partem domorum Bruxellae situatarum, si et in quantum frater noster Cornelius diutius viveret quam mater. Si autem ante matrem moritur frater, contulit omnium praedictorum tantum quartam partem sed semper post mortem matris [ajout : après 1477]. *Post cuius mortem recipimus centum septuaginta florenos renenses*

Arnold BEELTSENS et Jean AMMONIUS, édité par A. LAMALLE, 1932, 228. Appendice V (Necr. A. fol. 33).

APRÈS 1464 ET 1477 BRUXELLES

après 1464. – Bruxelles. Mémoire de *Rogier van der Weyden* dans l'église Saint-Jacques-sur-Coudenberg en tant que membre de la confrérie de la Sainte-Croix et de sa femme.

Item Magister Rogerus van der Weyen, et Elizabeth Goffaerts ejus uxor.

A. PINCHART, 1867, 452, note 1 ; P. LEFEVRE, 1931, 239, note 1 avec la référence : Archives générales du royaume, Archives ecclésiastiques, reg. 6906, fol. 28 v°.

APRÈS 1464-FIN XVe SIÈCLE MÉMORIAL

après 1464-fin XVe siècle. – Bruxelles, hôtel de ville. Mémorial d'après la copie du manuscrit de Groenendael.

In domo civium Bruxellensium in memorian Rogeri notabilissimi pictoris cuius ars ibidem apparet sunt hi versus :

Corpore defunctum conservet fama Rogerum, Ars cuius post hic non habitura parem.

Bruxelles, Bibliothèque royale, Mss. 3603 (21858) fol. 150. Publié par C. R[uelens], 1864, 349.

1465 BRUXELLES

1465, janvier 29. – Bruxelles. Les chanoines de Saint-Jacques-sur-Coudenberg ont envoyé un cadeau à Pieter van der Weyden.

Gesonden ter bruylocht tot Meesters Rogiers van der Weyen zoenen, Peteren, eenen Arnoldus gulden, valet 2 sol. 9 den. gros.

P. LEFEVRE, 1931, 239 note 1, avec la référence : Archives générales du royaume, Archives ecclésiastiques reg. 6699, fol. 170.

1467 ROZMITAL-SCHASCHECK

1467, janvier. – Bruxelles. Leo von Rozmital, beau-frère du roi de Bohême, a admiré les peintures de l'hôtel de ville d'après le récit de voyage de Schascheck.

Inde pervenimus Bruxellam, quae quatuor milliaribus a Mechlinia distat. Ea est caput Brabantiae. Ibi invenimus

ducem Burgundiae. Altera die, postquam eo ventum esset, ducti sumus in curiam, et omnia conclavia ejus perlustravimus. In atrio quondam sunt excellentes picturae ; si usquam ullo in loco inveniri possunt. Postea ascendimus turrim ejusdem curiae, ex caque totius urbis situm spectavimus. Nam turris est structura elegans, et insigni altitudine in aura prominens, cum ipsa curia in umbilico urbis posita.

"Des bôhmischen Herrn Leo's von Rozmital Ritter-, Hof- und Pilgerreise durch die Abendlande 1465-1467", *Bibliothek des literarischen Vereins*, VII, Stuttgart, 1844. Cfr A. PINCHART, 1864, 56 note 1.

1473 HERNE

1473. – Herne-lez-Enghien (Hérinnes), chartreuse. Obiit de Corneille van der Weyden.

Dominus Cornelius de Pascua de Bruxellis, monachus domus huius et filius magistri Rogerii pictoris egregii.

…

Anno eodem obiit in octobri in die Fidei Virginis dominus Cornelius de Pascuis de Bruxella filius magistri Rogerii de Pascuis egregii illius pictoris. Iste fuit hic monachus professus circiter 24 annis. Ante ingressum ordinis fuerat magister artium promotus Lovanii in Porco. Hic iuvenis obiit circiter 48 annorum et ex parte eius domus haec a patre et matre habuit plus quam 400 coronas.

A. BEELTSENS et J. AMMONIUS, édité par E. LAMALLE, 1932, 22 (fol. 16 v°) et 72 (fol. 41).

1476 BRUXELLES

1476, juillet 3. – Bruxelles. Acte des échevins mentionnant le couple Rogier van der Weyden-Élisabeth Goffaerts.

Elizabeth dicta Goffaerts, filia quondam Johannis dicti Goffaerts, relicta quondam magistri Rogeri dicti van der Weyden, pictoris…

P. LEFEVRE, 1931, 239 note 1, avec la référence au cartulaire de Saint-Jacques-sur-Coudenberg, n° 74.

1477 BRUXELLES

1477, octobre 20. – Bruxelles. Fondation par É. Goffaerts d'une messe hebdomadaire à Saint-Jacques-sur-Coudenberg devant l'autel de sainte Barbe.

*Notum sit universis quod domicella Elisabeth dicta Goffairts,
relicta quondam magistri Rogeri dicti Van der Weyden, filia
quondam Johannis dicti Goffairt, obtulit cum debita
renunciatione in manus Johannis dicti de Pape, unius
magistrorum policie opidi Bruxellensis, ex parte ejusdem opidi,
domini fundi astantis, ad opus domini Henrici dicti Goffairts,
presbiteri, canonici regularis monasterii beati Jacobi Frigidi-
Montis in Bruxella, recipientis nomine, et ad opus unius misse
perpetue, qualibet septimana, supra altare beate Barbare
virginis, in ecclesia dicti monasterii beati Jacobi, fiende et
celebrande quatuor florenos denarios aureos dictos overlenssche
Reynssche guldenen…*

Comptes de 1478-1479 :

*Primo, ontfanck anno lxxix, xxix^a-aprilis, per Fabri, van der stadt
van Bruessele, van der missen gefundeert by wilen der
weduwen Van der Weyden, op Sinte-Barbelen outaer : x s. gr. f*

*Item, ontfanck per Fabri, van der stad van Bruessele, xij^a
novembris, van der missen gefundeert by wilen der weduwen
Van der Weyden, op Sinte-Berbelen outaer : x s. gr. f.*

> A. PINCHART, 1867, 453, notes 2 et 1. P. LEFEVRE, 1931, 239
> note 1, avec la référence : Archives générales du royaume,
> Archives ecclésiastiques, reg. 6440, fol. 208 v°.

1477 BRUXELLES

**1477. – Bruxelles. Paiement de rentes à Élisabeth
Goffaerts, veuve de Rogier van der Weyden, avec rappel de
la date de son décès le 10 décembre 1477.**

*Lysbetten Goffaerts, by quitantie ende den principale brieven, met
certificatien dat sy sterf in decembri anno ixxvj^tich x^a die, van
den voirschreven termynen : xij ryders.*

> A. PINCHART, 1867, 456, note 3, avec la référence : Archives
> générales du royaume, reg. 4183, comptes 1476-1477, fol. lvj r° de
> la Chambre des Comptes ; cfr. reg. 4184, 1°.

1477 TOURNAI

**1477. – Tournai. Paiement de rentes à Ysabiel Goffart,
veuve de Rogier de le Pasture, avec mention de son décès le
28 novembre 1477.**

*A demisiel Ysabiel Goffart, vesve de maistre Rogier de le
Pasture, eagié de… ans, seconde vie, acquis par ledit maistre Rogier de
le Pasture, de Brouxelles, oudit an. [dans la marge] Morte le*

xxviij^e de novembre anno lxxvij.

*A demisiel Ysabiel Goffart, vesve de maistre Rogier de le Pasture,
pointre, demorant à Brouxelles, acquis par ledit maistre Rogier
en l'an iiij^e xxxv, au pris de xij deniers x livres. [dans la
marge] Morte le xxviij^e de novembre lxxvij.*

*Par le trespas de demisiel Ysabiel Goffart qui trespassa le xxviij^e
jour de novembre ledit an lxxvij, est escheu à la ville x livres
tournois de rente, eschéant au xve jour de mars et septembre, et
xx livres au xxj^e jour d'octobre et avril ; payé au premier
rapportant ledit traspas : v solz.*

> A. PINCHART, 1867, 456, notes 1 et 2.

1479-1480 BRUXELLES

**1479-1480. – Bruxelles. Pieter van der Weyden, fils de feu
Meester Rogiers, est mentionné à propos d'une rente sur la
ville.**

*Item, jegen Peteren van der Weyden, zoen wylen Meester Rogiers,
xiij Novembris, gecocht viij rynsguldenen van dien xxxvj
rinsguldenen erffelyck cheyns, die de voirs. Peter hadde op de
stad van Bruessel, vallende half x dage in Meerte
naestcomende ende half x dage in septembris dairnaest
volgende ende hem voere elken rinsgulden gegeven xviij
rinsguldenen, elken te v s e. gr., valet… xxxvj lb. gr.*

> E. FRANKIGNOULE et P. BONENFANT, 1935, 145 n° 595, avec
> la référence : Comptes de la confrérie de Saint-Éloi, 1479-1480.

1480 BRUXELLES

**1480 (ou peu après). – Bruxelles. Obiit fondé par la gilde
des peintres à la mémoire de Rogier van der Weyden,
célébré à Sainte-Gudule le 16 juin.**

*Magistri Rogeri van der Weyden, quondam pictoris eximii, X
stuferos terciatim solvunt capellani de X stuferis quos solvunt
pictores.*

> D'après P. LEFEVRE, 1931, 239 note 1, avec la référence : archives
> de Sainte-Gudule, reg. n° 1157, fol. 41, transcription peu après
> 1480 ; aussi dans les registres 1036, 1150. Cfr. A. PINCHART,
> 1867, 451-452, note 5.

CA. 1482 TOURNAI

**Ca. 1482. – Tournai. Registre des peintres. Mention de
l'inscription de Rogelet de le Pasture dans l'atelier de
Robert Campin le 5 mars 1427.**

Jhesus Maria et Saint Luc.

Chy sont escrips les noms de ceulx qui ont commenchiet et aussi parfait leurs apresures du mestier des pointres et aussi des voiriers et mirliers en ceste ville de Tournay.

…

Et prumiers

Rogelet de le Pasture, natif de Tournay, commencha son apresure le cinquiesme jour de mars l'an mil CCCC vingt six [=1426] et fut son maistre, maistre Robert Campin, paintre. Lequel Rogelet a parfait son apresure deuement avec son dit maistre. [Fol. 81.]

> D'après J. DE SMET, dans E. RENDERS, 1931, 134 et 136. Cfr. A. PINCHART, 1867, 432. J. DESTRÉE, 1930, 39, *fac simile.*

CA. 1482 TOURNAI

Ca. 1482. – Tournai. Registre des peintres. Maistre Rogier de le Pasture est devenu "franc maître" le 1er août 1432.

Sensuivent les francs maistres paintres et voiriers lesquelz ont esté receus en ceste dicte ville de Tournay ausdits mestiers en faisant le devoir à ce ordonné par les ordonnances desdits mestiers. [Fol. 14.]

…

Maistre Rogier de le Pasture, natif de Tournay, fut receu à le francise du mestier des paintres le premier jour d'aoust l'an dessusdit (1432). [Fol. 17 v°.]

> D'après J. DE SMET dans E. RENDERS, 1931, 134 et 136. Cfr. A. PINCHART, 1867, 432. J. DESTRÉE, 1930, 39, *fac simile.*

1485-1490 SANTI

1485-1490, Urbino. – Giovanni Santi mentionne Rogier dans sa chronique rimée

A Brugia fu tra gli altri più lodato
Il gran Joannes, el discepol Ruggero
Con tanti d'alto merto dotati,
Della cui arte e summo magistero
Di colorire furno si excellenti
Che han superato spesse volte il vero.

> A. PINCHART dans CROWE et CAVALCASELLE, trad. O. DELEPIERRE, III, 1865, CLXXXIV.

1499 BRUXELLES

1499. – Bruxelles. Les copies des tableaux de justice faites par deux peintres sont brûlées.

Betaelt twee scilders, die de vier stucken van der scilderyen opter gulden camere in der stadthuys constelick geconterfayt hadden ende de voirs. patroenen in ander landen souden hebben moegen seynden, dwelc in der wethouderen camere in hueren presentien, mits sekeren redenen den heeren daertoe porrende, verbrant was, gegeven ter ordinancien van der wet uuyt gratien 4 Rgld.

> J. DUVERGER, 1935, 66 avec la référence : Comptes de la ville n° 30945, 24 juin 1499-23 juin 1500, fol. 68 v°.

1500 PESARO

1500, octobre 1921. – Pesaro. Mention de trois œuvres de la main de Rogier, dans la collection de Giovanni Sforza, petit-fils de Francesco.

Le testa del Duca de Borgogna de man de Ruzieri da Burges in duy ochij..

La testa del Ill. S. Alex. in duy ochij de man de Rugieri.

La Tavoletta del Christo in croce cum li paesi de man de Rugieri

> A. VERNARECCI, 1886, 501-523

1504-1509 LEMAIRE

1504-1509. – Malines. Jean Lemaire de Belges, poète à la cour de Marguerite d'Autriche, cite deux fois Rogier dans ses poèmes.

..

Ne que Poyer, Roger, Hugues de Gand,

…

car l'un d'iceux estoit maistre Roger.

> J. STECHER, III, 1885, 162 ; IV, 1891, 162.

1516 MALINES

1516. – Malines. Dans la collection de Marguerite d'Autriche se trouvaient quatre tableaux attribués à *Rogier*.

Ung petit tableaul d'ung dieu de pityé estant ès bras de Nostre-Dame ; ayant deux feulletz, dans chascun desquelz y a ung ange et dessus lesdits feulletz y a une annunciade de blanc et de noir. Fait, le tableaul, de la main de Rogier, et lesdit feulletz, de celle de maistre Hans.

…

Ung autre petit tableaul de la Trinité, fait de la main de Rougier ;
aussi vieulx.

…

Ung tableau du chief du duc Charles, ayeul de Madame. Fait par
la main de Rogier.

…

Ung petit tableau d'ung cruxefix et d'ung Sainct-Grégoire. Fait de
la main de Rogier.

> A. LE GLAY, 1839, II, 480-481. Les peintures sont repérables
> dans l'inventaire de 1524 dans lequel elles sont décrites sans
> noms d'auteurs, voir *Revue archéologique*, Paris, 1850, pp. 56-57, n°
> 124 ; p. 83, n° 174 ; p. 85, n° 198.

1520-1521 DÜRER

1520 et 1521. – Bruxelles et Bruges. Albert Dürer
mentionne quatre tableaux de *Meister Rudier* dans l'hôtel de
ville de Bruxelles et des œuvres non précisées de *Rudiger* à
Bruges.

1520, après le 27 août-avant le 2 septembre, Bruxelles.

Ich hab gesehen zu Prüssel jm rathhauß jn der gulden kammer die
4 gemalten materien, die der groß meister Rudier gemacht hat.

1521, avril 8, Bruges.

Darnach fürten sie mich ins kaisers hauß, das ist groß und
köstlich. Do sahe ich Rüdigers gemahlt cappeln und gemähl
von ein grossen alten meister ; do gab ich dem knecht ein stüber,
der auff spert. Darnach kaufft ich 3 helffenbaine kam umb 30
stüber. Darnach furten sie mich gen S. Jacob und liessen mich
sehen die köstlich gemähle von Rudiger und Hugo, die sind
beede groß maister gewest.

> A. DÜRER, H. RUPPRICH éd., 1956, I, pp. 155 et 168.

1524 SUMMONTE

1524. – Naples. Dans une lettre adressée à M.A. Michiel à
Venise, Pietro Summonte cite *Maestro Rogerio* et l'œuvre de
la collection de roi Alphonse.

…

non lascero far menzione delli tre panni di tela lavorati in quel
paese per lo famoso Maestro Rogerio, genero di quell'altro gran
Maestro Joannes…

Ma lo Rugiero non si esercito sennon in figure grandi. In questi tre
panni era tutta la Passione di Christo N° Sig͞e di figure, come
ho detto, grandi, dove fra le altre parti admirande era questa,

che la figura di Jesu Christo in ogni atto e moto diverso che
facesse era quella medesima, senza variar in un minimo pelo,
cosa tanto artificiosa che dava grand' admirazione ad
qualunque la mirava. Era comune fama che per lo Sig͞e. Re
Alfonso I° questi tre panni foro comprati ducati cinque mila di
Fiandra. Adesso devono essere in potere della infelice Signora
Regina Isabella moglie del Sig. Re Federico di felice memoria in
Ferrare.

… un chiamato Petrus Christi, pictor famoso in Fiandra più
antiquo di Joannes e di Rogiero…

> C. v. FABBRICZY, 1907, 148.

CA. 1530 MICHIEL

Ca. 1530. – Venise. Marcanton Michiel mentionne des
œuvres attribuées à *Rogier de Bruxelles* et à *Rogier de Bruges* à
Venise.

In casa di M. Zuan Ram, 1531, A. S. Stephano.

El ritratto de Rugerio da Burselles pittor antico celebre, in un
quadretto de tavola a oglio, fin al petto, fo de mano de linstesso
Rugerio fatto al specchio nel 1462.

…

In casa di M. Chabriel Vendramin, 1530.

El quadretto in tavola della nostra donna sola cun el puttino in
brazzo, in piedi, in un tempio Ponentino, cun la corona in
testa, fo de mano di Rugerio da Brugies, et è opera a oglio
perfettissima.

> Th. FRIMMEL, 1888, 104 et 108.

CA. 1530 ORTKENS

Ca. 1530. – Bruxelles. Dessin de Aert Ortkens (van Ort)
d'après l'un des tableaux de justice de l'hôtel de ville avec
une inscription.

Meest(er) Rogier fecit.

> BRUXELLES, Bibliothèque royale, Cabinet des estampes, inv. S II
> 81859 ; J. VAN GELDER, 1964-1974, ill. 9.

1535 TONGERLO

1535. – Tongerlo. Inscription sur le retable de Gossuin van
der Weyden, sur l'autel principal de l'abbatiale.

OPERA R.P.D. ARNOLDI STREYTERII HUJUS ECCLESIAE
ABBATIS   HANC   DEPINXIT   POSTERITATIS
MONUMENTUM TABULAM GOSWINUS VAN DER

WEYDEN SEPTUAGENARIUS SUA CANITIE, QUAM INFRA AD VIVAM EXPRIMIT IMAGINEM ARTEM SUI AVI ROGERI, NOMEN APPELLIS SUO ÆVO SORTITI, IMITATUS, REDEMPTI ORBIS ANNO 1535.

W. VAN SPILBEECK, 1883, 13-14.

CA. 1535 GUEVARA

Ca. 1535. – Espagne. Felipe de Guevara cite *Rugier* le premier des trois peintres qu'il mentionne. Plus loin, il parle d'un portrait de son père don Diego de la main de *Rugier*.

En Flandes Rugier y Joannes y Joaquin Patimier. [p. 3]

…

En esto fuéron excelentes los años pasados Joanes Rugier, y los Artefices cercanos à aquel tiempo en Flandes, como en sus pinturas antiguas muy claramente se muestra, y yo puedo mostrar en dos retratos de Don Diego de Guevara, mi Padre, la una de mano de Rugier, y la otra de Michel, discipulo de dicho Rugier. La de Rugier debe haber cerca de sus noventa años que esta hecha, y la de Michel mas de sesenta ; las quales si las juzgaredes por lo pintado, jurareis no haber un dia que se acabaron, y los de mejor entendimiento dirian estar apascentadas de carne, como el Teseo de Eufanor. [pp. 181-182.]

Felipe DE GUEVARA, *Comentarios*, publication de A. PONZ, 1788, 3 et 181-182, avec les annotations suivantes :

Parece que quiere hablar aqui de Juan Van-Eyk, y de Rogerio que le siguio, célebres ambos en la ciudad de Bruas [Bruxas, cfr. Correcciones, p. 254], como Io fué tambien por aquellos tiempos Joaquin Patenier, que el Autor llama Patimier, todos anteriores al siglo decimosexto, de los quales habla Sandrat. [p. 3.]

El Rugier que aqui se nombra es, a mi entender, Juan Rogerio, Pintor de Bruxas, à quien su Maestro Juan Van-Eik manifesto el secreto de pintar al oleo, que habia tenido muy reservado. [p. 182.]

1537 BRUXELLES

1537. – Bruxelles. L'anniversaire à la mémoire de Rogier van der Weyden est célébré à Sainte-Gudule le 16 juin.

Magistri Rogeri van der Weyden, dimidium florenum renensem,

terciatim solvit officium pictorum.

A. PINCHART, 1867, 451-452 note 5.

1549 ALVAREZ

1549. **– Binche. Vicente Alvarez mentionne la *Descente de croix* provenant de Louvain dans la chapelle du château de Binche mais sans le nom de l'artiste.**

Dans la chapelle il y avait un tableau représentant la Descente de Croix ; c'était le meilleur tableau de tout le château et même, je crois, du monde entier, car j'ai vu, dans ces régions, beaucoup de bonnes peintures mais aucune qui égalât celle-ci en naturel et dévotion. Tous ceux qui l'ont vue furent du même avis. On m'a dit que ce tableau avait plus de cent cinquante ans. Il parait qu'il se trouvait à Louvain et que la reine Marie l'y fit chercher et le remplaça par une reproduction presque aussi bonne que l'original, mais cependant pas tout à fait.

Vicente ALVAREZ, 1551 ; trad. M.T. DOVILLÉE, 1964, 95-96, cfr. S. SULZBERGER, 1963, 150.

1549 CALVETE DE ESTRELLA

1549. – Bruxelles et Binche. Dans sa relation du voyage du prince Philippe, Juan Christoval Calvete de Estrella décrit les tableaux de justice de l'hôtel de ville de Bruxelles et la *Descente de croix* de Binche sans les attribuer.

BRUXELLES

… on lui montra aussi une merveilleuse peinture qui décore la salle du conseil : elle m'a paru si digne de mémoire, que j'ai tenu à la décrire et à l'expliquer dans ce livre pour l'édification de tous ceux qui ont charge et administration de justice. Cette peinture est placée contre le mur de la salle, en face de l'endroit où les bourgmestres, auditeurs et conseillers siègent pour rendre la justice et délibérer des affaires publiques, et elle est divisée en quatre grands tableaux qui occupent tout ce côté de la salle. [Suit la description des quatre tableaux et le texte des inscriptions.]

BINCHE

Au bout de cette salle s'ouvre une chapelle où l'on entre par un portique de jaspe et à l'intérieur de laquelle on admire un retable figurant la descente de croix, qui est un chef-d'œuvre de peinture.

Juan Christobal CALVETE DE ESTRELLA, 1552 ; trad. J. PETIT, 1873-1884, II, 38 (Bruxelles) ; III, 83 (Binche).

1550 Vasari

1550. – Florence. Les notices de Giorgio Vasari sur *Rugieri*
da Bruggia **dans la première édition de ses** *Vite.*

Del dipingere à olio, in tavole, et sule tele. Cap. XXI.

… Di che fu primo inventore, in Fiandra Giovanni da Bruggia

… Lo seguito poi Rugieri da Bruggia suo discipolo et Ausse creato
*   di Rugieri*

Antonello da Messina

… Ma poi che egli gia divenuto vechio, ne fece grazia a Ruggieri da
*   Bruggia suo creato, che la insegnio ad Ausse suo discepolo, et a*
*   gli altri…*

Giorgio VASARI, 1550, 84 et 382.

1555 Scheut

1555. – Scheut, chartreuse. Un *Calvaire* **offert par** *Magistro*
Rogere pictore **est vendu.**

Item summa receptorum de quadam imagine Crucifixi vendita ex
*   ecclesia nostra nobis donata a magistro Rogere pictore Ic lb.*

M. SOENEN, 1979, 126, Comptes de l'église.

1562 Vaernewijck

1562. – Gand. Marcus van Vaernewijck mentionne, parmi
les œuvres d'art de Bruges, un tableau de *Meester Rogier.*

Van der stede van Brugghe.

Constighe schilderye en heeft Brugghe ooc noyt ontdiert

Zy ester wel af verciert in kercken ende husen,

Meester Huge, Meester Rogier die wonder hebben verziert,

Met den Duytschen Hans om te schilderen abusen

en boven al Joannes van Eycx werc (vry gheen refusen).

Ooc Michael Angelus Bonarotus heefter ghelaten

Een marberen Marien beelde van duysent ducaten.

M. VAN VAERNEWIJK, 1562, strophe 121.

1565 Lombard

1565, avril 27. – Liège. Lambert Lombard cite trois fois
Rogiero **dans sa lettre à Giorgio Vasari.**

… e cosi glien'è in paesi nostri et per tutta la Germania da quel
*   tempo fin'a maestro Rogiero et Joan di Bruggia, ch' aperse li*
*   occhi alli coloritori, i quali imitando la maniera sua et non*
*   pensando più inanzi, hanno lasciate le nostre chiese piene di*
*   cose, che non simigliano alle bone et naturali, ma solamente*
*   vestite di belli colori. In Germania si levò poi un Bel Martino,*

tagliatore in rame, il quale non abandonò maniera di Rogiero,
suo maestro, ma non arrivò perro alla bontà del colorire, che
haveva Rogiero…

G. GAYE, 1840, III, 176. Cfr. W. KRÔNIG, 1974, 109-110.

1565 Gravure

1565. – Anvers. La plus ancienne édition datée d'une
gravure faite d'après la *Descente de croix* **de Rogier van der**
Weyden.

[signature]

M. Rogerij Belgae inventum

H. Cock ecudebat 1565

F. W. H. HOLLSTEIN, V, 49.

Ca. 1565 Arras

Ca. 1565. – Arras. Un dessin avec un portrait est attribué à
Maistre Rogier.

Maistre Rogier painctre de grand Renom.

ARRAS, Bibliothèque municipale, *Recueil de portraits,* attribué à
Jacques le Boucq ; parfois lu "Maistre Rogiel" par erreur.

1567 Guichardin

1567, Anvers. – Les mentions de *Rogier van der Weyden* **de**
Louis Guichardin.

ANVERSA

… A Giovanni, e a Huberto successe nella virtu et nella fama
*   Rugieri vander Vveiden di Bruselles, il quale fra le altre cose*
*   fece le quattro degnissime tavole d'ammiranda historia, a*
*   proposito e esemplo del far' giustitia, che si veggono in detta*
*   terra di Bruselles al Palazzo de signori, nella propria stanza,*
*   ove si consultano e deliberano le cause. A Ruggieri successe*
*   Hausse suo scolare…*

Louis Guichardin, 1567, 97-98.

1568 Vaernewijck

1568. – Gand. Marcus van Vaernewijck mentionne des
œuvres de *Meester Rogier* **parmi les œuvres conservées à**
Bruges.

Item die stadt van Brugghe is verchiert/niet alleene/in die
*   kercken/maer oock in die huysen van Meester*
*   Hughens/Meester Rogiers/ende den Duytschen Hans*
*   Schilderien dwelck de liefhebbers der conste/een groote vreucht*

inbringhen can/zegghen dat te Brugghe den tresoor is/van

Meester Hughe/ende Rogiers conste/

M. VAN VAERNEWIJCK, 1568, fol. cxxxij v°.

1568 VASARI

1568. – Florence. Dans la deuxième édition de ses *Vite*, Vasari mentionne *Ruggieri da Bruggia* et *Ruggieri Vander Weiden di Bruselles*.

Del dipingere a olio [idem qu'en 1550].

Antonello da Messina

…Ma divenuto vecchio, ne fece grazia finalmente a Ruggieri da Bruggia suo creato, e Ruggieri ad Ausse suo Discepolo, e agl'altri…

Di diversi Pittori Fiamminghi

…dico, che dopo costoro [H. et J. van Eyck] *seguitò Ruggieri Vander Vueiden di Bruselles, il quale fece molte opere in piu luoghi, ma principalmente nella sua patria, e nel palazzo de' Signori quattro tavole a olio bellissime, di cose pertinenti alla Iustizia. Di Costui fu discepolo Havesse…*

Giorgio VASARI, 2ᵉ éd., 1568, I 51 ; I 376 ; III 857.

1572 LAMPSONIUS

1572. – Anvers. Poème de louange de Dominique Lampsonius à côté du portrait gravé de *Rogier de Bruxelles*.

ROGERO BRUXELLENSI PICTORI

Non tibi sit laudi, quod multa, et pulchra, Rogere,

Pinxisti, ut poterant tempora ferre tua,

Digna tamen, nostro quicunque est tempore Pictor

Ad quae, si sapiat, respicere usque velit :

Testes picturae, quae Bruxellense tribunal

De recto Themidis cedere calle vetant :

Quam, tua de partis pingendo extrema voluntas

Perpetua est inopum quod medicina fami.

Illa reliquisti terris iam proxima morti.

Haec monumenta polo non moritura micant.

D. LAMPSONIUS, 1572.

1574 PHILIPPE II

1574. – Escurial près de Madrid. Parmi les œuvres d'art offertes par Philippe II à l'Escurial trois œuvres sont attribuées à *Maestre Rogier*.

Una tabla grande en que esta pintado el Descendimiento de la cruz, con Nuestra Señora y otras ocho figuras, que tiene dos puertas, pintado en ellas por la parte de dentro los quatro Evangelistas con los dichos de cada uno con la Resurreción, de mano de Maestre Rogier, que solia ser de la Reyna Maria, pintadas por de fuera

…

las puertas de mano de Juan Fernandez Mudo, de negro y blanco, que tiene de alto la tabla de en medio, por lo que toca a la cruz que en ella esta pintada, siete pies y de ancho diez pies escasos.

…

Una tabla grande en que esta pintado Christo Nuestro Señor en la cruz, con Nuestra Señora y sant Juan, de mano de Masse Rugier, que estava en el Bosque de Segovia, que tiene treze pies de alto y ocho de ancho estava en la cartuja de Brussellas.

…

Una tabla en que esta pintado sant Lucas, que tiene dos puertas escriptas ; la une en griego y la otra en latin : es de mano de Masse Rugier, y tiene de alto tres pies y medio y de ahcho tres sin puertas.

J. ZARCO CUEVAS, 1930, 142-143, n° 1027, 1028 et 1030 ; cfr.
C. JUSTI, 1886, 95-98 ; J. FOLIE, 1963, 208-210.

1584-1585 LOMAZZO

1584-1585. – Milan. Lomazzo mentionne *Rugiero da Brusseles*.

Libro Sesto. De la pratica della pittura.

… Con quest' arte si possono altresi fare conformi le teste composte de i suoi membri, che siano minute teste, nella qual professione fu singolare Rugiero da Brusseles… [p. 350].

Tavola dei nomi de gl'artefici più illustri.

…

Ruggiero da Bruselles eccelente pittore [p. 696].

Gio Paolo LOMAZZO, 1584-1585, 350, 696.

AVANT 1585 MOLANUS

Avant 1585. – Louvain. Joannes Molanus dit que *Magister Rogerius* est bourgeois et peintre de Louvain et mentionne deux de ses œuvres à Louvain.

Quia pictores non inter mechanicos opifices, sed inter liberales artifices connumerantur, paucis subjiciam memoriam quorumdam pictorum.

Rogerius

Magister Rogerius, civis et pictor Lovaniensis, depinxit Lovanii ad
    S. Petrum altare Edelheer, et in capella beatae Mariae
    summum altare, quod opus Maria regina a Sagittariis
    impetravit, et in Hispanias vehi curavit, quamquam in mari
    periisse dicatur,

et ejus loco dedit capellae quingentorum florenorum organa et
    novum altare, ad exemplar Rogerii expressum opera Michaelis
    Coxenii Mechliniensis, sui pictoris.

Ejus quoque artificii sunt

    Testes picturae quae Bruxellense tribunal
    De recto Themidis cedere calle vetant.

    Dominicus Lampsonius

Joannis MOLANI, P. F. X. DE RAM (éd.), 1861, 1, 609.

1594-1595 ARCHIDUC ERNEST

**1594-1595. – Bruxelles. Une œuvre de *Rugier* est citée dans
l'inventaire de l'archiduc Ernest.**

Marie embrassant son fils, de Rugier de Bruxelles.

Dr COREMANS, 1847, 140.

1596 MARCHANT

**1596. – Bruges. Jacques Marchant cite *Rogerius* parmi les
peintres célèbres de Bruges.**

Quibus adiungi gaudent Bruge nati pictores famigerati, Hugo,
    Rogerius, Lancelotus, Pourbussi : quales non pauci genitalem
    Gandavi etiam, Ypraeque ortum habuerunt.

J. MARCHANT, 1596, 132.

1604 VAN MANDER

**1604. – Haarlem. Carel van Mander raconte la vie de Rogier
de Bruges, peintre.**

La vie de Rogier de Bruges, peintre.

Aleer de wijt vermaerde stadt Brugghe in afgangh en
    verminderinge is ghecomen/door dat A°1485. den
    Coophandel van daer gheweken is nae Sluys en
    Antwerpen/ghelijck t' gheluck en d'avontuer deser Weerelt
    wanckelbaer is : Soo hebben in dese bloeyende Stadt ten tijde/en
    nae het leven van Ioannes, noch eenighe fraey edel gheesten
    gheweest. Onder ander eenen Rogier gheheeten/die een Discipel
    is gheworden van den voornoemden Ioannes. Nochtans schijnt
    wel/dat het is gheweest ter tijdt/doe Ioannes al redelijck oudt

was ghewordt : want Ioannes zijn Oly-verwe Const en
    vindinghe tot in zijnen ouderdom heeft verborghen
    ghehouden/niemant latende by hem comen daer hy
    wrocht/maer heeft eyndlijck dese zijn Const zijn Discipel Rogier
    deelachtich gemaeckt. Van desen Rogier zijn te Brugge in
    Kercken en huysen veel dinghen gheweest te sien : Hy was cloeck
    van teyckeninge/en van schilderen seer gracelijck/soo van
    Lijm-verwe/Ey-verwe/als Oly-verwe. In desen tijt had men de
    maniere/te maken groote doecken/met groote beelden in/die
    men ghebruyckte om Camers mede te behangen/als met
    Tapijtserije/en waren van Ey-verwe oft Lijm-verwe ghedaen.
    Hier in was hy een goet meester : en ick meen wel van hem te
    Brugge eenighe van dese doecken gesien te hebben/die
    wonderlijck (nae den tijt) te achten en te prijsen waren : want
    soo in 't groot wat te doen/daer moet teyckeninge en verstandt
    by zijn/oft het soude hem licht loochenen/dat hem in 't cleen so
    licht niet en weyghert eenen welstant te laten geven. Van zijn
    doot weet ick niet te verhalen/dewijle 't gherucht hem noch te
    leven betuyght/om d'uytnementheyt zijner Consten/die zijnen
    naem der onsterflijckheyt heeft op gheoffert.

C. VAN MANDER, 1604, fol. 203 et 203 v°.

1604 VAN MANDER

**1604. – Haarlem. Carel van Mander raconte la vie de Rogier
van der Weyde, peintre de BRUXELLES.**

La vie de Rogier van der Weyde, peintre de Bruxelles.

Onder de gherucht-weerdighe in der Schilder-const/moet
    sonderlinghe ghedacht en niet versweghen blijven/den
    uytnemenden Rogier van der Weyde, die uyt Vlaender oft van
    Vlaemsche Ouders te Brussel heel vroegh in onsen voorigen
    donckeren Consttijt heeft laten blincken t'licht der
    vernuftheyt/dat de Natuere in zijnen edelen gheest hadde
    deelachtigh ghemaeckt/en ontsteken hadde/tot groot
    verwonderen en oogh ontsluytinge der Constenaren van zijnen
    tijt : want hy onse Const grootlijcx heeft verbetert/toonende met
    zijn vindinghen en handelingen een volcomender wesen/so in
    stellingen/als ordineren/met uytbeeldinghe der Menschlijcker
    inwendighe begheerten oft gheneghentheden/t'zy
    droef/gram/oft blijde/nae den eysch des wercks. Van hem tot
    eeuwighe ghedachtnis zijn te sien te Brussel op t'Raedt-
    huys/seer vermaerde stucken/wesende vier historien/op het
    gherichte oft Iustitie by een ghebracht. Daer is voorneemlijck een

uytnemende en mercklijck stuck/daer den ouden Vader te bedde
cranck ligghende/zijnen misdadigen soon den hals af snijdt :
waer seer eyghentlijck de ernsticheyt des Vaders is te sien/die
bijtende op zijn tanden/met onghenadighe handen/soo
grouwsaem recht aen zijn eyghen kindt bedrijft. Voorts isser
daer den Vader en den soon om trecht in eeren te houden/beyde
elck een ooghe worden uytghesteken/en dergelijcke beduytselen
meer/welcke dinghen wonderlijck te sien zijn : beweeghden oock
den gheleerden Lampsonio soo seer/dat hy zijn ooghen qualijck
con verbieden die stadich aen te sien/doe hy te dier plaetsen was
doende om tot bevredinge der Nederlanden te schrijven de
Pacificatie van Ghent ondertusschen dickwils segghende : o
Meester Rogier, wat een Man sijdy gheweest en dergelijcke
woorden : daer hy nochtans met soo belanghende saeck onledigh
en doende was. Van Rogier is oock gheweest te Loven in een
Kerck/gheheeten Onse Vrouwe daer buyten/een afdoeninghe
des Cruycen/daer twee op twee leeren stonden/en lieten
t'lichaem af dalen met eenen lijnen doeck oft dwael : beneden
stonden Joseph van Aromathia, en ander/die het ontfinghen.
Beneden saten de Marien seer beweeghlijck/en weenden :
alwaer Maria, als in onmacht wesende/was van Ioanne, die
achter haer was/opghehouden. Dit principael stuck van
Meester Rogier wiert aen den Coningh nae Spaengien
gesonden/welck onder weghe met t' Schip op de reys
verdronck/doch werdt ghevischt : en seer dicht en wel ghepackt
wesende/was niet seer bedorven/dan een weynich ontlijmt. En
in de plaets van dit/hadden die van Loven een/dat van
Michiel Coxie nae dit ghecopieert was : waer by te bedencken
is/wat een uytmuntigh stuck dit was. Hy hadde een
conterfeytsel ghemaeckt voor eenighe Coninginne/oft groote
Personnagie/daer hy voor hadde een erflijcke Coorenrente/en is
tot grooten rijckdom ghecomen/heeft den armen veel aelmossen
bestelt/en ghestorven ten tijde van de sweetende siechte/die men
d'Enghelsche cranckheyt noemde/die t'heele landt schier
doorcroop/en veel duysent Menschen wech nam. Dit was in 't
Jaer ons Heeren 1529. in den Herfst. Van desen Rogier, oft tot
hem/seght Lampsonius op dese meeninghe :
Laet u niet o Rogier, soo seer met lof verblijden,
Dat ghy gheschildert hebt, soo doe den tijdt mocht Iijden,
Veel schoone dinghen doch, die wel verdienen staen,
Dat alle Schilders noch, in dees vernufte tijden
(Indien sy wijs zijn recht) staegh d'ooghen daer op slaen.

Sulcx tuyght de schilderije, de welcke doet vermaen,
Aen t' Brusselsche ghericht, aen gheenen cant te wijcken,
Van billickheyt ghewis de goede oprechte baen.
Hoe sal gheconnen oock uyt Mensch ghedachte strijcken
Dijn uyterlijcksten wille in 't deelen verghelijcken,
Van uwen rijckdom groot, ghewonnen met t'Pinceel,
Den armen t'eenen troost, voor t'hongherigh beswijcken ?
Ghy liet u goeders doch hier d'aerde voor haer deel,
Die blijven metter tijdt verdorven al gheheel :
Maer die schoon stucken claer, waer by wy u ghedencken,
Die sullen onghescheynt in Hemel eeuwigh blincken.

C. VAN MANDER, 1604, fol. 206 v° et 207.

1605 COLVENERIUS

1605. – Douai. Annotations de Georgius Colvenerius dans l'édition de Thomas Cantimpré dans lesquelles il mentionne les tableaux d'Herkenbald de *Rogerio vander Weyden*.

Simile ei quod hic refertur, si non idem, recitat Caesarius I, 9, dial.
    c. 39, qui scripsit opus illud anno 1222, et ante biennium
    contigisse ait quam ista scriberet. Comitem autem seu nobilem
    cui contigit vocat Erkenbaldum de Burban. In eo tantum est
    discrepantia quod Cantipratanus refert de filio proprio –, iste
    de filio sororis, et pro abbate ponit episcopum. Caesario in
    relations pene consentit ad verbum inscriptio sub tabula rem
    gestam exprimente a Rogerio vander Weyden celeberrimo pictore
    in aedibus Senatorijs Bruxellae olim depicta, quae solet
    externis conspicienda monstrari. Ex hac descripsit Aubertus
    Miraeus… et ad me transmitti curavit, adijciens se quoque
    vidisse Lovanij ad D. Petri eandem historiam efformatam in
    amplo tapete circa aediculam V. Sacramenti suspendi solito.
[Avec les inscriptions des deux scènes d'Herkenbald].

A.M. CETTO, 1966, 205. Partiellement dans A. PINCHART, 1864, 62, note 1.

1608-1609 NOVELLIERS

1608-1609. – Bruxelles. Le peintre Pierre Novelliers est payé pour la réparation des tableaux de justice de l'hôtel de ville. Le nom du peintre n'est pas cité.

XIX Aug. 1608. Mijne eerw. Heren sijn veraccordeert met Peter
    Nouveliers als dat hij volgens mijne heeren wethouderen
    resolutie in date Novembris 1607 sal repareren ende wasschen

die vier grote stucken schilderijen ende het lieve vrouwenbelt staande in de schoone camere mitsgaders die schilderije van S. Ivo staende inder borgmeestercamere sonder cost ende last deser stadt soo verre raect het schoonmaecken der selven ende dat voir de somme van sessehondert R.G. ten oirdele ende jugemente van sieur Wensel Coberghe.

[En marge] *Memorie dat hoewel den selven meester Peter Novellier uuijt laste van heeren tresoriers volle betaelt es dat hij evenwel noch schuldich es die schilderijen te volmaecken volgens deser condition actum XII Martii 1609.*

> J.G. VAN GELDER, 1964-1974, 135, note 2, d'après une communication de J. DUVERGER. Idem dans A. M. CETTO, 1966, 173.

1611 OPMEER

1611. – Anvers. Pieter Opmeer mentionne Rogier.

Secutus hos est etiam Rogerus Weidenus Bruxellensis : cuius tabulam sibi usque placentem Maria Hungariae Regina precibus ac pretio comparavit Lovanij ab aedituis sacelli dolorum Virginis Matris transmisitque in Hispaniam.

> P. OPMEER, 1611, I, 408 b.

APRÈS 1611-AVANT 1639 BUCHELIUS

Après 1611-avant 1639. – Utrecht. Aernout Buchelius (1583-1639) cite deux fois Rogier van der Weyden, avec la référence à Opmeer.

… van der Weyde pictura Brussel in basilica Senatus… Belg.

…

Anno 1410 floruit Rogerus Weydenus Brugensis, nisi fallor, (aut Bruxellensis), cuius tabulam sibi usque placentem Maria Hungariae regina precibus ac pretio comparavit Lovanii ab aedituis sacelli dolorum Virg. matris ; transmisitque in Hispaniam. – Opmerus Chron. 406.

> A. BUCHELIUS, éd. G.J. HOOGEWERFF et J.Q. VAN REGTEREN ALTENA, 1928, 84-85.

1613 SWEERTIUS

1613. – Bruxelles. Épitaphe de Rogier van der Weyden à Sainte-Gudule et inscription sur les *Tableaux d'Herkenbald* dans l'hôtel de ville.

In navi Ecclesiae sparsim,

M. Rogeri Pictoris celeberrimi.

Exanimis saxo recubas ROGERE sub isto

Qui rerum formas pingere doctus eras :

Morte tua Bruxella dolet, quod in arte peritum

Artificem similem non reperire timet.

Ars tiam mæret tanto viduata magistro,

Cui par pingendi nullus in arte fuit.

…

IN ÆDIBVS SENATORIIS,

Sub tabula rem gestam exprimente, à ROGERIO VANDER WEYDEN celeberrimo pictore olim depicta.

HERKINBALDVS vir magnificus, perpotens et illustris, in iudicio personas non acceptans, causam pauperis vt potentis, agnati tanquam ignoti semper aequa lante iudicauit. hic dum grauiter infirmus lecto decumberet, in proxima camera tumultum rigidum, clamoresque femineos exaudit. Cui quidnam esset sciscitanti, ab omnibus celata est veritas. Sed tandem quidam ex pueris vt veritatem panderet, sub oculorum euulsione commonitus, pauens afferuit : Respondebo. Domine, filius sororis vestrae, quem omnes post vos primum timent, colunt, et venerantur, puellam oppressif, et haec fuit caussa clamoris. Quo audito, et re planè cognita, Senior suum nepotem carissimum suspendi mandauit. Quod Senescallus, cui id iussum fuerat, se facturum simulans, egressus, iuueni nunciauit, admonens eum, vt ad tempus lateret. Post horas autem aliquot Senescallus ad infirmum rediens, se impleuisse quod iusserat, mentitus est. Quinto vero die iuuenis aestimans auunculum de culpa immemorem, aperto ostio camerae introspexit. Quem vt infirmus vidit, blandis verbis aduocans, ad lectum reclinare permisit. HERKINBALDVS itaque arrepta capillorum caesarie sui consanguini, caput laeua manu retorquens, et dextra cultellum gutturi eius valide infigens, Zelo iustitiae occidit eundem. Sane dum morbum HERKINBALDVS, letiferum esse persensit, vocatur Episcopus, qui postquam cum Sacramentis aduenisset, infirmus cum lacrymis multis et magna cordis contritione, omnia peccata sua nude confessus est, tacita dumtaxat morte, quam paucis ante diebus suo cognato intulerat. Super quo Episcopus eum redarguens, dixit : Quare celas homicidium, quo nepotem manu tua peremptum vita carere fecisti ? Ad quod infirmus respondens, ait : Neque ego hoc peccatum esse iudico, neque id mihi à Deo remitti deposco. Cui Episcopus : Confitere crimen, et Deus miferebitur tui, alioquin ab edulio

corporis Christi te conuenit abstinere. At illi vir nobilis dixit :
Attestor Deum, quod nepotem mihi carissimum, non liuor, non
odium, sed Iustitiae zelus traxit ad mortem : etsi ob id viaticum
mihi negaueris, spero saltem spiritu aliter communicare. Quo
audito, et languente no sacramentabiliter refecto, Episcopus
recedebat. Cui mox revocato, dixit infirmus : si in capsella sit
Sacramentum corporis CHRISTI, perquire. Et dum apertâ
pixide non appareret, subiungit aegrotus : Ecce quem mihi
abnuens tecum portasti, non se mihi denegauit. Et illico
apertis dentibus, hostia in ore illius palam omnibus
demonstratur. Quod vt vidit Episcop. magnificans Deum,
tantum miraculum, quod diuina dispensatione ob meritum
Iustitae factum non ambigitur, ad aures Christi fidelium
peruigili cura deduxit.

F. SWEERTIUS, 1613, 284 et 309-311.

1613 CROY

1613. – Beaumont. Six peintures dans la succession de Charles de Croy sont attribuées à *Maistre Rogier* par Pierre Novelliers.

Six peinctures de fourme ronde, sur bois, avecq leurs molures
peinctes, dorées et escrites en lettre d'or chascune une histoire
qu'elles représente, représentant icelles l'histoire de Joseph. Le
tout peinct à l'huille, fort proprement et artificiellement, et,
comme les a jugiet le peinctre Novilliers de la propre main de
maistre Rogier.

A. WAUTERS, 1855-1856,89 ; A. PINCHART, 1855, 394 ; IDEM, 1860, 158-160.

CA. 1616 VAN WINGHE

Ca. 1616. – Louvain et Tournai. Dans la collection de Jérôme van Winghe, de Louvain, plus tard chanoine de Tournai, on mentionne des œuvres attribuées à *Meester Rogier*.

…

Notre Dame, au crayon, de maître Rogier, enchassé.

…

Pourtraits de quelques femmes, au crayon, de maître Rogier enchassé.

…

Item, le pourtrait de maître Rogier, peintre, vestu d'une robe my partie de rouge et violet ou fanné, en huyle sur bois. Je l'ay fait

enchasser, 6 1/2 patars.

W. H. James WEALE, 1908, 43-44.

1617 BERGERON

1617. – Bruxelles. Le voyageur Pierre Bergeron signale les tableaux de justice de l'hôtel de ville mais sans en donner l'auteur.

La maison de ville… ou il y a force salles et belles peintures entre
autres il y a une histoire peinte en quatre pièces diverses d'un
Archambaud, duc de Brabant, qui, estant au lit malade,
estrangla de ses mains son propre neveu qui avoit violé une
fille ; puis il y a d'autres peintures de tous les exploits de
l'archiduc…

L.P. GACHARD, 1839, 37.

1621 CHEEUWS

1621. – Anvers. Dans la chambre au trésor de N.C. Cheeuws se trouve une copie d'après *Meester Rogier*.

Een schilderye, figure van Onse Lieve Vrouwe, wesende copie
gedaen na Meester Rogier, geestimeert op thien gulden 1. 13.4.

J. DENUCÉ, 1932, 32.

1623-1628 DUBUISSON-AUBENAY

1623-1628. – Bruxelles. Le visiteur François-Nicolas Baudot, seigneur Dubuisson et Aubenay (ca. 1590-1652) décrit les tableaux de justice de l'hôtel de ville.

Domus civica (et coram patens area) ampla e lapide vetus
aedificium. In eius camera quadam, pictura parietem unum e
4 quibus constat camera, unum integrum occupans in
longum, non tamen ab alto in imum, tabula quadruplici, sive
octuplici. Sunt enim quatuor in una continuae tabulae,
quarum quaeque etiam secta est et in se bipartita.

Prima tabula in prima sectione continet Trajanum equo in Dacos
proficiscentem cum exercitu, et mulierculam obviam habenas
equi retinentem et postulantem jus.

In secunda sectione, amputatur caput militi qui mulierculae filium
occiderat. Ibi imperator assistens cum principibus et
consiliariis inter quos excellit vultus fratris, ut videtur et mihi
dictum est, franciscani sed contra chronologiam.

Subscriptio aurea talis est : Trajano imperatori eo quod in dacos
proficiscens militem qui mulierculae filium occiderat capite
mulctaverit, S. P. q. Brux. dicavit. Rogerius Sweidenus civis
pinxit 1439.

Secunda tabula in prima sectione continet pontificem Romanum Gregorium Dialogum ante columnam Trajani, et ipsum orantem.

In secunda sectione idem est cum suis cardinalibus et clericis, aspiciens calvariam Trajani in qua chirurgus proscipillo seu spathula linguam integram sanam et rubicundam ostendit.

Subscriptio talis est : D. Gregorius Dialogos in foro Trajani admiratus columnam in qua inscripta erant acta ejus et res gestae, impositaque urna ; motus zelo justitiae oravit et impetravit a Deo veniam idolatrae imperatori. Ex Joanne Damas. in sermone de iis qui in fide migrarunt.

Tertia tabula in prima sectione continet Archambaldum ducem Brabantiae nudum in lecto aegrotum, qui accersitum ad se juvenem cultro jugulat insurgens acriter ; servo factum deplorante et muliere admirante/in secunda sectione, cum pictore ipso imberbo ibi assistente.

Subscriptio talis est : Erkenbaldo Burbanio aequissimo duci qui graviter aegrotens unicum ex sorore nepotem et haeredem ob stuprum virgini illatum dum judices connivent propria manu occidit, S.P. q. Bruxellensis dedicavit, Rogerius pinxit Ex Caesario Heisterbachensi L. 9. cap. 38.

Quarta et ultima tabula continet Erkenbaldum in prima sectione jacentem in lecto, et episcopum cum clero assistentem cum frequenti turba in secunda sectione.

Subscriptio talis : Episcopus negat se daturum communionem, eo quod homicidium nepotis non fuisset confessus. Ille zelum justitiae affirmabat, et divinitus communicat reaccessitoque ad se episcopo hostiam in os divinitus illapsam ostendit. Vixit Caesarius anno 1522.

> Paris, Bibliothèque mazarine, ms. n° 4407, fol 56. Transcription de A. M. CETTO, 1966, 209.

1623-1628 SAINTE-GUDULE

1623-1628. – Bruxelles. Le voyageur Dubuisson-Aubenay mentionne un petit diptyque à Sainte-Gudule le disant de la main de ce Roger qu'il a signalé comme auteur de l'*Histoire d'Herkenbald*.

Item dans l'église Sainte-Goudèle, un petit tableau à deux tables que l'on croit estre de saint Hubert, evesque de Liège, longueur de 4 pieds, hauteur de 3 ; est en la chapelle de Notre-Dame des Fleurs, au bas de l'église en entrant.

…

A sainte Goudèle…tout au bas de la nef à main gauche, le tableau dont est parlé cy-dessus est estimé de la main de ce Roger dont est parlé p. 56 en l'histoire d'Erkenbaldus. Est divisé en deux, au costé droit au regard de l'autre la section contient la levation et la translation du corps de saint Lambert (Hubert) comme porte la subscription ; il est a demi levé du sarcueil en habit époscopal, prêtres et clergé alentour et Carloman, tenant sa couronne de la main gauche, la teste nue ; plus outre est une perspective avec balustres à travers lesquelles regarde un peuple infini. A l'autre section du tableau qui est à la main droite à nostre regard est le pape Sergius, comme porte la subscription, à qui est extasié l'ange apporte une crosse et mitre, luy disant qu'il eûst à en investir Hubert, qui estoit un homme qu'il trouveroit ad limina D. Petri. Là se voyent quelques bastiments et apparences de Rome, un cardinal et force gents qui vont et viennent.

> Publié par L. HALKIN, 1946, 59-61 ; et par Davies, *Corpus*, Londres, II, 1954, 188, doc. I.

1624 SANDERUS

1624. – Bruges. Antonius Sanderus cite *Rogerius* comme peintre de Bruges.

Rogerius Brugensis Pictor, ut idem Harduinus ait, excellentissimus, ac discipulus Ioannis Eyck, à Georgio Vasaro celebratur in eo quod iam sepè memoratum est de claris Pictoribus volumine, item à Vermanderio.

> A. SANDERUS, 1624, 71.

1642 NEYT

1642. – Anvers. Dans la collection d'Herman de Neyt, marchand de tableaux et peintre lui-même, se trouvent trois tableaux attribués à *Rogier*.

Een Mariebelt, out, met ebbenhoute lyste, van Rogiers, get. n° 99.

…

Een tronie van Meester Rogier vander Wydden, get. n° 409.

…

Een out conterfeytsel met buytenlyst van Rogier, get. n° 211.

> J. DENUCÉ, 1932, 95, 105, 108.

1655 GUZMAN

1655. – Espagne. Dans la succession de don Diego Felipe de Guzman, marquis de Leganés, quatre œuvres sont

attribuées au maître *Rugier*.

5. *Otra ymagen de Ntra Sra antigua, con el niño en las faldas y San Joseph con un libro en las manos y otras dos Santos, de bara de alto y otra de ancho de m^{ro} Rugier tasada en 2 400.*

298. *Una nra Señora a la puerta del templo, de mano de m^{ro} Rugier de una bara de alta y 3 quartas de ancho, en 500.*

378. *Otra pintura de nra Señora con el niño en los braços y dos àngelesque la coronan, de mano de m^{ro} Rugier de poco menos de bara en quadro en 400.*

1 151. *Otra de una Anunciacion, en tabla, con sus dos puertas, con la Bisitazion de Santa Ysabel da una y la otra con su paso de la escriptura, autor m^{ro} Rugero (esta pintura del n. 1. 151 la dio su exc^a al Sr abbad Spinola).*

Transcription d'après E. BERMEJO-MARTINEZ, 1, 1980, 134.

1657 WILLEMSENS

1657. – Anvers. Dans la collection de Suzanna Willemsens (veuve de Jan van Born, fripier) une petite peinture est attribuée à *Rogier*.

Een oudt Marienbeldeken, van Rogiers.

J. DENUCÉ, 1932, 196.

1659-1660 SANDERUS

1659-1660. – Brabant. Dans la *Chorographia Sacra Brabantiae*, Antonius Sanderus mentionne des œuvres de Rogier dans l'église des Carmes de Bruxelles et au prieuré de Groenendael.

Sacra Carmeli Bruxellensis.

Aliam adhuc picturam antiquitate nobilem, arte nobiliorem quasi extento digito indico : in refectorio conventus habetur, Virginem Matrem puerum bajulantem exhibet, cujus super caput utrimq. Angelus coronam stellis insignitam sustinet : latera hinc cingunt Fratres Carmelitae, hinc nobilissimus aurei velleris Heros, cum omnibus o familia, ut vixerat depictus. Adi lector, et certantem cum natura artem miraberis. Picta fuit anno 1446 à Rogerio quodam, cujus haec à morte nomen vendicat : anno 1581 dum iconomachia nihil habebat sancti, gravissime laesa, anno 1593 sumptibus Capituli Provincialis est restaurata.

A. SANDERUS, *Sacra Carmeli Bruxellensis*, Bruxelles, 1660, 15a.

In Viridi valle, vulgo Groenendael.

In sacello laterali picturae sunt etiam admodum venustae ab

ignoto hactenus auctore, quae tamen putantur esse Rogerii Bruxellensis. In aliis exhibetur passio philosophorum à B. Catharina Virgine et martyre conversorum.

A. SANDERUS, *Viridi Valle*, 1659, 27.

1660 HUYGENS

1660, octobre 20. – Bruxelles. Christiaen Huygens mentionne les peintures de *Rogier (van der) Weyden* à l'hôtel de ville.

Op 't Stadhuys oude fraaije schilderijen van Rogier Weyden gesien.

H.L. BRUGMANS, 1935, 122 ; J. VAN GELDER, 1964-1974, 142.

1661 MEYSSENS

1661. – Anvers. Dans la série de portraits gravés des ducs de Brabant, *R. van Brugge* est cité comme peintre du portrait de Marie de Bourgogne.

R. van Brugge pinxit/Petr. de Iode sculp.

Jan MEYSSENS, s.d. [1661], XLVI.

1663 MONCONYS

1663. – Bruxelles. Le visiteur Balthasar de Monconys décrit les tableaux de Rogier van der Weyden dans l'hôtel de ville de Bruxelles

Juillet 1663.

… la maison de Ville d'une Architecture antique, à la Flamande, avec une infinité de luquernes sur le toit. Je fus dedans, où je ne vis rien de beau que 4 tableaux dans une chambre, faits par Rogerius Vueidenus, d'un Jugement de Traian, de la priere que fit pour luy S. Gregoire pour avoir fait mourir un Duc, et la personne de son neveu pour avoir violé, et le miracle de l'hostie qui vint dans sa bouche, l'Evesque la luy ayant refusée parce qu'il n'accusait pas ce péché, disant qu'il l'avoit fait par zele.

Mr DE MONCONYS, 1665-1666, II, 97.

1666/1685 FELIBIEN

1666/1685. – Paris. André Felibien mentionne *Roger Vanderwyde* comme contemporain d'A. Dürer et décrit les peintures d'Herkenbald de l'hôtel de ville de Bruxelles.

Mais je ne me souvenois pas de vous parler d'un Peintre de Bruxelles, contemporain d'Albert Dürer, et qu'on peut dire avoir ésté un des plus sçavans de tous ceux qui paroissoient alors dans les Païs-Bas. Il se nommoit ROGER

VANDERWYDE, et a peint dans l'Hôstel de Ville de Bruxelles plusieurs tableaux, où il a représenté des exemples de justice les plus mémorables que l'Histoire luy a pû fournir ; entre lesquels il y en a un qui a grand cours en Flandre, et que plusieurs Auteurs ont rapporté. La beauté de cette Peinture merite bien que je vous en fasse le recit. Erchenbaldus de Burban, homme illustre et puissant, et que quelques-uns qualifient de Comte, avoit un si grand amour pour la justice, que sans faire acception de personne, il ne pardonnoit aucun crime. Comme il éstoit malade, et en danger de mort, un de ses neveux, fils de sa soeur, ayant attenté à la chasteté de quelques femmes, il commanda aussitost qu'on s'en saisist, et qu'on le menast au supplice. Ceux qui reçeurent cet ordre, eûrent compassion de la jeunesse de son neveu ; et l'ayant seulement averti de s'absenter, ne laisserent pas de faire sçavoir au malade qu'ils avoient exécuté ses commandemens. Mais cinq jours après, le jeune homme, qui croyoit la colére de son oncle déja passée, alla imprudemment dans sa chambre pour le visiter. Le malade l'appercevant, dissimula son courroux, et luy tendant les bras, l'invita par des paroles obligeantes à s'approcher de luy ; mais lors qu'il put l'embrasser, il luy passa un de ses bras sur le col, et le serrant de toute sa force, luy donna de l'autre main d'un cousteau dans la gorge, et luy ôstant la vie, devint luy-mesme l'exécuteur de la justice, qu'il avoit ordonné de faire. Le corps mort, et tout sanglant ayant esté emporté, le peuple vit avec horreur un spectacle si tragique, et si cruel. Cependant la maladie d'Erchenbaldus commença d'augmenter ; et l'Evêsque du lieu estant venu pour le confesser, fut tout surpris de voir que le malade s'accusant avec une douleur extrême de tous ses péchez, il ne parloit point du meurtre de son neveu, qu'il venoit de commettre : de quoy l'ayant averti, il soûtint qu'en cela il n'avoit commis aucun mal, n'ayant rien fait que par la crainte qu'il avoit de Dieu, et pour le zele de la justice : ce qui fascha si fort l'Evêsque, qu'il luy refusa l'absolution, et remporta le sacré Viatique. Mais à peine éstoit il sorti de la maison, que le malade le fit appeller et le pria de voir si la Sainte Hostie éstoit dans le ciboire ; et comme l'Evêsque l'eut ouvert, et qu'il fut tout étonné de n'y trouver rien : Voilà, dit le malade, celuy que vous m'avez refusé qui s'est donné luy mesme à moy ; et ouvrant la bouche, montra la sainte Hostie sur sa langue. De quoy l'Evêsque fut si surpris, qu'il fut obligé d'approuver ce qu'il avoit condamné auparavant, et de faire sçavoir à tout le

monde un si grand miracle qui arriva environ l'an mil deux cens vingt.

Cette histoire est représentée par ce Vanderwyde, qui a fait voir dans ses Figures des expressions qui surpassent tout ce que les autres Peintres, dont je viens de parler, ont jamais fait de plus beau. Il mourut en mil cinq cens vingt-neuf.

André FELIBIEN, 1666 ; éd. 1685, 1, 578-580.

1675 Sandrart

1675. – Nuremberg. À l'exemple de Carel van Mander, Joachim von Sandrart parle de deux Rogiers, Rogier, peintre de Bruges, et Rogier van der Weyden de Bruxelles.

II. Rogier, Mahler von Brugg. Obwolen die weitberuhmte Stadt Brugg in grosses Abnehmen gerahten, als Anno 1485 die Kaufmannschaft von dar nach Schluiß und Antorff gewichen, so haben doch in dieser Stadt nach dem Absterben des Johannes von Eyk noch einige geistreiche subiecta sich herfür gethan und unter andern einer Namens Rogier, der ein Discipel vorernennten Johannes gewesen, deme er in seinem höchsten Alter die Kunst von Oelfarben, so er allezeit in geheim gehalten, geoffenbahret. Von diesem Rogier sind zu Brugg in Kirchen und Häusern viel Ding zu sehen gewesen ; von seinem Tod weiß. ichl nichts, aber wol, daß Gerucht ihn fast über sich gebracht, daß auch nach seinem Tod dessen Namen der Unsterblichkeit geopfert wird.

VII. Unter den berühmten Künstlern muß nicht hindan gesezt werden oder verschwiegen bleiben der herrlich und lobwürdige Rogier von der Weyde, der ein Niderländer, und seine Eltern von Brüssel gebürtig waren. Diesem hat die Natur, gleich im ersten Früling seiner Jahre eine hellblinkende Fackel hocherleuchten Verstands und Gewogenheit zu der Kunst angezündet, anfolglich hat er durch trefliche Inventiones, vernünftige Anordnungen und kluge Ausbildungen der innerlichen affecten, als Freude, Zorn, Mild- und Traurigkeit, der Kunst merklich geholfen.

Von ihme sind zu ewiger Gedächtnis auf dem Brüsselischen Rathauß zu sehen vier berühmte Stucke, darinnen die Justitia oder Gerichte vorgestellet werden, vornemlich aber ist dasjenige sehr kostbar, da ein alter Vatter seinen zween krankligenden Söhnen die Hälse abschneidet, als in dem sehr eigentlich die Ernsthaftigkeit des Vatters zu ersehen, welcher die Zönne übereinander beist und mit ungnädigen Händen das

grausame Recht an seinen eignen Kindern verübet. In einem
andern wird dem Vatter und dem Sohn ein Aug ausgestochen,
um das Recht zu schützen. Dieser Gemälde Fürtreflichkeit hat
den gelehrten Lampsonium bewogen, daß er selbige nicht genug
ansehen können, und oft zu sich selbst gesagt hat : O Meister
Rogier, was für ein Mann seyt ihr gewesen.

Er bat auch ein Contrafe für einen großen Monarchen so wol
gemacht, daß ihm dafür ein jährliches Korngilt bestellet
worden. Er ist zu großem Reichtum gelangt und hat den Armen
viel Almosen gestiftet, als er an der Englischen Krankheit, die
fast das ganze Land durchstreift und viel tausend Menschen
hingerafft, gestorben, in dem Herbst des 1529. Jahrs.

J. VON SANDRART, 1675, 216-217 ; éd. A. R. PELTZER, 1925, 56-
57.

1677 CHRISTYN

**1677. – Bruxelles. Épitaphe de Rogier van der Weyden à
Sainte-Gudule et attribution des projets de vitraux.**

M. ROGERI Pictoris celeberr.

Exanimis saxo recubas, ROGERE, sub isto,

Qui rerum formas pingere doctus eras :

Morte tua Bruxella dolet, quod in arte peritum

Artificem similem non reperire timet.

Ars etiam moeret tanto viduata magistro ;

Cui par pingendo nullus in arte fuit.

…

Nec parvum ornatum sacello huic adferunt fenestrae vitreae versus
caemeterium à Magistro Rogerio famosissimo Bruxellensi
Pictore delineatae… [p. 41].

J. B. CHRISTYN, 1677, 41 et 97 ; IDEM, 1743, 64 et 130.

1682 BULLART

**1682. – Bruxelles-Paris. Isaac Bullart décrit en détail les
tableaux de justice de l'hôtel de ville de Bruxelles et précise
d'autres données à propos de *Roger vander Weyde*.**

ROGER VANDER WEYDE

Les Tribunaux de la Justice ont esté inviolables de tout temps, et
parmy toutes les Nations du monde ; parce qu'ils servent de
soutien à l'authorité des Loix, à la puissance du Souverain, et
à la tranquilité des particuliers. Les Romains les avoient en si
grande venération, que lors qu'il s'agissoit de decider des
causes d'importance ils s'assembloient dans leurs Temples, afin

d'estre retenus par la presence de leurs Divinitez de prononcer
un jugement inique : et nous voyons qu'on observe encore à
present cette loüable coûtume en divers endroits, de mettre dans
les places où l'on prononce les arrêts l'image du Sauveur, Juge
Souverain de tous les hommes ; ou quelque autre représentation
de quelque action mémorable de Justice, ou d'Injustice ;
accompagnée de sa récompense, ou de sa punition ; afin
d'imprimer en l'ame des Juges l'étroite obligation qu'ils ont à
s'acquitter de leurs Charges en administrant la Justice sans
dissimulation.

On aurait de la peine à trouver des expressions plus puissantes, et
plus sensibles sur ce sujet que celles que ROGER VANDER
WEYDE a représentées dans les quatre Tableaux que l'on voit
de sa main en la Maison de Ville à Bruxelles. Certes si ces
pretieux monumens renouvellent à nos yeux la memoire du zele
que le magnifique Senat de cette populeuse Cité a tousiours eu
pour la severité des Loix, et pour le progrez des Arts ; ils ne font
pas moins paroistre l'esprit excellent de ce sçavant Peintre.
ROGER eust pu difficilement choisir en toutes les Histoires des
sujets plus dignes de son pinceau, et plus capables de porter les
esprits à la reverence de la Justice, et l'on eust pu difficilement
trouver parmy tous les Peintres un Peintre capable de les
représenter si parfaitement que luy.

L'on voit dans le premier de ces Tableaux une action juste que
l'Empereur Traian fit lors qu'il marchoit à la teste de son armée
contre les Duces. Tout ce que la douleur a de plus sensible
semble plaider en faveur d'une femme, qui prosternée à ses
pieds luy demande Justice contre un soldat qui a tué son fils.
La severité rend le visage de ce Prince redoutable : il se laisse
pourtant flechir aux importunitez de cette mere affligée, et fait
venir le soldat meurtrier, qui porte l'image de son crime, et celle
de la mort empreintes sur son visage : le Bourreau s'approche
de luy avec une mine farouche, et se prepare à executer l'arrêt de
mort prononcé contre ce criminel.

Le sujet du second Tableau est tiré du Livre de Saint Jean
Damascene. Le Pape Saint Gregoire le Grand est à genoux
devant un Autel, tenant en ses mains la teste de ce Prince
équitable, que l'on a tirée de son Urne, et qui a encore les levres
vermeilles et entieres : il prie avec ferveur pour sçavoir la raison
de cette merveille, et apprend par revelation que cette
conservation miraculeuse a esté accordée à Traian pour
recompense de sa justice. Il est accompagné de quelques Prelats,

qui ne paraissent pas moins étonnez de ce prodige.

On diroit que le Peintre a reservé ses derniers efforts pour mettre dans le troisième Tableau tout ce qui peut inspirer l'horreur d'un crime. Vous voyez sur un lit de pourpre un homme, qui à la pâleur de son visage, et à son corps extenué témoigne d'estre affoibly par la caducité de son age, et par une longue maladie : neantmoins la colere donnant force aux membres debiles de ce vieillard ; il se soûleve à demy nud, et tient empoigné par les cheveux un jeune homme de bonne mine, qui paroist estre en la vigueur de ses années : ses yeux, qui sont peints des couleurs de la mort, n'ont point d'autre feu que celuy de son indignation : il grince les dents, et son action donne de l'effroy : car il enfonce avec violence un coûteau dans la gorge de ce malheureux ; et l'on void bien que la blessure est mortelle, parce que quelques efforts que ce jeune homme fasse pour parer ce coup de sa main, il ne peut empecher qu'il ne luy traverse le gozier, et qu'il ne luy tranche le passage de la respiration. Il n'y a personne qui à voir cette Catastrophe ne pense d'abord que ce vieillard impitoyable est le criminel, et que celuy qui succombe sous sa main meutriere est l'innocent, et l'oppressé : mais voicy la verité de l'Histoire. Archambaut, Prince de Brabant, ayant appris que son neveu, et son successeur avoit violé une jeune fille, ordonna aux Juges de luy faire son procez, et de le punir selon la rigueur des Loix : mais ces hommes foibles, et corrompus dissimuleront ce crime, parce que le criminel estoit l'unique heritier de l'Estat, et sur le point de succeder à son Oncle. Cette impunité fut si sensible à Archambaut, qu'aprés avoir caché son indignation quelques jours : sentant qu'il tiroit à la fin, il fit venir le jeune Prince auprès de son lit, comme pour luy parler de sa succession, et le saisissant par les cheveux, luy coupa la gorge pour expier par son sang l'énormité de son crime.

Le quatrième Tableau est un miracle de l'Art qui représente un miracle de la Grace. Un Evêque paroist auprès du lit du mesme Archambaut, revêtu des ornemens sacerdotaux, et accompagné de quelques Prestres : il conteste avec ce Prince mourant, et luy refuse le Viatique, parce qu'il ne veut point se repentir du meurtre de son Neveu vous diriez mesme par un certain détour qu'il fait qu'il veut sortir de la chambre mais il est retenu par un Domestique du Prince pour voir la sainte Hostie, qu'Archamhaut luy montre sur sa langue : l'Evéque interdit ouvre le Ciboire, et voit avec admiration qu'elle en est sortie miraculeusement pour passer en la bouche de cet homme juste,

en signe que le Ciel approuve la Justice qu'il a exercée.

Voilà l'interprétation de ces rares Peintures ; outre lesquelles ROGER a fait encore une piece de grande estime sur la dignité de la Justice. C'est l'histoire de Zeleucus, fameux Legislateur des Locriens ; qui ayant condamné l'adultère à prendre les deux yeux, et voyant que son fils estoit convaincu de ce crime, se fit crever un oeil, et un autre à ce jeune Prince –, afin de se conserver la qualité de Juge équitable, et tout ensemble celle de Pere miséricordieux par cêt admirable tempérament de Justice. Il a peint aussi pour l'Eglise de Nostre Dame à Louvain une Descente de la Croix : mais cette Ville ne la posseda point long-temps : car Philippe II, l'ayant convoitée ; le Magistrat fut obligé à luy en faire present, et à se contenter d'une copie que ce Prince leur laissa. L'original ayant esté embarqué pour estre envoyé en Espagne, fut jetté par la tempeste sur quelque coste ; mais retiré des ondes fort peu endommagé, et mis en la Chapelle Royale de l'Escurial. Une grande Princesse employa encore ROGER à faire son portrait, et luy donna un revenu considérable en bled pendant sa vie, pour témoigner combien elle estoit satisfaite de son travail. Ce Peintre signalé ayant acquis beaucoup de gloire, et des richesses par l'excellence de son pinceau, et par sa vie vertueuse, subit la loy commune de tous les mortels l'an mille cinq cens vingt-neuf, par un mal contagieux qui regnoit en ce temps-là, nommé la maladie Angloise. Ceux qui ont écrit ses louanges l'appellent ROGER de Bruxelles ; comme estant plus connu sous le nom de sa Ville natale, que sous celuy de sa famille. Voicy ce que Lampsonius a publié à son honneur.

Non tibi sit laudi quôd multa, et pulchra, ROGERE Pinxisti, ut
    poterant tempora ferre tua :
Digna tamen nostro quicumque est tempore Pictor ;
Ad quae, si sapiat, respicere usque velit.
Testes Picturae quae Bruxellense Tribunal
De recto Themidis cedere calle vetant :
Quam tua de partis pingendo extrema voluntas
Perpetua est inopum quod medicina fami ;
Illa reliquisti terris jam proxima morti
Hoec monumenta polo non peritura micant.

Isaac BULLART, 1682, II, 387-389.

1683 SANDRART

1683. – Nuremberg. Dans la traduction latine de Sandrart

(1675), Rogier de Bruges et Rogier van der Weyden de Bruxelles sont cités sous les noms traduits de *Rogerius Brugensis pictor* et *Rogerius de Salice Bruxellensis*.

II. ROGERlUS, Brugensis pictor.

[dans la marge] *II. ROGERIUS pictor Brugensis.*

Quamvis enim Brugae celeberrimum Flandriae emporium nimium quantum decrevisset, cum anno 1485. commercia abhinc Antverpiam et Slusas commigrarent, ibidem tamen post mortem Johannis ab Eyk ingenia quaedam prodierunt laude suâ haudquaquam privanda : inter quae Rogerius quidam, Johannis discipulus, cui iste in extremâ vitae senectâ artem oleo miscendi colores, quam secretissimam semper habuerat, tandem manifestavit : Unde ipsius manu varia Brugis tam in templis, quàm in domibus privatis elaborata extiterunt opera. De morte illius autem nihil mihi innotuit, nisi quod mortem ipsam celebritate nominis superasse dici queat. [P. 203]

VII. ROGERIUS de Salice Bruxellensis.

[dans la marge] *VII. Rogerius Weidensis pictor Bruxellensis. Opera ejus Bruxellana.*

Parentibus quoque Bruxellensibus natus, et primis jam juventutis suae annis speciminibus optimarum inventionum, prudentissimarum dispositionum, et expressorum argutissime affectuum, gaudii se. iracundiae, benignitatis ; atque tristitie celeberrimus. Ab illo elaboratae sunt quatuor illae picture, quae in curiâ Bruxellensi in perpetuam ejus memoriam asservantur, de quibusdam rigorosae justitiae exemplis ; ubi inter coetera multâ arte claret historia Patris cujusdam duobus filiis suis aegrotis jugula praesecantis, in quâ mirâ severitate spectabilis est pater, commorsis dentibus immites proli propriae inferens manus. In alia historia tam patri quam filio oculus ad observandum legis rigorem eruitur. Quibus picturis conspectis eruditissimus Lampsonius exclamasse cum admiratione dicitur : Ah ! quantus, ô Rogeri, quantus tu fuisti artifex.

Idem etiam iconem magni cujusdam Principis tantâ similitudine pinxit, ut canonem quondam annuum emphyteuticum pro illa accipere mereretur. Cumque magnis jam afflueret opibus, multas pro pauperibus constituisse dicitur eleemosynas, lue tandem Anglicana epidemica ferocissima defunctus tempore autumnali anni 1529. [P. 205].

Joachim VON SANDRART, 1683, pp. 203 et 205.

CA. 1686-1688 BALDINUCCI

Ca. 1686-1688 (1728). – Florence. Filippo Baldinucci mentionne *Ruggieri di Bruges* comme maître de *Ans di Bruges* (Memling) ; il parle en détail de Rogier van der Weyden et de *Ruggiero di Bruggia*.

ANS DI BRUGES

Si crede pittore di detta Citta.

Discepolo di Ruggieri di Bruges, fioriva circa il 1460. Non è a nostra memoria di aver trovato fra quanto ci lascio scritto Carlo Van Mander Pittor Fiammingo, che e'facesse menzione di questo Ans, siccome del suo maestro Ruggieri di Bruges, sappiamo aver fatto. Veggiamo pero, che il Vasari nel suo trattato della pittura, al capitolo 21. laddove e' parla del dipignere a olio, dice, che un tale Ans di Bruges, fosse discepolo di esso Ruggiero…

…

ROGIER VANDER WEYDE

Pittor di Bruselles metropoli di Brabanza Fioriva del 1500.

Nacque questo artefice nella Fiandra, di parenti, che pure erano Fiamminghi, e non si è potuto ritrovare chi fosse il di lui maestro nell' arte. Questo è ben certo che egli per attestazione, che ne fa il buon Pittor Fiammingo Carlo Vanmander, è uno di coloro a'quali debbono molto quelle parti, per aver colle sue ingegnose invenzioni arricchiti que' paesi, e l'arte medesima migliorata assai da quel ch' ella era nel principio dell' operar suo. Fattura delle sue mani in Bruselles furono quattro quadri, a' quali fu dato luogo nel Palazzo del Consiglio grande. In essi aveva egli figurato quattro egregie azioni di Giustizia : in uno la storia di Zaleuco, Legislatore de' Locresi nella Grecia Magna, oggi Calabria, che volendo gastigare il proprio figliuolo, caduto in adulterio, colla pena destinata a tal misfatto dalla Legge, che era di doverseli cavare gli occhi, e trovando resistenza nel Senato, che a verun patto non voleva, che nella persona del giovane figliuolo di lui, si eseguisse tal rigore ; finalmente per fare alla Giustizia il suo dovere, volle, che un' occhio a se, ed uno al figliuolo fosso cavato : nell' altro la storia di Erchenbaldo di Purban, uomo illustre e potente, da alcuni qualificato col titolo di Conte. Costui ebbe un tale amor di Giustizia, che senza riguardare a persona, gastigò sempre con ogni maggior severità i gran misfatti. Occorse una volta che trovandosi egli infermo, con pericolo di morte, un de' suoi nipoti di sorella, ardi di violare la castità di alcune dame : il che avendo egli saputo, fecelo di subito carcerare, e quindi fulminando contro di lui sentenza di morte, ne' ordinò l'esecuzione. Coloro, a cui fu un tale ordine imposto, compatendo alla gioventù del misero figliuolo, l'avvertirono di allontanarsi da quel paese, e lasciaronlo in libertà, facendo credere all' infermo, che i comandi suoi fossero stati eseguiti ; ma l'incauto giovane, dopo cinque giorni, persuadendosi che Io sdegno dello zio fosse passato, si portò alla camera di lui per visitarlo. L'infermo all'arrivo cosi inaspettato del giovane, a principio dissimulò ; quindi stendendo verso di lui le braccia con parole cortesi, l'invitò ad avvicinarsegli : e gettategliele al collo, in atto di abbracciarlo, con una di esse lo strinse con gran forza, e coll'altra, con mano armata di coltello, gli trapassò la gola, lasciandolo morto, eseguendo da per se stesso quella giudizia, che altri, contra suo ordine aveva ommessa. Tale spettacolo fu veduto dal popolo con orrore ; ma non andò molto, che'l cielo stesso, con istupendo prodigio, canonizzò l'azione di Erchenbaldo, e andò il fatto in questa maniera. Aumentossi talmente il suo male, che fu necessario, che il Vescovo del luogo gli amministrasse i Sagramenti. Nell'atto della confessione accusossi il Conte con estremo dolore de'suoi peccati ; ma dell'omicidio di suo nipote non faceva parola. Ciò osservando il Vescovo, l'avverti, con ricordargli, che si dovesse accusare dell'eccesso, commesso poc' anzi nella persona del suo nipote. Rispose il Conte non avere in ciò commesso alcuno errore, avendo fatta quell'azione per solo timor di Dio, e zelo di giustizia. Ma non appagandosi il Vescovo di tal discolpa, gli negò l'assoluzione, e seco si riportò il Sacro Viatico. Ma appena fu egli uscito di quella casa, che l'infermo Io fece tornare, e lo pregò di vedere se nella Pisside fosse l'Ostia consagrata. Apersela il Vescovo, e non vi trovò cosa alcuna. Ecco disse allora l'infermo, che quello che voi mi avete negato, da per se stesso si è dato a me : e aprendo la bocca, mostrò la Sacra Ostia sopra la sua lingua : di che il Prelato rimase cosi stupito, che non solo approvò il sentimento di Erchenbaldo ; ma pubblicò per tutto il mondo sì gran miracolo, che successe intorno all' anno 1220. Finalmente contenevano gli altri due quadri di Rogier due simili fatti, che ora io non istò a raccontare. Nel guardar che faceva talvolta quelle storie il dotto Lansonio, in tempo che egli In quella Sala stava scrivendo sopra la Pace di Gant, non poteva saziarsi di ammirarle e lodarle, e sovente prorompeva in queste parole : o maestro Rogier, che uomo sei

stato tu ? Di costui era in Lovanio, in una Chiesa, detta la Madonna di fuora, una Deposizione di Croce, dove egli aveva figurato due persone sopra due scale, in atto di calare il Corpo di Cristo, involto in un panno, fralle braccia di Giuseppe di Arimathia ed altri, che stavano abbasso, e cordialmente lo stringevano, mentre le Sante Donne scorgevansi in atto di gran dolore e di lagrime : e Maria Vergine svenuta, o rapita in estasi era sostenuta da San Giovanni, che stava dopo di lei, in atto molto decoroso, dimostrando gran compassione. Questo quadro originale fu mandato al Re di Spagna : e nel viaggiare sfondandosi la Nave, cadde nel mare ; ma ritolto dalla furia dell'onde, fu portato a salvamento : e perch'egli era stato benissimo incassato, non ebbe da quel naufragio altra lesione, che qualche scollatura delle tavole, al che lu anche dato rimedio. In cambio dell'originale fu posta in quel luogo una bella copia, fattane per mano di Michel Coxiè. Fece anche questo Rogier un ritratto d'una Regina, del nome di cui non è restata notizia, la quale diedegli in ricompensa un' annua entrata di qualche considerazione ; onde con questa e co' gran premi, che e' ricavava dalle sue pitture, diventò tanto ricco, che alla sua morte lasciò gran danari, i quali volle che servissero per sovvenimento de' poveri. Mori questo artefice nell' Autunno dell'anno 1529 nel tempo, che tiranneggiava quelle parti una certa malattia, che si chiamava Morbo sudante, o male Inglese, il quale a gran migliaia di gente di ogni condizione e sesso tolse la vita. Il ritratto di Rogier fu dato alle stampe avanti al 1600 con intaglio di Th. Galle, sotto il quale furon notati i seguenti versi Non tibi... [voir 1572, Lampsonius.]

…

RUGGIERO Di BRUGGIA pittore

Discepolo di Giovanni da Bruggia, fioriva circa il 1490.

La città di Bruggia pel gran commercio, che aveva con ogni nazione e pel molto negoziare che faceva, come abbiam detto in altro luogo, fu un tempo in gran felicità, dico prima dell'anno 1495, nel qual'anno fu la negoziazione trasportata a Sluys e in Anversa. In tale suo fortunato tempo, ebbe ella molti elevatissimi ingegni, che attesero alle belle arti con chiara fama e universale. Fra questi fu un tal Ruggiero, discepolo del rinomato Giovanni da Bruggia, inventore del modo di colorire a olio. Questi avendo appresi i precetti del disegno e della pittura col segreto dell'olio da tal maestro, che già era molto vecchio, fece tanto profitto, che gli furono date a fare molte opere, colle quali si acquistò grido di maestro eccelente. Di mano di costui erano in quella città l'anno *1604 (quando Carlo Vanmander Fiammingo diede fuora nel nativo idioma le sue notizie de' Pittori) nelle case de' privati cittadini molte opere. Fu buon disegnatore, e nel suo fare molto grazioso a tempera e a olio. Era ne' tempi di questo artefice in quelle parti una usanza di far dipignere gran tele con gran figure, e con esse parare le stanze, nè più nè meno, com'è costume a noi di fare colle tappezzerie. Di queste tele, che dipignevano a colle e chiara d'uovo, moltissime eran date a fare a costui, come a quello, che era stimato de' migliori, che in simil lavoro si esercitassero ; conciossiacosachè facil cosa sia il ridurre in disegno dal grande al piccolo ciò che si vuole, ma assai difficile dal piccolo al grande, e non riesce sempre facilmente anche a' più esperti : e in questo modo di aggrandire i piccoli disegni ed invenzioni, Roggiero aveva fatta non ordinaria pratica. Non è noto il tempo, nel quale mancasse questo pittore ; ben' è vero, che egli si procacciò tanto nome di quelle parti coll' opere sue, mentre ch'e visse, elle attesta il nominato Autore, che fino ne' suoi tempi ne correva per tutto chiarissima la fama.

Filippo BALDINUCCI, III, entre 1686 et 1688, publication posthume 1728, 115 (Ans di Bruges), 144-146 (Rogier van der Weyden), 153-154 (Ruggiero di Bruggia).

1687 TENIERS

1687. – Bruxelles. David Teniers a restauré les peintures de la "scooncamer" de l'hôtel de ville.

Item aen Sr Teniers 3 guldens over het stoppen ende schoonmaken van 3 gaten in de schilderijen in de scooncamer.

BRUXELLES, archives de la ville, *Wekeboeck*, 1687, fol. 231 v°.
G. DES MAREZ, 1912, 41 ; J. VAN GELDER, 1964-1974, 123, note 6.

1691 SCHEUT

1691. – Scheut. *Rogier van der Weyden* est cité parmi les bienfaiteurs de la chartreuse.

Caput decimum octavum. Syllabus plurimorum benefactorum Partheniae domus.

…

Rogerus de Pascua sive Weijdius celeberrimus pictor civis Bruxellensis, cujus egregia et rara sunt opera picturae quatuor, quae in curia civium cernuntur. Tumulo [quelques mots

effacés] *est in Basilica D. Gudulae, adijcitur hoc elogium. Exanimis…* [voir 1613, Sweertius.]

BRUXELLES, Bibliothèque royale, Cabinet des manuscrits, n° 11616 (cat. n° 4533 C) ; Johannes Baptist DE VADDERE, *Historia Monasterii Nostrae Dominae de Gratia ordinis cartusiensis*, 1691, fol. 157 et 158.

1698 MONIER

1698. – Paris. P. Monier mentionne *Roger de Bruges* et *Roger Vanderwerden* de Bruxelles.

Jean van Eick de Bruges… Roger de Bruges… [p. 182.]

Les Flamans se perfectionnèrent dans la peinture, depuis qu'ils eurent trouvé l'invention de peindre à huile…

Roger Vanderwerden de Brusselles… [p. 319.]

Pierre MONIER, 1698, pp. 182 et 319.

1699 LE COMTE

1699. – Paris. Florent Le Comte décrit l'œuvre de *Roger de Bruxelles* ou *Vanderveyde* à Bruxelles et à Louvain.

ROGER DE BRUXELLES, OU VANDERVEYDE,

A fait dans la Maison de Ville quatre Tableaux, representans quatre differens actes de Justice : l'un montre l'Empereur Trajan marchant contre les Daces, qui paroît prononcer l'Arrest de mort contre un Soldat criminel. Le second fait voir le Pape Gregoire le Grand, qui tient dans ses mains la tête de Trajan, dont les lévres paraissent encore toutes vermeilles. Le troisième représente Archambaut Prince de Brabant étant au lict de la mort, qui pour des raisons à luy connuës, tuë son neveu du même Poignard qu'il avoit à son côté. Et le quatriéme, c'est un Evêque qui pour des raisons secrettes, paroît refuser le Viatique à ce Prince ; mais on reconnoît par un miracle tout particulier, que cette même Hostie se trouve dans la bouche du même Prince ; ce qui justifie la conduite qu'il avoit tenuë à l'égard de son neveu.

Il a fait encore la grande histoire de Zeleucus, ce fameux Législateur des Locriens, qui voulant conserver la rigueur des Ordonnances sur le Chapitre des Adulteres, fait crever un oeil à son fils, et se soumet à perdre l'autre, pour ne pas tomber dans l'excés de la punition ou de la douleur. Il peignit une descente de Croix pour Nôtre-Dame de Louvain, que Philippes II plaça depuis à la Chapelle de l'Escurial. Le portrait d'une grande Princesse, qu'il fit avec succès, lui attira de sa libéralité un

revenu considérable en bled pendant le reste de ses jours ; mais
quoy qu'il eut par-là, dequoy soutenir sa vie, il ne laissa pas
que de mourur, ce fut en 1529.

F. LE COMTE, 1699, II, 237-238.

1704 ORLANDI

**1704. – Bologne. P. A. Orlandi mentionne *Rogier van der
Weyden* sous le forme italienne de *Ruggero Salice*.**

RUGGERO SALICE, O VANDER, Pittore di Brusselles grande
inventore, espressivo, e fecondo nello storiare quadri. Ritrasse
uno di que' Principi con tanta similitudine, che gli stabili
un'annuo censo, quale cessò l'anno 1529. Sandrart fol 205.

Pellegrino Antonio ORLANDI, 1704, 337 ; IDEM, 1719, 386.

1733 ORLANDI-PARRINO

**1733. – Naples. Dans la nouvelle édition d'Orlandi les trois
Rogier sont mentionnés.**

RUGGERO SALICE, O VANDER, Pittore di Brusselles grande
inventore, espressivo, e fecondo nello storiare quadri. Ritrasse
uno di quei Principi con tanta similitudine, che gli stabili un'
annuo censo, il quale cessò l'anno 1529. Sandrart fol 205.

…

AGGIUNTA… ricavati dal Baldinucci, e da altri scrittori per…
Antonio ROVIGLIONE Napolitano.

RUGGIERO DI BRUGGIA, discepolo del celebre Gio : da Bruggia,
al quale s'ascrive l'Invenzione del dipignere ad olio. Egli mercè
de' suoi studi fece tanto profitto, che venne in grido di eccelente
Maestro, prevalendo nel disegno, ed in un certo suo fare, che fu
molto grazioso, cosi a tempera, come a olio ; e similmente in
dipignere tele a colla, e chiaro d'uovo per uso di paramenti di
Camera ; nel qual modo avendo fatta non ordinaria prattica,
gl'avvenne di condurne moltissime. Fioriva costui circa l'anno
1490. Bald. secol 5. num. 153.

RUGGIERO VANDERUVEYDE, al quale devono molto i
Fiaminghi, per aver egli migliorata di quel, ch'ella era da
prima, e ne' principi suoi la pittura. Furono molto in istima
l'opere sue ; e perciò ebbe occasione di farsi ricco, e concedere
dopo sua morte a poveri la gran quantità delle ricchezze
acquistate. Mori quest' Artefice l'anno 1529., ed il suo ritratto
fu dato alle stampe, con intaglio di Tomaso Galle. Bald. secol
5. num. 144.

P.A. ORLANDI, éd. Niccolo PARRINO, 1733, 394 ; Aggiunta, 471.

1743 BRUXELLES

**1743. – Bruxelles et Groenendael. Mention de l'épitaphe
de Rogier à Sainte-Gudule et d'une peinture dans le prieuré
de Groenendael.**

Ste Gudule. Inscriptions…

une pour Monsieur Roger, un des plus célèbres peintres de son
siècle. Exanimis… [voir 1613, Sweertius]

Groenendael.

Elle est ornée de très beaux tableaux… et parmi les plus beaux on en
remarque un de Roger de Bruxelles, qui représente le Martyre
des philosophes que l'Histoire dit avoir été convertis par sainte
Catherine.

Description de la ville de Bruxelles, 1743, 79 et 209.

1743 CHRISTYN

**1743. – Bruxelles. Atribution de vitraux de Sainte-Gudule à
meester Rogier et transcription de son épitaphe.**

Nec parvum ornatum sacello huic adferunt fenestrae vitreae versus
coemiterium à Magistro Rogerio famosissimo Bruxellensi
Pictore delineatae ; in quibus notantur hae inscriptiones
Carolus Quintus [etc.]

Epitaphium Magistri Rogerii, Pictoris celeberrimi, qui circa
annum 1550 fenestras vitreas Sacelli Venerab. Sacramenti
delineavit. Vide supra pag. 64.

Exanimis saxo recubas, ROGERE, sub isto [etc.]

J.B. CHRISTYN, 1743, I, 64 et 130. Cfr. éd. 1677, 41 et 97.

1753 DESCAMPS

**1753. – Rouen-Paris. Biographie de *Rogier de Bruges* et de
Rogier van der Weyde(n) par J.B. Descamps.**

ROGER, surnommé de Bruges, élève de Jean van Eyck.

Roger, natif de Bruges, élève de Jean van Eyck, a bien imité son
maître. Il est un des premiers qui aïent peint à l'huile après van
Eyck. Il peignoit en grand, et dessinoit bien ses figures. Van
Mander le regarde comme un bon artiste : il dit avoir vu de lui
plusieurs grands morceaux à la colle et à l'eau d'oeuf, qui,
selon l'usage du tems, servoient de tapisseries dans les
appartemens. Les églises de Bruges étoient ornées de ses
ouvrages : sa manière de peindre est gracieuse, son dessin assez
correct, et ses compositions spirituelles.

ROGER VANDER WEYDE

Van Mander dit beaucoup de bien de Roger ; il le regarde comme celui qui a commencé à perfectionner le goût. Ce peintre naquit à Bruxelles : il se fit une étude des expressions de l'ame : ce qui a rendu ses sujets sensibles. Il peignit dans les salles du conseil de la ville de Bruxelles, quatre tableaux qui ont rapport à la justice. Un de ceux qui font le plus d'impression, représente un Vieillard mourant dans son lit qui embrasse son fils convaincu d'un crime, et qui en même temps l'égorge pour le punir. La tête du vieillard, quoique mourante, est terrible : il porte sur sa physionomie le caractère d'une ame outrée de douleur et de vengeance. Les autres tableaux, quoique différens, sont aussi remarquables. Roger fit une Descente de croix pour l'église de Notre-Dame de Louvain : elle est remplie de figures d'une expression vraie. Ce tableau fut envoyé en Espagne pour le roi : il échappa heureusement aux flots, quoique le vaisseau périt ; et le soin que l'on avoit pris de le bien emballer, l'empêcha d'être gâté. Michel Coxcis en a fait une copie, qui est à Louvain dans la place où étoit l'original. Roger fit les portraits de plusieurs Reines et autres personnes distinguées. Il étoit fort riche, et il partagea son bien avec les pauvres. Il mourut dans la force de son âge, d'une maladie épidémique, qu'on nommoit le mal Anglois, qui ravagea tout le pays en 1529.

J.B. DESCAMPS, 1753, 7-8 et 33-34.

1753 ORLANDI-GUARIENTI

1753. – Venise. Dans l'*Abecedario* de P. Guarienti développé par Orlandi, on mentionne les noms des trois peintres nommés Rogier.

RUGGERO SALICE, O VANDER, Pittore di Brusselles grande inventore, espressivo, e fecondo nello storiare quadri. Ritrasse uno di quei Principi con tanta similitudine, che gli stabili un'annuo censo, il quale cessò l'anno 1529. Sandrart fol. 205.

RUGGIERO DE BRUGES, scolaro di Giovanni Abeych, segui la maniera del Maestro, accostandosi però un poco più all'uso di quei tempi, ne' quali si cominciava ad imitar la natura. Visse in Bruges, dipingendo istorie sacre ad esempio del Maestro.

RUGGIERO VANDER-WEIDEN, Pittor di Brusseles, dipinse istorie nel Palazzo della Ragione di sua Città, appartenenti alla Giustizia, molto stimate, e commendate dal Vasari tom. pr. a car. 857.

Pellegrino Antonio ORLANDI, éd. Pietro GUARIENTI, 1753, 450. Anciennes éditions, voir 1704, 1733.

1763 MENSAERT

1763. – Bruxelles. G.P. Mensaert mentionne de vieilles peintures dans l'hôtel de ville.

… tableaux… qui ne sont malheureusement que les tristes restes des anciens tableaux, que l'on y admiroit avant les révolutions et les guerres des Pays-Bas…

G.P. MENSAERT, 1763, I, 121.

1763 FUESSLI

1763. – Zurich. J.R. Fuessli parle de *Rogerius van der Wyde*, en se référant à J.B. Descamps.

WYDE (Rogerius van der), geboren zu Brüssel um A. 1480. Er besliss sich die Ausdrücke der Leidenschaft gründlich zu erlernen, welches seine Gemählde sehr rührend macht. In den Raths-Saale der Stadt Brüssel sieht man vier historische Stücke von seiner Hand, in derer einem Stelle er einer sterbenden Vater vor, welcher seinen lasterhaften Sohn mit eigner Hand umbringt, ein Stück welches voll lebhafter und starker Ausdrücken ist. Er mahlte auch Portraite von vielen Standes-Personen, und starb in seinen besten Jahren an einer ansteckenden Krankheit A. 1529. Descamps P. 1. p. 33 G.

J.R. F[UESSLI], 1763, 615.

1767 FUESSLI

1767. – Zurich. J.R. Fuessli signale dans son premier *Supplément* l'attribution d'une *Descente de croix* de Rome.

ROGERIUS, genannt Bruxellensis, Siehe WYDE.

…

WYDE (Rogerius van der) 1. 2. nach 1480 1. lernte bey Johann van Eyck. 1. 14 nach 1529 1. diesem Künstler, der in Italien de Salice genennt wurde, schreiben einige die mit vortrefflicher Colorit gemahlte Abnehmung vom Creutze zu, welche man in einer Capelle der Kirche S. Pietro in Montorio zu Rom siehet.

J. R. F[UESSLI], 1767, 236 et 298.

1769 DESCAMPS

1769. – Bruxelles. J.B. Descamps mentionne des vitraux de Sainte-Gudule attribués à *Rogiers* ; et à l'hôtel de ville quelques emblèmes de la Justice.

Chapelle du Saint Sacrement.

Les Vîtres, peintes par Rogiers, sont autant de présens faits par des Souverains.

…

L'Hôtel de Ville.

Il n'y a dans la Salle du Collège que quelques emblèmes sur la Justice.

J.B. DESCAMPS, 1769, 59 et 86.

1770 PILKINGTON

1770. – Londres. Pilkington identifie Rogier van der Weyden avec *Rogier de Bruges* et localise les tableaux de justice dans l'hôtel de ville de Bruges.

Roger of BRUXELLES. vid. Vander Weyde.

…

ROGER VANDER WEYDE, called ROGER of BRUGES.

Painted History, and Portrait.

He was born at Bruges, about the year * 1415, and was the disciple of John Van Eyck, the discoverer of the art of painting in oil ; but that master concealed the secret of the discovery from his disciple, till within a short time of his death, and then fully acquainted him with every particular. From that period Roger began to make himself known, by many grand compositions in a large size, his figures being very well designed ; and he is considered as one of the first of the Flemish artists, who improved the national taste, and divested it of the Gothick, in some small degree ; for, he shewed considerable grace in the airs of his heads, and was correct in his design. He was very attentive to the expression of his figures, and in that respect was generally true. Several princes, and many of the most eminent persons of his time, had their portraits painted by him, and he obtained both fame and fortune, by the variety of works in which he was employed.

He made himself very memorable, by some paintings which are in the Town-Hall at Bruges, and which have been exceedingly commended. The subject of one, is the exemplary justice of Trajan, executed on one of his soldiers, on the complaint of a mother, whose son had been murdered by him. The subject of the other is Archambrant, Prince of Brabant, stabbing his nephew who was his next heir, when he himself was near dying, for having ravished a maid of that country. In both histories the painter has shewn great abilities and good expression ; and in the countenance of the Prince of Brabant, there is somewhat strikingly terrible, a mixture of grief and revenge, combined in the face of a dying person.

* Mr. Descamps is guilty of an extraordinary oversight, in regard to Roger Vander Weyde, which, in so judicious a writer as Descamps, seems unaccountable ; for, in page 7 of his first volume, he describes Roger of Bruges, as a painter who was correct in his manner of designing, and who gave a competent degree of grace to his figures ; without mentioning the year of his death. And yet, in page 33 of the same volume, he describes Vander Weyde in a more particular manner, as if he was a different master ; fixes his death in 1529, which would make him 114 years of age at his death, supposing him to have been born (as most authors testify) in 1415 ; and he also enumerates several of his principal performances. From whence it appears, that Mr. Descamps concluded Roger of Bruges, and Vander Weyde, to be différent persons. But it is an indisputable fact, that they were only different names for one, and the same person that ancient master being distinguished. by the appellation of Roger of Bruges, on account of the city in which he followed his profession, as it was also the place of his nativity ; and his real name was Roger Vander Weyde.

Matt. PILKINGTON, 1770, 102, 691-692.

1771 VENISE

1771. – Venise. Une peinture portant une inscription est considérée comme une œuvre de Rogier van der Weyden.

SUMUS RUGERII MANUS

ZANETTI, 1771, I, 3 I. Cfr. F[UESSLI], 1779, 570.

1777 ROMBAUT

1777. – Bruxelles. Épitaphe de Rogier van der Weyden à Sainte-Gudule ; attribution discutée des projets de vitraux.

P. 158 note a.

Alle die tot heden van deze Vensters geschreven hebben zeggen eenpaerlyk dat deze geschilderd zyn door Rogiers van Bruxelles. Dat zulks onwaeragtig is blykt hier uyt, dat volgens Van Mander Rogiers gestorven is van de sweetende ziekte in het jaer 1529 en deze vensters heeft men eerst beginnen te schilderen in het jaer 1546 en volmaekt 1549. Maer Guicciardin in zyne beschryving der Nederlanden de welke hy schier in den zelven tyd geschreven heeft zegt : in zyne Edit. In fol. pag 154 dat het is eenen Jan Ack, geborrig van Antwerpen. Vasari ook eenen even tydigen schryver, in zyne levens der Schilders zegt het zelve, in zyn derde deel Pag. 270 zoo men hier kan zien : Giovanni Ack d'Anversa etc. di mano del quale sono nella chiesa di

Santa Gudula di Bruselles le fenestre alla cappella del Sacramento. p. 350.

Lof ende Graf-Schrift van den vermaerden schilder, Rogier van der Weyden, Brusselaer. Exanimis. [Cfr. 1613, Sweertius ; 1677, Christyn.]

…

J. A. ROMBAUT, 1777, I, 158 et 350 ; cfr. IDEM, *Bruxelles illustré*, 1777, I, 151 (fenêtres) et 336 (épitaphe).

1779 FUESSLI

1779. – Zurich. J.R. Fuessli mentionne un peintre RUGERI et ses œuvres à Venise. Ensuite il regroupe les données sur Rogier van der Weyden de son édition de 1763 et celles de son 1er *Supplément* de 1767.

RUGERI, ein unbekannter Mahler, dessen Namen man auf einer mit Oelfarben gemahlten hölzernen Tafel findet, worauf St. Hieronymus sitzend zwischen zween stehenden Heiligen… im Kloster St. Gregorius zu Venedig. Zanetti (della pittura Veneziano p. 31) haltet ihn für ein Zeitgenossen des Bartholomeo Vivarino.

…

WYDE (Roger van der) (voir 1763 et 1767).

J. R. F[UESSLI], 1779, 570 et 719.

1783 PONZ

1783. – Espagne. A. Ponz décrit sa visite à la chartreuse de Miraflores près de Burgos et le petit autel attribué à *Magistro Rogel*.

12 No puedo dexar de hablar de una alhaja muy particular, y es un altarito con sus puertas, que servia de oratorio al Rey Don Juan el Segundo, y fué regalo que le hizo el Papa Martino V, segun se cuenta. La execucion, hermosura, y menudencia de cada cosa encantaria a los que mas se han señalado en la pintura, aun despues de su engrandecimiento, y restauracion. En el medio se representa Jesuchristo difunto ; a mano izquierda la Aparicion del mismo Señor resucitado a nuestra Señora, y a la derecha el Nacimiento. A primera vista tendria alguno esta obra por de Geronimo Bosco –, pero es anterior al tiempo de este artifice, y muy superior a todo lo que él hizo. En el libro del Becerro del Monasterio hay este articulo : "Anno 1445 donavit praedictus Rex (Don Juan) pretiosissimum, y devotum oratorio tres historias habens ; Nativitatem, scilicet, Jesu-Christi, Descensionem ipsius de cruce, quae alias Quinta Angustia nuncupatur, y Apparitionem ejusdem ad Matrem post Resurrectionem. Hoc oratorium à Magistro Rogel, magno, et famoso Flandresco fuit depictum." Dichas pinturas estàn incluidas dentro de orlas caprichosisimas fingidas de piedra, con muchas figurillas, y otras cosas acomodadas en ellas.

A. PONZ, XII, 1783, 57-58.

Chronologie des attributions

En 1857, Crowe et Cavalcaselle n'attribuent que dix tableaux à Rogier van der Weyden, c'est peu. Mais les fausses attributions sont beaucoup plus nombreuses : *"The pictures which may be assigned with certainty to van der Weyden are thus not numerous. These which are falsely attributed to him are more so."* (*The early Flemish Painters*, Londres, 1857, p. 188).

En 1924, Max J. Friedländer déclare plaisamment en terminant son catalogue complet de l'œuvre de Rogier que son opinion est fluctuante : *"My views, however, have always been in a perpetual state of flux and change"* (d'après la traduction anglaise, 1967, p. 9).

La complexité de l'œuvre attribuée à van der Weyden depuis le début du XIXe siècle ne cesse d'intriguer l'esprit critique des historiens de l'art. Le doute dépasse la certitude. C'est là le point de départ de l'idée d'établir une classification chronologique des attributions qui permette de tenir compte de la manière dont est née et a évolué l'"image" qu'on s'est faite de l'œuvre de Rogier. Dans cette liste nous ne retenons pas les attributions d'œuvres qui ont été depuis données à Dirk Bouts ou à Hans Memling, pas plus que celles qui font actuellement partie du groupe du Maître de Flémalle derrière lequel se cache certainement plus d'un peintre.

On a attribué à Rogier et à son atelier un total d'environ 150 tableaux. Ceux-ci ne peuvent pas tous entrer en ligne de compte. Nous nous sommes limitée aux attributions qui depuis Friedländer sont généralement admises. Nous avons tenté pour chaque œuvre de retrouver la trace de la plus ancienne attribution connue. Nous nous réservons provisoirement d'argumenter à propos d'une question pourtant passionnante : dans quelle mesure ces attributions étaient-elles connues ? Étaient-elles admises ou rejetées ? Songeons par exemple au *Jugement dernier* de Beaune attribué à Rogier en 1843 mais qui était encore donné jusque vers 1880 à Jean van Eyck.

Peut-être sera-t-il possible au cours d'études ultérieures d'attribuer une partie de l'œuvre de Rogier à un "Pseudo-Rogier" comme on connaît en littérature un Pseudo-Bonaventure. Enfin il faudra sans doute avoir le courage de reconnaître parmi les attributions actuelles à Rogier quelques pastiches modernes.

Pour la bibliographie récente, nous renvoyons le lecteur à H. MUND et C. STROO, *Early Netherlandish Painting (1400-1500). A Bibliography* (1984-1998), pp. 190-225.

I. ATTRIBUTIONS ANCIENNES

DESCENTE DE CROIX, *Madrid, Prado. Tradition locale constante et témoignages concordants. Doc. 1549, ALVAREZ ; 1549, CALVETE ; 1565, 1574, avant 1585, 1604, 1611, 1611-1639, 1686-1688, 1699, etc.*

CALVAIRE DE SCHEUT, *Escurial. Donation du peintre avant sa mort. Doc. après 1464, 1555, 1574.*

PORTRAIT DE FEMME EN BUSTE, *Dessin, Londres, British Museum. Inscription ancienne au verso, nom du peintre et date 1460. Doc. 1460.*

RETABLE DE MIRAFLORES, *Berlin, Staatliche Museen. Attribution publiée en 1783 d'après une annotation ancienne, soit lors de la donation de 1445, soit plus probablement au XVIe siècle. Doc. 1445, 1783.*

Deux panneaux de la LÉGENDE DE SAINT HUBERT : LE SONGE DU PAPE SERGE, *Los Angeles, J. Paul Getty Museum ;* L'ÉLÉVATION DU CORPS DE SAINT HUBERT, *Londres, The National Gallery. Attribution locale à Bruxelles, Sainte-Gudule, consignée par Dubuisson-Aubenay vers 1623-1628. Doc. 1623-1628, Sainte-Gudule.*

II. ATTRIBUTIONS DEPUIS LE XIXe SIÈCLE

1823. – DÉPLORATION DU CHRIST, *Florence, Galleria degli Uffizi. Galerie impériale et royale de Florence, 1823, p. 77 : Roger van der Weyede, Christ près du sépulcre entre les bras des disciples.*

1838. – VIERGE MÉDICIS, *Franfort/Main, Städelsches Kunstinstitut. X. "Notice sur un tableau de Roger de Bruges", dans* Messager des Sciences et des Arts, *Gand, 1838, pp. 113-120, gravure.*

1841. – SAINT LUC DESSINANT LA VIERGE, *Munich, Staatliche Museen. J. D. PASSAVANT, "Beiträge", Kunstblatt, 1841, p. 19, n° 2, Rogier von Brügge. IDEM, "Recherches", Messager, 1841, p. 314, n° 2.*

1841. – L'ADORATION DES ROIS MAGES *(Columban altar), Munich, Staatliche Museen. J. D. PASSAVANT, "Beiträge", Kunstblatt, 1841, p. 19, n° 3, Rogier von Brügge. IDEM,*

"*Recherches*", Messager, *1841, p. 315, n° 3.*

1841. – LE TRIPTYQUE BLADELIN, *Berlin, Staatliche Museen.*
J. D. PASSAVANT, "*Beiträge*", Kunstblatt, *1841, p. 19, n° 4,
Rogier von Brügge.* IDEM, "*Recherches*", Messager, *1841,
p. 315, n° 4.*

1841. – RETABLE DES SEPT SACREMENTS, *Anvers, Koninklijke
Museum voor Schone Kunsten.* J. D. PASSAVANT, "*Beiträge*",
Kunstblatt, *1841, p. 20 n° 5, Rogier von Brügge.* IDEM,
"*Recherches*", Messager, *1841, p. 316, n° 5.*

1842. – TRIPTYQUE DE LA VIERGE (MIRAFLORES), *Berlin,
Staatliche Museen.* J. D. PASSAVANT, "*Lettre*", Messager,
1842, p. 216, n° 8 (petit autel de voyage de Charles V).

1842. – PORTRAIT DE PHILIPPE LE BON, *Anvers, Koninklijke
Museum voor Schone Kunsten.* J. D. PASSAVANT, "*Lettre*",
Messager, *1842, p. 216, n° 10.*

1843. – JUGEMENT DERNIER, *Beaune, Hospices.* J. D.
PASSAVANT, Kunstblatt, *1843, pp. 245-246, Rogier von
Brügge.*

1853. – CALVAIRE, *Philadelphie, Museum of Art.* J. D.
PASSAVANT, Christliche Kunst in Spanien, *1853, p. 134.*

1857. – RETABLE DE SAINT JEAN-BAPTISTE, *Berlin, Staatliche
Museen.* CROWE ET CAVALCASSELLE, *1857, p. 176.*

1857. – TRIPTYQUE BRACQUE, *Paris, musée du Louvre.* CROWE
ET CAVALCASSELLE, *1857, p. 179.*

1857. – TRIPTYQUE DU CALVAIRE, *Vienne, Kunsthistorisches
Museen.* CROWE ET CAVALCASSELLE, *1857, p. 191.*

1858. – SAINT LUC DESSINANT LA VIERGE, *Bruges, musée
Groeninge.* J. D. PASSAVANT, *1858, p. 13.*

1860. – MADELEINE LISANT, *Londres, The National Gallery.*
Catalogue National Gallery, Foreign Schools, *1860, pp. 268-
269.*

1862. – LA DÉPLORATION DU CHRIST, *La Haye, Mauritshuis.*
G. F. WAAGEN, *1862 ; traduction 1863, p. 135.*

1866. – LA VIERGE DEBOUT DANS UNE NICHE ET SAINTE
CATHERINE, *Vienne, Kunsthistorische Museum.* G. F.
WAAGEN, *1862, p. 183.*

1872-1884. – SAINT LUC DESSINANT LA VIERGE, *Saint-
Petersbourg, Ermitage.* CROWE ET CAVALCASSELLE, *2e édition,
1872, p. 218 ; (saint Luc seul) ; la Vierge, acquisition 1884,
Corpus Léningrad, 1965, pp. 44-45.*

1880. – LE CALVAIRE (TRIPTYQUE DE VILLA), *Berne,
Riggisberg, Abegg-Stiftung.* L. GONZE, Gazette des Beaux-

Arts, II, *1880, 86 (exposition de Turin).*

1888. – LA VIERGE ET L'ENFANT, *Tournai, musée des Beaux-
Arts. Collection van Caloen.*

1889. – PORTRAIT D'ANTOINE, GRAND BÂTARD DE
BOURGOGNE, *Bruxelles, Musées royaux des Beaux-Arts de
Belgique. Attribution E. FETIS, 1889 (c catalogue C. STROO ET
P. SYFER D'OLNE, 1996, pp. 115-121.)*

1893. – LA VIERGE ASSISE DANS UNE NICHE, *Madrid,
collection Thyssen-Bornemisza. H. VON TSCHUDI, Londres,
"Die Ausstellung altniederländischer Demälde" dans
Burlington Fine Arts Club. Repertorium für
Kunstwissenschaft, 16, 1893, p. 102.*

1899. – PORTRAIT DE JEUNE FEMME, *Londres, National
Gallery. M.J. FRIEDLÄNDER, Malerei Niederländer und
Deutsche, Werk über die Renaissance Austellung
Berlin, 1899, p. 7.*

1899. – PORTRAIT DE JEUNE FEMME, *Washigton, National
Gallery. M.J. FRIEDLÄNDER, Malerei Niederländer und
Deutsche, Werk über die Renaissance Austellung
Berlin, 1899, p. 7.*

1899. – PORTRAIT D'ISABELLE DE PORTUGAL, *Los Angeles,
J. Paul Getty Museum. M.J. FRIEDLÄNDER, Malerei
Niederländer und Deutsche, Werk über die
Renaissance Austellung Berlin, 1899, p. 7.*

1899. – PORTRAIT D'HOMME, *Madrid, Collection Thyssen-
Bornemisza. M.J. FRIEDLÄNDER, Malerei Niederländer und
Deutsche, Werk über die Renaissance Austellung
Berlin, 1899, p. 7.*

1899. – PORTRAIT DE JEAN GROS, *Chicago, The Art Institute.
M.J. FRIEDLÄNDER, Malerei Niederländer und Deutsche,
Werk über die Renaissance Austellung Berlin, 1899,
p. 7.*

1902. – PIETÀ, *Bruxelles, Musées royaux des Beaux-Arts de
Belgique. Exposition des Primitifs flamands et d'Art
ancien, Bruges, 1902, n° 25.*

1902. – MARIAGE DE LA VIERGE ET SAINT JOSEPH, *Anvers,
cathédrale. Exposition des Primitifs flamands et d'Art ancien,
Bruges, 1902, n° 29.*

1906. – PIETÀ, *Londres, National Gallery. M.J. FRIEDLÄNDER,
"Die Leihausstellung im Guildhall zu London",
Repertorium für Kunstwissenschaft, XXIX, 1906,
p. 574.*

1907. – Portrait de femme, *Berlin, Staatliche Museen.*
M.J. Friedländer, *"Gemäldegalerie. Ein neuerworbenes*
Bildnis von Rogier van der Weyden", Amtliche Berichte
aus den Königlichen Kunstsammlungen, *Berlin, XXIX,*
1907, pp. 125-129.

1907.- Deux fragments : Tête de saint Joseph ; Tête de
sainte, *Lisbonne, Fondation Gulbenkian.* Exposition de la
Toison d'or, Bruges, *1907, n° 184.*

1909. – Retable de Turin : L'Annonciation, *Paris, musée*
du Louvre ; La Visitation, Fierens-Gevaert, Les
Primitifs flamands, *Bruxelles, 1909, p. 48. Le donateur,*
Turin, Galleria Sabauda.

1909-1911. – Portrait de Francesco d'Este, *New York,*
The Metropolitan Museum of Art. From van Eyck to
Bruegel, *New York, 1998, p. 154 n° 23.*

1921. – Portrait de Laurent Froimont, *Saint Laurent,*
Bruxelles, Musées royaux des Beaux-Arts de Belgique.

1924. – La Vierge et Enfant, *Caen, musée des Beaux-Arts.*
Acquisition 1921. C. Stroo et P. Syfer d'Olne, The
Flemish Primitives, *catalogue 1996, p. 123-129.*

1924. – La Vierge et Enfant, *Houston, Museum for Fine*
Arts. Exposition Bruxelles, *1979, n° 6.*

1924. – Diptyque de Jeanne de France, *Chantilly, Institut*
de France, musée Condé. M.J. Friedländer,
Altniederländische Malerei, *II, 1924, p. 120.*

1931. – La Vierge assise dans une niche, *Madrid, musée*
du Prado. Acquisition collection Duran, 1931. G. Hulin de
Loo.

1971. – Saint Yves, *Londres, National Gallery.* M. Davies,
"Rogier van der Weyden's 'S. Ivo", dans Burlington
Magazine, *CXIII, 1971, pp. 177-178.*

Bibliographie des sources

ALGEMENE GESCHIEDENIS DER NEDERLANDEN, Utrecht-Anvers, 1949-1958, 12 vol. nouvelle édition, Haarlem, 1977-1983, 15 vol.

ALVAREZ, Vicente, *Relaciun del Camino y buen viage que hizo el Principe de España D. Phelipe...*, Bruxelles, 1551 (Relation du beau voyage que fit aux Pays-Bas, en 1548, trad. M.T. DOVILÉE, Bruxelles, 1964).

BALDINUCCI, Filippo, *Notizie dei professori del disegno*, Florence, 1681-1728, 6 vol., (III, entre 1686 et 1688, publication posthume 1728).

BAXANDALL, Michael, "A Dialogue on Art from the Court of Leonello d'Este. Angelo Decembrio's De Politia Litteraria", pars LXIII, dans *Journal of the Warburg and Courtauld Institutes*, 26, 1963, pp. 304-326.

BAXANDALL, Michael, "Bartholomaeus Facius on Painting", dans *Journal of the Warburg and Courtauld Institutes*, 27, 1964, pp. 90-107.

BEELTSENS, Arnold et AMMONIUS Jean, "Chronique de la Chartreuse de la Chapelle à Hérinnes-lez-Enghien", dans *Bibliothèque de la Revue d'histoire ecclésiastique*, fasc. 8 (édité par E. Lamalle), Louvain, 1932.

BEGUERIE, P. (dir.) et Martin SCHONGAUER (vers 1450-1491), *Le Beau Martin. Gravures et dessins.* Colmar, 1991.

BERMEJO-MARTINEZ, Elisa, *La Pintura de los primitivos flamencos en España*, Madrid, 1980-1982, 2 vol.

BONENFANT, P. voir FRANKIGNOULE, E.

BORGHINI, Raffaello, *Il Riposo in cui della pittura e della scultura si favella*, Florence, 1584.

BOZIÈRE, A.F.J., *Tournai ancien et moderne.* Tournai, 1864.

BRUGMANS, H.L., *Le Séjour de Christian Huygens à Paris... suivi de son Journal de Voyage*, Paris, 1935.

BUCHELIUS, A., *Res Pictoriae. Quellenstudien zur holländischen Kunstgeschichte* (édité par G. J. Hoogewerff et J.Q. van Regteren Altena), 1V, La Haye, 1928.

BULLART, Isaac, *Académie des Sciences et des Arts, contenant les Vies et les Éloges historiques des Hommes Illustres*, Bruxelles-Paris, 1682, 2 vol.

CALVETE DE ESTRELLA, *El felicissimo viaje del muy alto muy poderoso Principe Don Phelipe*, Anvers, 1552 : Le très heureux voyage fait par le très-haut et très-puissant prince don Philippe, *Société bibliophile de Belgique*, n° 7, trad.

J. PETIT, Bruxelles, 1873-1884, 5 vol.

CAMPBELL, Lorne, "The Art Market in the Southern Netherlands in the Fifteenth Century", dans *The Burlington Magazine*, CXVIII, 1976, pp. 188-198.

CAMPBELL, Lorne, "The early Netherlandish Painters and their workshops", dans *Dessin sous-jacent dans la peinture*, Colloque III, *Le problème Maître de Flémalle-van der Weyden*, (édité par D. Hollanders-Favart et R. Van Schoute), Louvain-la-Neuve, 1981. pp. 43-61.

CAMPORI, Giuseppe, *I pittori degli Estense nel secolo XV*, Modène, 1875.

CAMPORI, Giuseppe, *L'arazzeria Estense*, 1876.

SANCHEZ-CANTON, *Fuentes literarias para la Historia del Arte España*, I, 1923.

CATULLI, Andreas, *Tornacum, Civitas metropolis et Cathedralis Episcopalis Nerviorum*, Bruxelles, 1652.

CAUCHIE, A., *La Grande Procession de Tournai.* Notice historique, Louvain, 1892.

CAVALCASELLE, G.B. voir CROWE, J. A.

CAVALIERI, F., "Osservazioni ed ipotesi per le ricerche sull' arte di Zanetto da Milano, pittore degli Sforza", dans *Arte Lombarda*, 90/91, 1989, pp. 67-80.

CETTO, Anna Maria, *Der Berner Traian- und Herkinbald-Teppich*, Berne, 1966.

CHATELET, Albert, "Deux points controversés de la vie de Roger", dans *Internationaal Colloquium Rogier van der Weyden en zijn tijd*, 1964. Koninklijke Academie van België, Klasse der Schone Kunsten, Bruxelles, 1974, pp. 37-41.

CHATELET, Albert, "Roger van der Weyden et le lobby polinois", dans *Revue de l'Art*, 84, 1989, pp. 9-21.

CHATELET, Albert, *Robert Campin, le Maître de Flémalle. La fascination du quotidien*, Anvers, 1996.

CHRISTYN, J.B., *Basilica Bruxellensis sive monumenta antiqua inscriptiones et coenotaphia aedis D.D. Michaeli archangelo et Gudilae virgini sacrae.* Amsterdam, 1677 ; IDEM, Malines, 1743.

CLOQUET, L. voir DE LA GRANGE.

COLUCCI, Giuseppe, *Delle Antichità Picene*, Fermo, XV, 1792.

COREMANS, Dr., "L'Archiduc Ernest, sa cour, ses dépenses", dans *Bulletin de la Commission royale d'histoire*, XIII, 1847, pp. 85-147.

Rogier de le Pasture –
van der Weyden
Les Sources

Bibliographie des sources

Corpus de la peinture des anciens Pays-Bas méridionaux et de la principauté de Liège au quinzième siècle, Centre international d'étude de la peinture médiévale des bassins de l'Escaut et de la Meuse, précédemment Centre international de recherches Primitifs flamands, 1951.

Cousin Jean, *Histoire de Tournay. 1619-1620* (nouvelle édition, Tournai, 1868, 2 vol.).

Cronycke van Mechelen *(Vervolg der) tsedert de maendt Junius 1572 tot 4 September 1576*, Louvain, s.d.

Crowe, J.A. et G.B. Cavalcaselle, *The early Flemish Painters, Notices of their Lives and Works*. Londres, 1857 ; 2ᵉ éd. 1872. Idem, *Les Anciens Peintres flamands*, traduit de l'anglais par O. Delepierre (annoté et augmenté de documents inédits par A. Pinchart et Ch. Ruelens), Bruxelles, 3 vol., 1862, 1863, 1865.

Crowe, J.A. et G.B. Cavalcaselle, *A history of painting in North Italy, drawn from fresh materials after recent researches in the archives of Italy and from personal inspection of the works of art scattered throughout Europe*, Londres, 1871, 2 vol.

Davies, M., *Rogier van der Weyden. Essai accompagné d'un catalogue critique des œuvres qui lui ont été attribuées ainsi qu'à Robert Campin*, Bruxelles, 1973.

De Bosque, A., *Quentin Metsys*, Bruxelles, 1975.

De Burbure, Léon, "Documents biographiques inédits sur les peintres Gossuin et Roger van der Weyden le Jeune", dans *Bulletin de l'Académie royale de Belgique*, 1865.

De Busscher, *Recherches sur les peintres Gantois des XIVᵉ et XVᵉ siècles*. Gand, Édité par De Groote, A. voir Duverger, J.

Dehaisnes, Chanoine, *Documents et extraits divers concernant l'histoire de l'art dans la Flandre, l'Artois et le Hainaut avant le XVᵉ siècle*, Lille, 1886, 3 vol.

De Laborde, Comte, *Les Ducs de Bourgogne, Preuves*, Paris, 1849, 1851, 1852, 3 vol.

De la Grange, A. et L. Cloquet, *Études sur l'art à Tournai et sur les anciens artistes de cette ville*, Tournai, 1889, 2 vol. (ex Mémoires de la Société historique et littéraire de Tournai, XX-XXI).

De la Grange, A., "Choix de testaments tournaisiens antérieurs au XVIᵉ siècle", dans *Annales de la Société historique et archéologique de Tournai*, II, 1897.

De Monconys, *Journal des voyages*. Lyon, 1665-1666, 2 vol.

Denuc J., *De Antwerpsche Konstkamers (Inventarissen van kunstverzamelingen te Antwerpen in de 16de en 17de eeuwen)*, Anvers, 1932.

De Patoul, B. et R. Van Schoute, (dir.), *Les Primitifs flamands et leur temps*, Louvain-la-Neuve, 1994.

Descamps, Jean-Baptiste, *La Vie des Peintres flamands, allemands et hollandois*. Paris, 1753, 4 vol.

Descamps, J.-B., *Voyage pittoresque de la Flandre et du Brabant*, Rouen, 1769.

Description de la ville de Bruxelles, Bruxelles, G. Fricx, 1743.

Des Marez, Guillaume, *L'Organisation du travail à Bruxelles au XVᵉ siecle*. (Mémoires couronnés, Académie royale des Arts des Sciences et des Lettres, coll. in-8°, LXV), Bruxelles, 1903-1904.

Des Marez, G., "La Maison de Teniers", dans *Annales de la Société royale d'archéologie de Bruxelles*, XXVI, 1912.

Des Marez, G., "Le Tombeau et la maison de Roger van der Weyden", dans *Études inédites publiées par un groupe de ses anciens élèves*. Bruxelles, 1936, pp. 123-127.

De Smet, J., "Étude critique sur certains documents des archives de la ville de Tournai", dans E. Renders, *La Solution du problème van der Weyden-Flemalle*, Bruges, 1931, deuxième partie, pp. 115-173.

Destrée, J., *Roger de la Pasture-van der Weyden*, Paris-Bruxelles, 1930, 2 vol.

Deuchler, F., *Die Burgunderbeute und Werke Burgundischer Hof'kunst* (Bernisches Historisches Museum), Berne, 1969.

Devigne, M., "Een nieuw document voor de geschiedenis der beeldjes van Jacob van Gerines", dans *Onze Kunst*, 39, 1922, pp. 60-62.

Dhanens, É., *Hubert en Jan van Eyck*. Anvers, 1980.

Dhanens, É., "Nieuwe gegevens betreffende het Bladelin-retabel", dans *Bijdragen tot de Geschiedenis van de Kunst der Nederlanden opgedragen aan Prof. Em. Dr. J. K Steppe, Archivum Artis Lovaniense*, Louvain, 1981, pp. 45-52.

Dhanens, É., "Tussen de Van Eycks en Hugo van der Goes", dans *Academiae Analecta (Mededelingen van de Koninklijke Academie van België, Klasse der Schone Kunsten)*, 1984.

DHANENS, É., "De Bewening van Christus voor het open Graf", dans *Academiae Analecta* (Mededelingen van de Koninklijke Academie van België, Klasse der Schone Kunsten), 1989, pp. 65-90.

DHANENS, É., *Hugo van der Goes,* Anvers, 1998.

DIDIER, Robert, "Expansion artistique et relations commerciales des Pays-Bas méridionaux au Moyen-Âge", dans *Bulletin de l'Institut royal du patrimoine artistique,* IV, 1961, pp. 57-75.

DIDIER, Robert, "Le Milieu bruxellois et le problème Flémalle-de le Pasture/van der Weyden" dans *Le Dessin sous-jacent dans la peinture,* Colloque III, 1979 (édité par D. HOLLANDERS-FAVART ET R. VAN SCHOUTE), Louvain-la-Neuve, 1981, pp. 9-26.

DIJKSTRA, J., "Rogier van der Weyden", dans *Les Primitifs flamands et leur temps* (dir. B. de Patoul et R. Van Schoute), Louvain-la-Neuve, 1994, pp. 339-362.

DIJKSTRA, J., voir VAN ASPEREN DE BOER.

DUMOULIN, Jean et Jacques PYCKE, *La Grande Procession de Tournai. Une réalité religieuse, urbaine, diocésaine, sociale, économique et artistique,* (Tournai, *Art et Histoire,* 6), Tournai-Louvain-la-Neuve, 1992.

DUMOULIN, Jean, *Examen des travaux exécutés en l'église paroissiale de Sainte-Marguerite entre 1420 et le milieu du siècle. Les églises paroissiales de Tournai au XVe siècle* (Tournai, A*Art et Histoire,* 7), Tournai-Louvain-la-Neuve, 1993, pp. 272-278.

DUMOULIN, J. et J. Pijcke, *Comptes de la paroisse Sainte-Marguerite de Tournai au XVe siècle. Documenté inédits relatifs à Rogier de le Pasture, Robert Campin et d'autres artisans tournaisiens* (Tournai, Art et Histoire, 7), Tournai-Louvain-la-Neuve, 1993, pp. 279-320.

DÜRER, Albrecht, *Schriftliche Nachlass,* (édité par H. Rupprich), I, Berlin, 1956.

DUVERGER, Jozef, *Brussel als kunstcentrum. (Bouwstoffen tot de Nederlandsche Kunstgeschiedenis III),* Anvers, 1935.

DUVERGER, J., *Enkele gegevens betreffende Rogier van der Weyden en zijn kring. Internationaal Colloquium Rogier van der Weyden en zijn tijd,* 1964. Koninklijke Academie van België, Klasse der Schone Kunsten, Bruxelles, 1974, pp. 83-102.

DUVERGER, J., "Brusselse patroonschilders uit de XIVe en de XVe eeuw," dans *L'Âge d'or de la tapisserie flamande, De Bloeitijd van de Vlaamse Tapijtkunst,* Colloquium, Bruxelles, 1961. Koninklijke Academie voor Wetenschappen, Letteren en Schone Kunsten van België, Bruxelles, 1969, pp. 205-226.

DUVERGER, J. et A. DE GROOTE, "Werk van Hugo van der Goes en van Antoon van Dijck te Brugge", dans *Miscellanea Gessleriana,* Anvers, 1948, pp. 437-443.

FABBRICZY, C. v., "Summontes Brief an M. A. Michiel", dans *Repertorium für Kunstwissenschaft,* XXX, 1907, pp. 143-168.

FEDER, Theodore H., "A reexamination through documents of the first fifthy years of Rogier van der Weyden's life", dans *The Art Bulletin,* 48, 1966, pp. 416-431.

FELIBIEN, André, *Entretiens sur les Vies et sur les Ouvrages des plus excellens Peintres anciens et modernes,* Paris, 1666-1668, 2e édition, Paris, 1685.

FOLIE, Jacqueline, "Les Œuvres authentifiées des Primitifs flamands", dans *Bulletin de l'Institut royal du Patrimoine artistique,* VI, 1963, pp. 183-256.

FORTI GRAZZINI, Nello, *L'Arazzo ferrarese.* Milan, 1982.

FRANKIGNOULE, Eugène et Paul BONENFANT, "Notes pour servir à l'histoire de l'art en Brabant", dans *Annales de la Société royale d'archéologie de Bruxelles,* 39, 1935, pp. 5-204.

FRIEDLÄNDER, Max J., *Die altniederländische Malerei. II. Rogier van der Weyden und der Meister von Flemalle,* Berlin, 1924 ; XIV, Leyde, 1937.

FRIEDLÄNDER, Max, J., *Early Netherlandish Painting, Rogier van der Weyden and the Master of Flemalle,* 11, Leyde-Bruxelles, 1967.

FRIMMEL, Th., "Der Anonimo Morelliano", dans *Quellenschriften für Kunstgeschichte,* N.F., I, 1888.

F(UESSLI), J.R., *Allgemeines Künstler-Lexicon oder kurze Nachricht von dem Leben und den Werken der Mahler, Bildhauer, Baumeister.* Zurich, 1763. IDEM, *Erstes Supplement,* 1767. (IDEM, Zurich, 1779).

GACHARD, L.P., "Relations inédites de voyages en Belgique. Voyage de Pierre Bergeron en 1617", dans *Revue de Bruxelles,* mai 1839, pp. 26-65.

GALESLOOT, Louis, *Notes extraites des anciens comptes de la ville de Bruxelles,* compte rendu Commission royale d'histoire, Bruxelles, 1867, pp. 475-500.

GAYE, Giovanni, *Carteggio inedito d'artisti dei secoli XIV, XV,*

XVI. Florence, 1839-1840, 3 vol.

GOOVAERTS, Alphonse, *Les Ordonnances données en 1480 à Tournai aux métiers des peintres et des verriers (auxquels étaient affiliés ceux des enlumineurs, des peintres de cartes à jouer, de jouets d'enfants, de papiers de tenture et sur verre, des badigeonneurs à la colle et des marleurs)*, Compte rendu des séances de la Commission royale d'histoire), 1896, pp. 97-182.

GRÈVE, H.E., "De bronnen van Carel van Mander", dans *Quellenstudien zur holländischen Kunstgeschichte*, II, La Haye, 1903.

GROSSHANS, Rainald, "Rogier van der Weyden, Der Marienaltar aus der Kartause Miraflores", dans *Jahrbuch der Berliner Museen*, XXIII, 1981, pp. 49-112.

GUEVARA, Felipe DE, *Comentarios de la Pintura… que se publican per la primera vez con un discurzo preliminar y algunas notas de don Antonio Ponz*, Madrid, 1788.

GUICCIARDINI, Lodovico, *Descrittione… di tutti i Paesi Bassi. Anvers, 1567. Le guide fidèle contenant la description de Bruxelles*, Bruxelles, s.d. (ca. 1788).

HENNE, Alexandre et Alphonse WAUTERS, *Histoire de la ville de Bruxelles*. Bruxelles, 1845, 3 vol.

HOCQUET, Adolphe, "Rogier de le Pasture. La profession du père de l'artiste", dans *Revue Tournaisienne*, 1913, pp. 153.

HOLLSTEIN, F. W., *Dutch and Flemish Etchings, Engravings and Woodcuts ca. 1450-1700*, Amsterdam, s.d. (1949) et suiv.

HOUTART, M., "Un recueil d'ordonnances des stils et métiers de Tournai", dans *Annales de la Société historique et archéologique de Tournai*, 1905, pp. 71-80.

HOUTART, M., "Jacques Daret, peintre tournaisien", dans *Revue Tournaisienne*, 1907, pp. 32-36.

HOUTART, M., "Quel est l'état de nos connaissances relativement à Robert Campin, Jacques Daret et Rogier van der Weyden", dans *Annales de la Fédération archéologique et historique de Belgique*, congrès de Gand, 1913, 11, pp. 3-23.

HOUTART, M., "Les Difficultés de la biographie de Rogier de la Pasture-van der Weyden", dans *Revue belge d'archéologie et d'histoire de l'art*, 4, 1934, pp. 5-13.

HULIN DE LOO, Georges, "Les tableaux de justice de Rogier van der Weyden et les tapisseries de Berne", dans *Actes du XIVe Congrès international d'histoire de l'art,* Suisse, 1936. Bâle, 1938, 11, pp. 141-145.

HYMANS, Louis, *Bruxelles à travers les âges*, Bruxelles, 1884, 3 vol.

ILARDI, V., voir KENDALL, P.M.

JUBINAL, Achille, *Les Anciennes Tapisseries historiées*, Paris, 1838.

JUSTI, Carl, "Altflandrische Bilder in Spanien und Portugal", dans *Zeitschrift für bildende Kunst*, 1886, pp. 93-98.

KANTOROWICZ, Ernst, "The Este Portrait by Roger van der Weyden", dans *Journal of the Warburg and Courtauld Institutes*, 3, 1939-1940, pp. 165-180.

KAUFFMANN, "Ein Selbstporträt Rogiers van der Weyden auf dem Berner Trajanteppich", dans *Repertorium für Kunstwissenschaft*, 1916, pp. 15-30.

KENDALL, P.M. et V. ILARDI, *Dispatches with related documents of Milanese Ambassadors in France and Burgundy, 1450-1483*, Athens (Ohio), 1970-1971, 2 vol.

KINKEL, Gottfried, *Die Brüsseler Rathausbilder des Rogier van der Weyden und deren Copien in den Burgundischen Tapeten zu Bern* (Schulprogramm des Schweizerischen Polytechnikums, Zurich, 1867), éd. Mosaik zur Kunstgeschichte, Berlin, 1876, VIII, pp. 302-367. (Cfr. W. LUBKE, *Zeitschrift für bildende Kunst*, 1868, pp. 230-232).

KRÖNIG, W., Lambert LOMBARD. "Beiträge zu seinem Werk und zu seiner Kunstauffassung", dans *Wallraf-Richartz-Jahrbuch*, XXXVI, 1974, pp. 105-158.

KUGLER, Franz, *Handbuch der Geschichte der Malerei in Deutschland, den Niederlanden*, 2e édition, revue et corrigée par Jacob Burckhardt, Berlin, 1847, 2 vol.

LAMPSONIUS, Dominicus, *Pictorum aliquot celebrium Germaniae inferioris effigies*. Anvers, 1572.

LE COMTE, Florent, *Cabinet des Singularites d'Architecture, peinture, sculpture et gravure*, Paris, 1699, 2 vol.

LEFÈVRE, Placide, "À propos de Roger van der Weyden et d'un tableau peint par lui pour l'église Sainte-Gudule à Bruxelles", dans *Mélanges Hulin de Loo*, Bruxelles-Paris, 1931, pp. 237-244.

LEFÈVRE, P., "Documents relatifs aux vitraux de Sainte-Gudule à Bruxelles", dans *Revue belge d'archéologie et d'histoire de l'art*, XV, 1945, pp. 117-162.

LE GLAY, Andreas, *Correspondance de l'empereur Maximilien Ier et de Marguerite d'Autriche*, Paris, 1839, 2 vol.

LE GLAY, A., *Cameracum Christianum ou Histoire ecclésiastique du diocèse de Cambrai*, Lille, 1849.

LE MAISTRE D'ANSTAING, V., *Recherches sur l'Église cathédrale Notre-Dame de Tournai*. Tournai, 1842-1843, 2 vol.

LEPRIEUR, Paul, "Un triptyque de Roger de la Pasture", dans *Gazette des Beaux-Arts*, 1913, II, pp. 257-280 ; IDEM, dans *Revue tournaisienne*, 1913, pp. 185-196.

LOMAZZO, Gian Paolo, *Trattato dell'arte de la pittura, scultura et architettura*, Milan, 1584-1585.

MALAGUZZI VALERI, F., *Pittori Lombardi del Quattrocento*, Milan, 1902.

MALAGUZZI VALERI, F., *La Corte di Lodovico il Moro*, Milan, 1913.

MANN, Th. A., *Abrégé de l'histoire de Bruxelles*, Bruxelles, 1785, 2 vol.

MARCHANT, Jacques, *Flandria Commentariorum Libris IIII descripta*, Anvers, 1596.

MASTELINUS, Marcus, *Necrologium monasterii Viridis Vallis*. Bruxelles, s.d. (ca. 1630).

MATHIEU, Colette, "Le métier des peintres à Bruxelles aux XIVᵉ et XVᵉ siècles", dans *Bruxelles au XVᵉ siècle*, Bruxelles, 1953, pp. 221-235.

MENSAERT, G.P., *Le Peintre amateur et curieux*, Bruxelles, 1763, 2 vol.

MEYSSENS, Jan, *Les Effigies des souverains, princes et ducs de Brabant avec leur chronologie, armes et devises*, Anvers, s.d. (1661).

MICHIELS, Alfred, *Histoire de la peinture flamande et hollandaise*, Bruxelles, 1845-1848, 4 vol. (2ᵉ édition, 1865-1868, 3 vol.).

MICHIELS, A. *Les Peintres de Bruges*, 1846.

MOLANUS, Joannes, *Historiae Lovaniensium Libri XIV*, (édité par P.F.X. De Ram, Collection de Chroniques inédites. Commission royale d'Histoire), Bruxelles, 1861, 2 vol.

MONIER, Pierre, *Histoire des Arts qui ont raport au dessein*, Paris, 1698.

MULAZZANI, Germano, "Observations on the Sforza Triptych in the Brussels Museum", dans *The Burlington Magazine*, 113, 1971, pp. 252-253.

MUND, H. et C. STROO, *Early Netherlandish Painting (1400-1500), A Bibliography (1984-1998). (Contributions to Fif-teenth-Century Painting in the Southern Netherlands and the Principality of Liège, 8)*, Bruxelles, 1998.

NOWE, Henri, "De Gentenaars en de processie van Tournai," dans *Oostvlaamsche Zanten*, 18, 1943, pp. 11-24.

OPMEER, Pieter, *Opus Chronographicus*, Anvers, 1611.

ORLANDI, Pellegrino Antonio, *Abecedario Pittorico*, Bologne, 1704. IDEM, Bologne, 1719 ; IDEM, *Abecedario Pittorico*, éd. Niccolo Parrini, Naples, 1733 ; IDEM, *Aggiunta* ; IDEM, *Abecedario Pittorico*, éd. Pietro Guarienti, Venise, 1753.

PANOSFSKY, Erwin, "Facies illa Rogeri Maximi Pictoris," dans *Late classical and mediaeval Studies in honor of Albert Mathias Friend jr.*, Princeton, 1955, pp. 392-400.

PERIER D'IETEREN, C., "Le Marché d'exportation et l'organisation du travail dans les ateliers brabancons aux XVᵉ et XVIᵉ siècles", dans *Colloque Artistes, Artisans*, Rennes, 1983, Actes, III, Paris, 1990, pp. 629-645.

PILKINGTON, Matt., *The Gentlemans and Connoisseurs Dictionary of Painters*, Londres, 1770 ; IDEM, éd. 1829.

PINCHART, Alexandre, "Archives des Arts, des Sciences et des Lettres", dans *Messager des Sciences historiques*, Gand, 1854, pp. 247-279, 361-383, 441-477 ; 1855, pp. 109-170, 389-432 ; 1856, 177-211. Réédition, 3 vol., 1860, 1863, 1881.

PINCHART, A., *Documents authentiques relatifs aux frères Van Eyck et à Roger van der Weyden*. Bruxelles, 1863.

PINCHART, A., "Roger van der Weyden et les tapisseries de Berne", dans *Bulletin de l'Académie royale des Sciences, Lettres et Beaux-Arts de Belgique*, 1864, pp. 54-77.

PINCHART, A., "Jacques de Gerines, batteur de cuivre du XVᵉ siècle et ses œuvres", dans *Bulletin des Commissions d'art et d'archéologie*, 1866, pp. 114-136.

PINCHART, A., "Roger de le Pasture dit van der Weyden", dans *Bulletin des Commissions d'art et d'archéologie VI*, 1867, pp. 409-494.

PINCHART, A., "Un congrès de peintres en 1468," dans *Bulletin de l'Académie royale des Sciences, Lettres et Beaux-Arts de Belgique*, 1881, pp. 360-369.

PINCHART, A., "Quelques artistes et quelques artisans de Tournai aux XIVᵉ, XVᵉ et XVIᵉ siècles", dans *Bulletin Académie royale de Belgique*, 1882,

PLATELLE, H., "Cambrai et le Cambresis", dans *Revue du*

Nord, numéro spécial, 1976, pp. 349-381.

PONZ, Antonio, *Viage de España,* 2ᵉ édition revue et augmentée, Madrid, 1776-1783, 12 vol.

POUTRAIN, *Histoire de la ville et cité de Tournai, capitale des Nerviens et premier siège de la monarchie française,* La Haye, 1750, 2 vol.

RENDERS, E., *La solution du problème van der Weyden-Flémalle,* Campin, Bruges, 1931, 2 vol.

REZNICEK, E.K.J., "Enkele gegevens uit de vijftiende eeuw over de Vlaamse schilders in Florence", dans *Miscellanea Jozef Duverger,* I, Gand, 1968, pp. 84-85.

RICHARDSON, E.P., "Rogier van der Weyden's Cambrai Altar", dans *The Art Quarterly,* 2, 1939, pp. 57-66.

ROGGEN, Domien, "De rekeningen betreffende het atelier van Klaas Sluter", dans *Gentsche Bijdragen tot de Kunstgeschiedenis,* IV, 1937, pp. 151-171.

ROLLAND, Paul, "Peintres et sculpteurs tournaisiens au XVᵉ siècle", dans *Revue de l'art flamand et hollandais,* 27, 1926, pp. 98-106.

ROLLAND, P., *Les Origines de la commune de Tournai. Histoire interne de la Seigneurie épiscopale tournaisienne,* Bruxelles, 1931.

ROLLAND, P., *Les Primitifs tournaisiens. Peintres et Sculpteurs,* Bruxelles, 1932.

ROLLAND, P., "Les Impératifs historiques de la biographie de Roger", dans *Revue belge d'archéologie et d'histoire de l'art,* 18, 1949, pp. 145-161.

ROMBAUT, J.A., *Het verheerlykt of opgehelderd Brussel,* Bruxelles, 1777. IDEM, *Bruxelles illustré,* 1777.

RUELENS, C., "Deux petites notes pour l'histoire d'artistes belges", dans *Revue d'histoire et d'archéologie,* IV, 1864, pp. 349.

SANCHEZ-CANTON, F. J., *Fuentes literarias para la Historia del Arte Espana,* I, 1923.

SANDERUS, A., *De Brugensibus Eruditionisfama Claris,* Anvers, 1624.

SANDERUS, A., *Flandria Illustrata,* Cologne, 1641-1644, 2 vol.

SANDERUS, A., *Chorographia Sacra Brabantiae,* Bruxelles, 1659-1660.

SCHABACKER, Peter H., "Notes on the biography of Robert Campin", dans *Mededelingen van de Koninklijke Academie voor Wetenschappen, Letteren en Schone Kunsten van België*

Klasse der Schone Kunsten, 41ᵉ année, 1980, 2, pp. 1-14.

SCHNEEBALG-PERELMAN, S., *La Tapisserie bruxelloise au temps de Philippe le Bon,* catalogue d'exposition, Bruxelles, 1979, pp. 102-115.

SCHOPENHAUER, Johanna, *Johann van Eyck und seine Nachfolger,* Francfort-sur-Main, 1822, 2 vol.

SCHOUTEET, Albert, "De Vlaamse Primitieven te Brugge", dans *Fontes historiae artis Neerlandicae, II, vol. 1 (A-K). (Koninklijke Academie voor Wetenschappen, Letteren en Schone Kunsten van België),* Bruxelles, 1989.

SOENEN, M., *Een onuitgegeven bericht over het lot van een werk van Van der Weyden gemaakt voor een Brusselse klooster, de Calvarie van het kartuizerklooster van Scheut,* catalogue d'exposition, Bruxelles, 1979, pp. 126-128.

SONKES, Micheline, *Dessins du XVᵉ siècle. Groupe Van der Weyden (Les Primitifs flamands. III. Contributions à l'étude des Primitifs flamands, 5),* Bruxelles, 1969.

SOSSON, Jean-Pierre, *Les années de formation de Rogier van der Weyden (1399/1400-1435) : Relecture des documents,* dans *Le Dessin sous-jacent dans la peinture,* Colloque III, 1979 ; (édité par D. Hollanders et R. Van Schoute) Louvain-la-Neuve, 1981, pp. 37-42.

SOSSON, J.P., "Structures associatives et réalités socio-économiques dans l'artisanat d'art et du bâtiment aux Pays-Bas", dans *Colloque Artistes, Artisans,* Rennes, 1983, Actes, 1, Paris, 1986 , pp. 111-121.

STECHER, J., *Œuvres de Jean Lemaire de Belges,* III, 1885 (La Plainte du désiré) IV, 1891 *(La Couronne margaritique).*

STROO, C., voir MUND, H.

SULZBERGER, Suzanne, "La *Descente de croix* de Rogier van der Weyden", dans *Oud Holland,* 78, 1963, pp. 150-151.

SWEERTIUS, *Monumenta Sepulcralia et inscriptiones publicae privataeque ducatis Brabantiae,* Anvers, 1613.

VAN ASPEREN DE BOER, J.R.J., J. DIJKSTRA et R. VAN SCHOUTE, *Underdrawing in paintings of the Rogier van der Weyden and Master of Flemalle groups (Nederlands Kunsthistorisch Jaarboek, 41),* Zwolle, 1992.

VAN DER HAEGHEN, Victor, *Mémoire sur les documents faux relatifs aux anciens peintres, sculpteurs et graveurs flamands,* Académie royale des Sciences, Lettres et Beaux-Arts de Belgique, Mémoires couronnés in 8°, Bruxelles, LVIII, 1899.

VAN EVEN, Edward, *Louvain Monumental*, Louvain, 1860.

VAN EVEN, E., *L'Ancienne École de Peinture de Louvain*, Louvain, 1870.

VAN EVEN, E., *Louvain dans le passé et le présent*, Louvain, 1895.

VAN GELDER, Jan G., *Enige Kanttekeningen bij de Gerechtigheidstaferelen van Rogier van der Weyden, Internationaal Colloquium Rogier van der Weyden en zijn tijd*, 1964. ; Koninklijke Academie voor Wetenschappen, Letteren en Schone Kunsten van België, Klasse der Schone Kunsten, Bruxelles, 1974, pp. 119-142.

VAN GHISTELE, *'t Voyage van Mher Joos van*, Gand 1557.

VAN MANDER, Carel, *Het Schilder-Boeck*, Haarlem, 1604 ; IDEM, Carel, *Le Livre des peintre*s (traduction par H. Hymans) Bruxelles, 1884-1885.

VAN MANDER, Carel, *The lives of the illustrious Netherlandish and Germain Painters from the first Edition of the Schiderboek (1603-1604)* édité par H. Miedema, Doornspijk, 1994-199?, 6 vol.

VAN SCHOUTE, R., voir DE PATOUL, B., VEROUGSTRAETE, H., VAN ASPEREN DE BOER, J.R.J.

VAN SPILBEECK, W., *De voormalige Abdijkerk van Tongerloo en hare Kunstschatten*, Anvers, 1883.

VAN TYGHEM, Frieda, *Het Stadhuis van Gand*, Verhandelingen van de Koninklijke Academie voor Wetenschappen, Letteren en Schone Kunsten van België, Klasse der Schone Kunsten, n° 31, Bruxelles, 1978, 2 vol.

VAN VAERNEWIJCK, Marcus, *Nieu Tractaat ende curte bescrijvinghe van dat edel Graefscap van Vlaenderen*, Gand, 1562.

VAN VAERNEWIJCK, M., *Den Spieghel der Nederlandscher Audtheijt*, Gand, 1568.

VASARI, Giorgio, *Le Vite de'piu eccelenti Architetti, Pittori et Scultori*, Florence, 1550.

VASARI, G., *Le Vite*, 2ᵉ édition, Florence, 1568.

VENTURI, A., "1 primordi del Rinascimento artistico a Ferrara", dans *Rivista storica Italiana*, 1, 1884, pp. 591-631 ; IDEM, "L'Arte a Ferrara nel periodo di Borso d'Este", dans *IDEM*, 11, 1885, pp. 689-749.

VENTURI, A., *Storia dell arte Italiana*, VII, *La Pittura del Quattrocento*, Milan, 1914.

VERNARECCI, A., "La Libreria di Giovanni Sforza duca di Pesaro", dans *Archivio Storico per le Marche e per l'Umbria*, III, 1886, pp. 501-523.

VEROUGSTRAETE, H. et R. VAN SCHOUTE, "Les Petites Pietàs du groupe van der Weyden : mécanisme d'une production en série", dans *Techné, Laboratoires de recherches des musées de France*, 5, 1997, pp. 21-27.

VON LOHNEYSEN, H.W., *Die ältere niederländische Malerei. Künstler und Kritiker*, Kassel, 1956.

VON OETTINGEN, W. A.A., "Filarete's Tractat über die Baukunst", dans *Quellenschriften für Kunstgeschichte*, N.F. III, 1890.

VON SANDRART, Joachim, *Teutsche Academie der Bau-Bild- und Mahlerey-Künste*, Nuremberg, 1675. (Édité par A.R. Peltzer, Munich, 1925.)

VON SANDRART, J., *Academia nobilissimae Artispictoriae*, Nuremberg, 1683.

WARICHEZ, J., *La Cathédrale de Tournai et son chapitre*, Wetteren, 1934.

WAUTERS, Alphonse, "Recherches sur l'hôtel de ville de Bruxelles", dans *Le Messager des Sciences historiques*, Gand, 1841, pp. 205-248.

WAUTERS, A., "Roger van der Weyden appelé aussi Roger de Bruges, le Gaulois ou de Bruxelles, peintre belge du xvᵉ siècle et Goswin van der Weyden, son fils", dans *Le Messager des Sciences historiques*, Gand, 1846, pp. 127-150.

WAUTERS, A., "Roger van der Weyden, ses œuvres, ses élèves et ses descendants", dans *La Revue universelle des Arts*, I, 1855, 421-433 ; II, 1855-1856, 5-36, 85-99, 165-176, 245265, 325-338.

WAUTERS, A., *Les Tapisseries bruxelloises. Essai historique sur les tapisseries et les tapissiers de haute et de basse-lice de Bruxelles*, Bruxelles, 1878.

WAUTERS, A., voir HENNE, A.

WEALE, W.H. James, *Bruges et ses environs*, Bruges, 1875.

WEALE, W.H.J., "Paintings by early masters mentioned in an inventory of the sixteenth century", dans *The Burlington Magazine*, XIV, 1908, pp. 43-44.

WINKLER, Friedrich, *Der Meister von Flemalle und Rogier van der Weyden. Studien zu ihren Werken und zur Kunst ihrer Zeit*, dans *Zur Kunstgeschichte des Auslandes*, 103., 1913.

WYMANS, G., *Le déclin de Tournay au xvᵉ siècle* (Anciens Pays et Assemblées d'États), 22, 1961, pp. 111-134.

WYSS, Robert L. (dir), *Die Burgunderbeute une werke Burgundischer Hof'kunst* (Bernisches Historisches Museum), Berne, 1969.

ZANETTI, *Della Pittura Veneziana,* Venise, 1771.

ZARCO CUEVAS, J., *Inventario de los alhajos, pinturas y objectos de valor y curiosidad donados por Felipe II al Monasterio de El Escorial (1571-1598),* Madrid, 1930.

Index des noms de personnes
et de lieux cités dans les sources

Achevé d'imprimer en août 1999 chez Printex (CEE).
D/1999/8176/95.
ISBN 2-8046-0306-7

183